陕西省普通高等学校优势学科"中国语言文学"建设项目经费资助

陕西省社会科学规划项目"汉语复句格式与认知层面关系研究"（2015K026）研究成果

"小三角"视域下汉语因果类复句研究

丁力 宋增文 主编

中国社会科学出版社

图书在版编目（CIP）数据

"小三角"视域下汉语因果类复句研究/丁力，宋增文主编 . —北京：
中国社会科学出版社，2018. 8

ISBN 978 – 7 – 5203 – 2573 – 8

Ⅰ. ①小…　Ⅱ. ①丁…②宋…　Ⅲ. ①汉语—复句—研究
Ⅳ. ①H14

中国版本图书馆 CIP 数据核字（2018）第 108969 号

出 版 人　赵剑英
责任编辑　周晓慧
责任校对　无　介
责任印制　戴　宽

出　　版　中国社会科学出版社
社　　址　北京鼓楼西大街甲 158 号
邮　　编　100720
网　　址　http://www. csspw. cn
发 行 部　010 – 84083685
门 市 部　010 – 84029450
经　　销　新华书店及其他书店

印　　刷　北京明恒达印务有限公司
装　　订　廊坊市广阳区广增装订厂
版　　次　2018 年 8 月第 1 版
印　　次　2018 年 8 月第 1 次印刷

开　　本　710 × 1000　1/16
印　　张　22.5
插　　页　2
字　　数　325 千字
定　　价　96.00 元

编委会

目　　录

目　录

序

2017 年 12 月初，我从位于科技城绵阳的前身为清华分校的西南科技大学来到位于汉中的原为北大分校的陕西理工大学，见到阔别已久的老相识老朋友丁力教授，他命我为他主编的三部书写序。这三部书是《小三角视域下汉语复句问题研究》《小三角视域下汉语因果类复句研究》《小三角视域下汉语转折类复句研究》，分量厚重，是陕西省社会科学规划项目"汉语复句格式与认知层面关系研究"（2015K026）系列研究成果，即将在陕西省普通高等学校优势学科中国语言文学建设项目经费资助下出版，十分令人兴奋。

丁力博士，是享誉中外声闻遐迩的著名语言学家邢福义教授的高足，陕西理工大学汉语言文字学学科负责人，在顶级刊物《中国语文》等上发表三十几篇论文。他遵循邢福义先生提出的"两个'三角'"的研究思路，努力践行华中师范大学"求实创新　立德树人"的校训，践行华大语言研究所和语言学系"抬头是山，路在脚下"的所训和系训，践行陕西理工大学"明德、砺志、博学、笃行"的校训，堪称楷模，令人钦佩。丁力教授的高足——优秀研究生宋增文君，也擅长汉语复句格式与认知层面关系研究，仅读研期间就发表了12 篇论文。丁力教授为首的团队在前人已有精湛研究成果如王维贤等《现代汉语复句新解》、邢福义《汉语复句研究》等论著的基础上，又把现代汉语复句研究扎扎实实地向前推进了一步。

复句是重要的句子类型，情况十分复杂。复句分类有两分法和三分法两种。两分法一般是先分为联合复句和偏正复句，然后再往下分。例如：

1

序

北京大学中国语言文学系汉语教研室编《现代汉语》上册①：

　　一　联合复句　（一）并列　（二）选择　（三）递进
（四）连贯　（五）分合
　　二　偏正复句　（一）转折　（二）因果　（三）假设
（四）条件　（五）目的
　　（六）相承　（七）补充（1993 年版《现代汉语》改为时
间）

胡裕树主编《现代汉语》②：

　　一　联合复句　（一）并列关系　（二）连贯关系
（三）递进关系　（四）选择关系
　　二　偏正复句
　　（一）因果关系
　　（二）转折关系
　　（三）条件关系　1. 假设的条件　2. 特定的条件　3. 无条
件的条件
　　（四）让步关系

　　北京大学的《现代汉语》和胡裕树主编的《现代汉语》这两部
书关于联合复句和偏正复句下面各类都是平列的。
　　邢公畹主编的《现代汉语教程》③ 和马庆株主编的《现代汉语》④
关于复句的分类是：

　　一　联合复句　（一）并列关系　（二）连贯关系

① 高等教育出版社 1958 年版。
② 上海教育出版社 1981 年版。
③ 南开大学出版社 1992 年版。
④ 中国社会科学出版社 2010 年版。

（三）递进关系　（四）选择关系

二　偏正复句

（一）顺接的偏正复句　1. 因果关系　2. 目的关系　3. 条件关系　4. 假设关系

（二）转接的偏正复句

1. 单纯转折关系　A 重转（但是　可是）　B 轻转（只是　不过）

2. 让步转折关系　A 一般让转关系　B 假设让转关系

虽然也是二分的，但明显不同于前面分类的偏正复句下面各个小类不是平列的，而是先分为顺接、转接两类，然后在顺接、转接两类下面再分别列出所属小类。

王维贤先生等《现代汉语复句新解》① 也是二分的，分出许多层。每次都是二分，每次用一个标准。与上面分类的不同之处在于，先分为意合句和形合句，在形合句里再逐层分类：

一　单纯的

（一）条件的

1. 一般条件

（1）必要条件（唯一条件）

（2）非必要条件（充分条件）　A 充分条件　B 无条件

2. 非一般条件（复杂条件）

（1）假设　A 一般假设　B 转折

（2）非假设

A 因果　a 一般因果　b 非一般因果（复杂因果）　i 推断
ii 转折

B 非因果——目的

（二）非条件的（联合的）

---

① 华东师范大学出版社 1994 年版。

1. 选择　（1）相容的　（2）非相容的　A 一般的（不相容）　B 非一般的（优选）

2. 非选择

（1）简单并列

（2）非简单并列　A 连贯　B 非连贯　a 递进　b 非递进

i 总分　ii 非总分

二　非单纯的——"否则"句

邢福义《汉语复句研究》①中复句分类是直接三分的，比较简明。具体分类如下：

一　因果类复句　（一）因果句　（二）推断句（三）假设句　（四）条件句　（五）目的句

二　并列类复句　（一）并列句　（二）连贯句（三）递进句　（四）选择句

三　转折类复句　（一）转折句　（二）让步句（实让　虚让　总让　忍让）　（三）假转句

逻辑学和语言学兼善的王维贤先生和曾被苏联译者誉为"汉语逻辑语法学派奠基人"的邢福义先生都是从逻辑角度研究复句的，他们各具特色，各有千秋。邢福义《汉语复句研究》2006 年荣获中国高校第四届人文社会科学研究优秀成果一等奖。

强将麾下无弱兵。丁力教授主编《小三角视域下汉语复句问题研究》分析并列复句和跨类复句（跨并列、因果类，跨并列、转折类，跨因果、转折类，跨并列、因果、转折类）。《小三角视域下汉语因果类复句研究》和《小三角视域下汉语转折类复句研究》分别做了几类因果句和转折句的专题研究。专题研究把复句研究引向深入，具有启示意义。这套系列专书包括丁力教授指导的研究生所写的 14 篇

---

① 商务印书馆 2001 年版。

硕士学位论文,选题相关,弘扬了邢福义先生和丁力老师的学术思想,每个题目都力争做到"充分观察、充分描写、充分解释",在前人已有许多研究成果的情况下又有新的开拓、新的发现,发前人之所未发处很多,值得称道,闪光之处令人耳目一新,令人佩服!例如,宋增文《"如果A,就B"句式考察》提出,"如果"句是跨类复句,提出并分析了因果型、并列型、转折型"如果"句分别包含的复合语义关系。假设关系中包含因果、推断、目的、条件、选择、并列、转折等关系。丁力老师指导学位论文写作的方法很科学,每篇论文都要讨论多次,既保证了写作水平,又让参与讨论者考虑别人的论文,切实提高了研究生的培养质量。这种方法值得推而广之。

以宋增文君为代表的陕西理工大学年轻语言科学工作者的迅速崛起尤其令人欣喜。师生可以形成人才群,形成学派。中国应该对世界、对语言科学有较大的贡献,应该有中国的学派。一种语法研究理论方法好不好,检验的标准只能是语法研究的实践。我们应该以兼容并包的胸怀尊重、欣赏、学习和借鉴同胞的学术贡献,包括学术理论方法的贡献。学派形成是学科走向成熟的标志,盼望看到中国诸多学派的形成和壮大。中国语法学者应该有充分的学术自信,有充分的中国特色的学术道路自信。盼望百花齐放百家争鸣的学术春天持久繁荣,分量厚重的实实在在的系列成果不断涌现,盼望中国学者包括丁力教授为首的人才群为汉语语法研究不断做出新的贡献!

是为序。

马庆株

于南开大学龙兴小区忧乐斋

2018 – 05 – 20

复句格式与认知层面关系散论
——兼谈小句拓展结构的认知层面问题
（代前言）

丁　力

一

　　人们借用不同关系词语构建不同复句格式①，其目的到底是什么？在我们看来，一个重要的目的就是表达大脑思维不同认知层面的相互关系。

　　大脑思维的一个重要认知层面，是客观反映层面。所谓客观反映层面，是指人们在认识客观世界的过程中，大脑直接反映客观现实的认知层面。例如：

　　（1）李华虽然是中国人，可他却是黄头发。
　　（2）李华是北方人，王莹也是北方人。

　　在以上两例中，不管哪一例，客观反映层面的认识都是前分句 A 真实，后分句 B 真实。用信赖程度②来描述就是：

---

　　① 参见邢福义《汉语复句研究》，商务印书馆 2001 年版，第 303—337 页。
　　② 信赖程度是美国数学家 G. 波利亚（1985）在《数学与似真推理》一书中提出的概念，用来描述人们对命题的相信程度，用概率符号 P｛x｝（x 表示任一命题）来刻画，其值取区间 [0，1] 中的某个值。比如，P｛x｝=0，表示 x 假；P｛x｝=0.5，表示不知道 x 是真是假；P｛x｝=1，表示 x 真；0<P｛x｝<0.5，表示 x 成立的可能性小；0.5<P｛x｝<1，表示 x 成立的可能性大。P｛y/x｝，表示在 x 真的条件下对 y 的信赖程度。

$$P\{A\}=1，并且 P\{B\}=1$$

这就带来一个问题：既然从客观反映层面看，上述两个复句都表示 A 真实，B 也真实，那么为什么还要选用不同的复句格式？这就不能不分析它们在主观推测层面所存在的差异了。

主观推测层面是大脑思维另一个重要的认知层面，是指人们在认识客观世界的过程中，大脑依据自己的生活经验、背景知识等，对客观现实情况进行主观猜测、主观认定的认知层面。

比如例（1），从客观反映层面看，李华是中国人是真实的，李华是黄头发也是真实的，但说话人不仅仅想表达客观反映层面所具有的这种认识，他还想表达自己的另一种认识："如果李华是中国人，那么他是黄头发的可能性小。"用信赖程度来描述，就是 $0 < P\{$李华是黄头发/李华是中国人$\} < 0.5$，而这样的认识当然属于主观推测层面的认识。为了表达客观反映层面与主观推测层面在认识客观世界中所存在的上述关系，说话人选用了转折类复句中的复句格式"虽然 A，可｜却 B"。

再如例（2），从客观反映层面看，李华是北方人是真实的，王莹是北方人也是真实的，但说话人不仅仅想表达客观反映层面所具有的这种认识，他还想表达自己的另一种认识："李华是北方人既不影响王莹是北方人成立，也不影响王莹是北方人不成立，也就是李华是北方人对王莹是北方人并不存在任何制约作用。"用信赖程度来描述，就是 $P\{$王莹是北方人/李华是北方人$\} = 0.5$，而这样的认识当然也属于主观推测层面的认识。为了表达客观反映层面与主观推测层面在认识客观世界中所存在的上述关系，说话人选用了并列类复句中的复句格式"A，也 B"。

复句格式与认知层面的对应关系比较复杂。有的复句格式与认知层面的对应关系相对稳定，有的复句格式与认知层面的对应关系并不稳定。复句格式与认知层面具有什么样的对应关系，这是复句考察不能不关注的问题。

二

所谓复句格式与认知层面的对应关系相对稳定，是指特定的复句格式能稳定地对应特定认知层面所具有的特定认识。

汉语因果类复句中的复句格式"因为 A，所以 B"就属于这种情况。该复句格式能稳定地表达大脑不同认知层面所具有的下列认识：

主观推测层面：$0.5 < P\{B/A\} \leqslant 1$

客观反映层面：$P\{B/A\} = 1$

$$P\{A\} = 1，并且 P\{B\} = 1$$

例如：

（3）因为他的档期有问题，所以我们决定用新人。（周星驰《喜剧之王》）[①]

（4）因为青岛的节气晚，所以樱花照例是在四月下旬才能盛开。（老舍《五月的青岛》）

（5）因为它难读，所以它不普及。（姚淦铭《老子谈成功之道》）

（6）因为雍正在天坛斋戒所要祭天，所以雍正没在场。（阎崇年《清十二帝疑案（七）雍正（上）》）

比如例（3），从主观推测层面看，说话人认为，在他的档期有问题的情况下，我们决定用新人应该成立或成立的可能性大（$0.5 < P\{我们决定用新人/他的档期有问题\} \leqslant 1$）；从客观反映层面看，说话人认定：如果他的档期有问题是真实的，那么我们决定用新人也是真实的（$P\{我们决定用新人/他的档期有问题\} = 1$），而说话人知道：他的档期有问题是真实的（$P\{他的档期有问题\} = 1$），由此推出的我们决定用新人事实上也是真实的（$P\{我们决定用新人\} = 1$）。

这里有个问题需要说明一下：在"因为 A，所以 B"复句格式中，主观推测层面的 $0.5 < P\{B/A\} \leqslant 1$ 以及客观反映层面的 $P\{B/A\} = 1$，这两种不同认识之所以能够在说话人大脑中同时存在，是因

---

① 本文语料主要采自北京大学中国语言学研究中心（CCL）语料库，个别为网络语料。在此表示衷心感谢。未标明出处的例句为自拟。

为它们反映的是大脑不同认知层面的认识。比如例（5），主观推测层面的认识是：在它难读的情况下，"它不普及"应该成立或成立的可能性大（$0.5 < P\{它不普及/它难读\} \leq 1$），而这样的认识是说话人依据自己的生活经验、背景知识等，对两种情况——"它难读"以及"它不普及"所具有的相互关系的一种主观猜测；而在客观反映层面，他明确认定：如果它难读是真实的，那么它不普及也是真实的（$P\{它不普及/它难读\} = 1$），这样的认识就不是主观猜测，而是客观现实情况在说话人大脑中的反映。值得注意的是，尽管主观推测层面的 $0.5 < P\{B/A\} \leq 1$ 与客观反映层面的 $P\{B/A\} = 1$ 都反映了大脑不同认知层面的认识，二者存在明显差异，但它们还是紧密相关的，具有无法割裂的内在联系，也就是说话人主观推测层面对客观现实的猜测和推断，会不知不觉地影响他客观反映层面对客观现实的理解和判断。对于"因为 A，所以 B"这样的复句格式来说，说话人之所以在客观反映层面具有 $P\{B/A\} = 1$ 这样的认识，实际上是以主观推测层面的认识 $0.5 < P\{B/A\} \leq 1$ 为依据的。如果主观推测层面不能形成 $0.5 < P\{B/A\} \leq 1$ 这样的认识，那么他在客观反映层面要想形成 $P\{B/A\} = 1$ 这样的认识，也就成了无源之水、无本之木。

不妨观察下列两个病句：

（7）＊因为村子的东头住着赵二宝，所以村子的西头住着刘大明。

（8）＊因为路上堵车，所以老王及时赶到了会场。

比如例（7），在主观推测层面，说话人不可能依据生活经验、背景知识等形成这样的认识：在村子的东头住着赵二宝的情况下，村子的西头就应该住着刘大明或住着刘大明的可能性大（即 $0.5 < P\{B/A\} \leq 1$ 不成立），因而在客观反映层面，说话人也就无法形成这样的认识：如果村子的东头住着赵二宝，那么村子的西头就会住着刘大明（即 $P\{B/A\} = 1$ 不成立）。由于客观反映层面 $P\{B/A\} = 1$ 不成立，说话人也就无法借用"因为 A，所以 B"这样的复句格式来表达"村

子的东头住着赵二宝"与"村子的西头住着刘大明"这两个命题实际上不可能存在的因果联系。事实上,依据背景知识,说话人形成的主观推测层面的认识应该是 $P\{B/A\}=0.5$,也就是村子的东头住着赵二宝对村子的西头住着刘大明不存在制约作用,说话人如果想表达自己的思想,他可以选用并列类复句中的复句格式"A,而 B":"村子的东头住着赵二宝,而村子的西头住着刘大明。"

再如例(8),在主观推测层面,说话人不可能依据生活经验、背景知识等形成这样的认识:在路上堵车的情况下,老王就应该及时赶到会场或及时赶到会场的可能性大(即 $0.5<P\{B/A\}\leqslant1$ 不成立),因而在客观反映层面,说话人也就无法形成这样的认识:如果路上堵车,那么老王就会及时赶到会场(即 $P\{B/A\}=1$ 不成立)。所以,说话人同样无法借用"因为 A,所以 B"这样的复句格式来表达"路上堵车"与"老王及时赶到会场"这两个命题实际上不可能存在的因果联系。事实上,依据背景知识,说话人形成的主观推测层面的认识应该是 $0<P\{B/A\}<0.5$,也就是在路上堵车成立的情况下,老王及时赶到会场的可能性小,说话人如果想表达自己的思想,可以选用转折类复句中的复句格式"虽然 A,可|仍然 B":"虽然路上堵车,可老王仍然及时赶到了会场。"

三

所谓复句格式与认知层面的对应关系不稳定,是指特定的复句格式不能稳定地对应特定认知层面所具有的特定认识。

这种情况又可以从两个不同的视角来观察。第一个视角,特定复句格式所构成的复句分属复句三分系统中的不同复句类型,而不同复句类型的认知层面反映不同的特定认识。汉语中的"一 A,就 B"复句格式就属于这种情况。由该复句格式构成的复句可能属于并列类复句,也可能属于因果类复句。①

---

① 邢福义:《汉语复句研究》,商务印书馆 2001 年版,第 519—524 页。

属于并列类复句的如：

（9）话一出口，眼泪就沿着腮帮子滚了下来。（老舍《四世同堂》）

（10）她一回到自己的化妆间，剧务就来告诉她，有人在剧场后面的院里等她。（陈建功、赵大年《皇城根》）

（11）她放慢脚步，想看个究竟，刚一转身，就看见老三向她跑过来。（艾米《山楂树之恋》）

（12）他一说完，马上跑得不见踪迹。（于晴《红苹果之恋》）

这时，"一A，就B"复句格式所反映的不同认知层面的认识是：

主观推测层面：P$\{$B/A$\}$=0.5。

客观反映层面：P$\{$A$\}$=1，并且P$\{$B$\}$=1。

比如例（9），从主观推测层面看，说话人当然会认为"话出口对眼泪沿着腮帮子滚了下来"不会形成任何制约作用（P$\{$眼泪沿着腮帮子滚了下来/话出口$\}$=0.5）；从客观反映层面看，说话人自然知道，话出口是真实的（P$\{$话出口$\}$=1），眼泪沿着腮帮子滚了下来也是真实的（P$\{$眼泪沿着腮帮子滚了下来$\}$=1）。

属于因果类复句的又有两种不同情况：一是"一……就……"表示条件，相当于"只要……就……"；二是"一……就……"表示因果，相当于"由于/因为……（所以）就……"①在这两种不同情况下，认知层面所反映的认识也存在着差异。

先看表条件的"一……就……"例句：

（13）一闭上眼睛就能看到他们，和真的一模一样。（余华《偶然事件》）

（14）整天一想到回家我就恶心。（六六《双面胶》）

---

① 邢福义：《汉语复句研究》，商务印书馆2001年版，第521—523页。

（15）人一撕破脸，就不对劲了。（李敖《李敖对话录》）

（16）一打她，她就躲到他的身后去。（白先勇《白先勇短篇小说集》）

这时，"一 A，就 B"复句格式所反映的不同认知层面的认识是：

主观推测层面：$0.5 \leq P\{B/A\} \leq 1$。

客观反映层面：$P\{B/A\} = 1$。

比如例（13），从主观推测层面看，说话人当然会认为"闭上眼睛"对"能看到他们"不会形成任何制约作用（$P\{$能看到他们/闭上眼睛$\} = 0.5$）；从客观反映层面看，说话人知道，只要"闭上眼睛"是真实的，能看到他们也是真实的（$P\{$能看到他们/闭上眼睛$\} = 1$）。再如例（15），从主观推测层面看，说话人认为，在"人撕破脸"的情况下，"不对劲了"成立或成立的可能性大（$0.5 < P\{$不对劲了/人撕破脸$\} \leq 1$）；从客观反映层面看，说话人知道，只要"人撕破脸"是真实的，"不对劲了"也是真实的（$P\{$不对劲了/人撕破脸$\} = 1$）。

这里有个问题需要说明一下：如果主观推测层面的认识是 $0.5 < P\{B/A\} \leq 1$，那么客观反映层面就能形成 $P\{B/A\} = 1$ 这样的认识，这比较容易理解。但其中还包含着这样一种情况：主观推测层面的认识是 $P\{B/A\} = 0.5$，而客观反映层面照样能形成 $P\{B/A\} = 1$ 这样的认识，好像就不那么合理了。其实，这种主观推测层面的认识与客观反映层面的认识之所以能够彼此关联，是因为相同或类似的生活经验等一次次重复的结果。再如例（13），尽管从主观推测层面看，"闭上眼睛"对"能看到他们"不会形成任何制约作用（$P\{$能看到他们/闭上眼睛$\} = 0.5$），但如果每次闭上眼睛都能看到他们，那么依据这样的生活经验，说话人在客观反映层面照样会形成这样的认识：只要"闭上眼睛"是真实的，"能看到他们"也是真实的（$P\{$能看到他们/闭上眼睛$\} = 1$）。

再看表因果的"一……就……"例句：

（17）一想到崔晓勇小自己14岁，她打断了这非分之想。（王宏武、王成志《公款包装的"爱情"》）

（18）这个女的是女老师，报上一曝光，觉得脸上没面子了，就自杀了……（李敖《李敖有话说》）

（19）仔细一分析，就发觉这其中问题不少。（《报刊精选》1994年）

（20）一想起了这些往事，他就精神焕发信心百倍了。（曲波《林海雪原》）

这时，"一A，就B"复句格式所反映的不同认知层面的认识是：

主观推测层面：$0.5 < P\{B/A\} \leqslant 1$。

客观反映层面：$P\{B/A\} = 1$，

$P\{A\} = 1$，并且 $P\{B\} = 1$。

比如例（17），从主观推测层面看，说话人会认为在"想到崔晓勇小自己14岁"的情况下，她"打断了这非分之想"成立或成立的可能性大（$0.5 < P\{$她打断了这非分之想/想到崔晓勇小自己14岁$\} \leqslant 1$）；从客观反映层面看，说话人认定：如果"想到崔晓勇小自己14岁"是真实的，那么她"打断了这非分之想"也是真实的（$P\{$她打断了这非分之想/想到崔晓勇小自己14岁$\} = 1$），而说话人知道：想到崔晓勇小自己14岁是真实的（$P\{$想到崔晓勇小自己14岁$\} = 1$），由此推出的她"打断了这非分之想"也是真实的（$P\{$她打断了这非分之想$\} = 1$）。

第二个视角，也就是特定复句格式所构成的复句都属于复句三分系统中的相同复句类型，但这种相同的复句类型在不同认知层面照样会反映不同的特定认识。比如，转折类复句中的复句格式"虽然A，但是/但B"就属于这种情况。该复句格式反映了大脑不同认知层面的认识，包括两种不同类型。

第一种类型，"虽然A，但是/但B"表示大脑不同认知层面所具有的下列认识：

主观推测层面：$0 < P\{B/A\} < 0.5$。

客观反映层面：$P\{A\} = 1$，并且 $P\{B\} = 1$。

8

例如：

（21）我虽然愿意嫁给何利文，但是，我并不爱他。（岑凯伦《合家欢》）

（22）他们虽然不彻底，但究竟是认真的。（张爱玲《自己的文章》）

（23）全村虽然分成了三派，但这个会得在一块开。（刘震云《故乡天下黄花》）

（24）他们虽然都是江南的，但是他们实际上正好是我们传统的两个胡琴体系的不同的传承人。（袁静芳《刘天华的二胡情韵》）

比如例（21），从主观推测层面看，说话人会认为在"我愿意嫁给何利文"的情况下，"我并不爱他"的可能性小（$0 < P\{$我并不爱他/我愿意嫁给何利文$\} < 0.5$）；而从客观反映层面看，说话人知道，"我愿意嫁给何利文"是真实的（$P\{$我愿意嫁给何利文$\} = 1$），"我并不爱他"也是真实的（$P\{$我并不爱他$\} = 1$）。

这些由"虽然 A，但是/但 B"复句格式所构成的复句都属于实让句，这种实让句其实是由因果类复句转化来的，可称为因果逆转实让句。[①] 能转化成因果逆转实让句的因果类复句，其复句格式在主观推测层面所反映的认识是 $0.5 < P\{B/A\} \leq 1$，因而与它相对应的因果逆转实让句的复句格式"虽然 A，但是/但 B"，其主观推测层面所反映的认识自然是 $0 < P\{B/A\} < 0.5$。[②] 比如例（23）"全村虽然分

---

① 邢福义：《语法问题探讨集》，湖北教育出版社 1986 年版，第 273—295 页。

② 因果类复句转化成因果逆转实让句，是通过否定后一分句实现的（参看邢福义《语法问题探讨集》，第 291 页）。我们知道，$P\{B/A\} + P\{\neg B/A\} = 1$。由于因果类复句在主观推测层面的认识是 $0.5 < P\{B/A\} \leq 1$，由因果类复句转化成的因果逆转实让句，其主观推测层面的认识应该是 $0.5 < 1 - P\{\neg B/A\} \leq 1$，$0.5 - 1 < -P\{\neg B/A\} \leq 1 - 1$，$0.5 > P\{\neg B/A\} \geq 0$，即 $0 \leq P\{\neg B/A\} < 0.5$。但由于因果逆转实让句在主观推测层面的认识受客观反映层面的认识 $P\{A\} = 1$ 并且 $P\{\neg b\} = 1$（即 A、$\neg$B 同真）的制约，不可能出现 $P\{\neg B/A\} = 0$（即 A 真而$\neg$B 假）的情况，因此，因果逆转实让句在主观推测层面的认识实际上只能是 $0 < P\{\neg B/A\} < 0.5$。只不过为方便起见，我们在因果逆转实让句中，仍将后一分句记为 B，而没有记为$\neg$B。

成了三派，但这个会得在一块开"，就是由因果类复句"因为全村分成了三派，所以这个会不得在一块开"转化而成的。在上述因果类复句中，其主观推测层面所具有的认识是：在"全村分成了三派"的情况下，"这个会不得在一块开"成立或成立的可能性大（0.5 < P{这个会不得在一块开/全村分成了三派}≤1）；而在上述因果逆转实让句中，其主观推测层面所具有的认识是：在"全村分成了三派"的情况下，"这个会得在一块开"的可能性小（0 < P{这个会得在一块开/全村分成了三派}<0.5）。

第二种类型，"虽然 A，但是/但 B"表示大脑不同认知层面所具有的下列认识：

主观推测层面：P{B/A} = 0.5。

客观反映层面：P{A} = 1，并且 P{B} = 1。

例如：

（25）太阳系舰队虽然已经基本解除武装，但火星基地中的人类仍然掌握着现代技术。（刘慈欣《三体 III》）

（26）虽然话少，但陈墨涵的情绪还算好的。（高希希《历史的天空》）

（27）她虽然做了祖母，但仍未做外婆。（岑凯伦《合家欢》）

（28）她虽然没有曼曼的天真美丽，但还活泼可爱……（谢冰莹《穷与爱的悲剧》）

比如例（25），从主观推测层面看，说话人当然会认为"太阳系舰队已经基本解除武装"对"火星基地中的人类仍然掌握着现代技术"不存在任何制约作用（P{火星基地中的人类仍然掌握着现代技术/太阳系舰队已经基本解除武装} = 0.5）；从客观反映层面看，说话人知道，"太阳系舰队已经基本解除武装"是真实的（P{太阳系舰队已经基本解除武装} = 1），而"火星基地中的人类仍然掌握着现代技术"也是真实的（P{火星基地中的人类仍然掌握着现代技术} = 1）。

这些由"虽然 A,但是/但 B"格式构成的复句也都属于实让句,这类实让句其实是由并列类复句转化来的,可称为并列逆转实让句。① 能转化成并列逆转实让句的并列类复句,其复句格式的主观推测层面所反映的认识是 P {B/A} = 0.5,因而与它相对应的并列逆转实让句的复句格式"虽然 A,但是/但 B",其主观推测层面所反映的认识自然也是 P {B/A} = 0.5。② 比如例(27)"她虽然做了祖母,但仍未做外婆",就是由并列类复句"她做了祖母,还做了外婆"转化而成的。在上述并列类复句中,其主观推测层面所具有的认识是:在"她做了祖母"的情况下,"她做了外婆"可能成立,也可能不成立,也就是前者对后者并无制约作用(P {她做了外婆/她做了祖母} = 0.5);而在上述并列逆转实让句中,其主观推测层面所具有的认识是:在"她做了祖母"的情况下,"她仍未做外婆"可能成立,也可能不成立,同样是前者对后者并无制约作用(P {她仍未做外婆/她做了祖母} = 0.5)。

复句格式"虽然 A,但是/但 B"的上述两种不同类型所反映的大脑不同认知层面具有的特定认识,可以用下列公式来概括:

主观推测层面:$0 < P \{B/A\} \leqslant 0.5$③。

客观反映层面:$P \{A\} = 1$,并且 $P \{B\} = 1$。

有个问题需要注意:并列逆转实让句及相关的并列类复句的认知层面所反映的认识,其信赖程度的值可以完全相同,甚至各分句都能够由相同的分句充当。这时,自然无法依据信赖程度的值来认识这两

---

① 邢福义:《语法问题探讨集》,湖北教育出版社 1986 年版,第 273—295 页。

② 并列类复句转化成并列逆转实让句,也是通过否定后一分句实现的(参看邢福义《语法问题探讨集》,第 291 页)。同样,并列类复句在主观推测层面的认识是 P {B/A} = 0.5,因此,由并列类复句转化成的并列逆转实让句,其主观推测层面的认识就是 P {¬B/A} = 1 - 0.5,即 P {¬B/A} = 0.5。只不过为方便起见,我们在并列逆转实让句中,同样将后一分句记为 B,而没有记为¬B。

③ 王维贤认为,转折关系的一个重要特征是 A 成立,B 成立的可能性小。很明显,这只涉及主观推测层面的 0 < P {B/A} < 0.5,尚未涉及主观推测层面的 P {B/A} = 0.5。应该说,王维贤的认识在当时已经非常深刻了,但仍然没有全面反映转折关系所具有的重要特征。参见《论"转折"》,《逻辑与语言研究》第 2 辑,中国社会科学出版社 1982 年版,第 111—117 页。

种不同复句的差异。要想区分它们，还须关注其他方面的语言特征。例如：

    （29）王莹虽然是个女人，可她也是个军人哪！
    （30）王莹既是个女人，也是个军人！

    这两个复句由相同的分句构成，认知层面所反映的认识，其信赖程度的值也完全相同：从主观推测层面看，二者所反映的认识都是王莹是个女人对她是个军人并无任何制约作用（P｛王莹是个军人/王莹是个女人｝=0.5）；从客观反映层面看，二者所反映的认识都是王莹是个女人是真实的（P｛王莹是个女人｝=1），王莹是个军人也是真实的（P｛王莹是个军人｝=1）。因此，我们只能依赖其他语言特征来区分这两种不同类型的复句。比如，作为并列逆转实让句，例（29）前一分句可隐含道义命题p，后一分句可隐含道义命题q，p、q间存在语义对立关系：

    （31）王莹既然是个女人（A），因此，她不应该从事这种危险的工作（p）。
    （32）王莹既然是个军人（B），因此，她应该从事这种危险的工作（q）。

    p、q间所存在的这种语义对立关系，应该是我们语感上感觉例（29）前后分句存在转折关系的重要心理依据。而作为并列类复句，例（30）前后分句却可以分别隐含具有语义一致关系的p、q：

    （33）王莹既然是个女人（A），因此，她有她（女人）的迷人之处（p）。
    （34）王莹既然是个军人（B），因此，她有她（军人）的迷人之处（q）。

　　p、q 间所存在的这种语义一致关系，应该是我们语感上感觉例（30）前后分句存在并列关系的重要心理依据。而例（29）中的前后分句在说话人的内心世界中是不会分别隐含具有这种语义一致关系的 p、q 的。[①]

四

　　其实，不仅仅复句格式会涉及认知层面的问题，小句一旦包含拓展功能词，具有特定的拓展结构，往往也会涉及不同认知层面的关系问题。下面，仅就几种具有特定拓展结构的小句进行简要的举例性说明。

　　先看"才"字句。

　　"才"字句的拓展结构是"NP + Nt' + 才 + VP"。[②] 其中的 NP 充当主语，为名词性词语；"Nt' + VP"充当谓语，Nt' 是重读的表时点的名词性词语，VP 是动词性词语。该拓展结构所反映的大脑思维不同认知层面的认识是：

　　主观推测层面："NP + VP"事件应在 Nt 前（某时）发生。

　　客观反映层面："NP + VP"事件在 Nt 时发生。

　　主客反映层面："NP + VP"事件在 Nt 时发生得太晚了。

　　这里所说的主客反映层面，是大脑思维的又一认知层面，它以主观推测层面和客观反映层面为依据，反映语言使用者的心理评价、价值判断、逻辑推演等。例如：

---

　　① 不同复句格式在认知层面所反映的认识，其信赖程度的值可以完全相同，这其实是不少复句格式都存在的一个问题。这说明，认知层面只是复句格式考察的一个方面。要想全面认识复句格式，还要考察复句格式其他方面的语言特征。而这应该是复句考察的另一个问题了。

　　② 与拓展功能词"才"相关联的小句拓展结构的构成及用法非常复杂和丰富（参看吕叔湘主编《现代汉语八百词》，商务印书馆 1999 年版，第 107—108 页），这里只对其中一种情况进行简要说明，并且为方便起见，不再采用信赖程度来描述。后面考察的小句拓展结构也有类似情况。

（35）你昨天夜里两点钟才睡，听说你今天一早就醒了。（周而复《上海的早晨》）

（36）李先生在睡午觉，照例近三点钟才会进书房。（钱锺书《猫》）

（37）还在扎雾，大概九点钟才开得成。（罗广斌《红岩》）

（38）电船要九点钟才来接，蜜糖便乘机去跟"乐乐"玩。（岑凯伦《蜜糖儿》）

比如例（35），说话人本来认为你昨天夜里应该两点钟以前（比如晚上11点钟）睡（主观推测层面），可事实上你是昨天夜里两点钟睡的（客观反映层面），说话人因此认为你昨天夜里两点钟睡太晚了（主客反映层面）。如果没有拓展功能词"才"，"你昨天夜里两点钟睡"就无法表达上述各认知层面间的相互关系。

再看"就"字句。

"就"字句的拓展结构是"NP + Nt′ + 就 + VP"。与上述"才"字句的拓展结构相比，只是拓展功能词"就"替换了拓展功能词"才"。该拓展结构所反映的大脑思维不同认知层面的认识也同"才"字句的拓展结构紧密相关：

主观推测层面："NP + VP"事件应在 Nt 后（某时）发生。

客观反映层面："NP + VP"事件在 Nt 时发生。

主客反应层面："NP + VP"事件在 Nt 时发生得太早了。

例如：

（39）大家都睡不着，四五点钟就爬起来了。（柳建伟《突出重围》）

（40）那晚上他贴的是独有的"本儿戏"，九点钟就上场……（老舍《兔》）

（41）我因为无相熟住处，当夜十点钟就上了回青岛的火车。（沈从文《三年前的十一月二十二日》）

（42）旅长陈兴允奉彭总指示，上午十点钟就赶来了。（杜

鹏程《保卫延安》）

比如例（39），说话人本来认为大家应该在四五点钟以后（比如六七点钟）爬起来（主观推测层面），可事实上大家是四五点钟爬起来的（客观反映层面），说话人因此认为大家四五点钟爬起来太早了（主客反映层面）。如果没有拓展功能词"就"，"（大家）四五点钟爬起来了"无法表达上述各认知层面间的相互关系。

现在来看"竟然"句。

"竟然"句的拓展结构是"NP + 竟然 + VP"。其中 NP 为主语，VP 为谓语。该拓展结构所反映的大脑思维不同认知层面的认识是：

主观推测层面："NP + VP"事件不可能发生或发生的可能性极小。

客观反映层面："NP + VP"事件发生了。

主客反映层面：说话人感到惊讶或诧异。

例如：

（43）女儿竟然已经认不出她们的父亲了。（鲁豫有约《男角》）

（44）他们竟然都不了解——这些瞎子们！（李敖《李敖对话录》）

（45）他们竟然说出了口径很一致的荒唐辩解。（胡玥、李宪辉《女记者与大毒枭刘招华面对面》）

（46）我竟然爱上了我们的班主任高原老师……（卞庆奎《中国北漂艺人生存实录》）

比如例（43），说话人本来认为女儿不可能已经认不出她们的父亲或认不出的可能性极小（主观推测层面），可事实上女儿已经认不出她们的父亲了（客观反映层面），说话人因此感到非常惊讶（主客反映层面）。如果没有拓展功能词"竟然"，"女儿已经认不出她们的父亲了"就无法表达上述各认知层面间的相互关系。

最后来看"还……呢"句。

"还……呢"句的拓展结构是"还 + NP + 呢"。其中 NP 为名词性词语。该拓展结构所反映的大脑思维不同认知层面的认识是：

主观推测层面：被称为 NP 的事物具有符合说话人心意的某种特征，因而眼下被称为 NP 的特定事物本应具有符合说话人心意的这种特征。

客观反映层面：事实上，眼下这个被称为 NP 的特定事物不但不具有这种特征，反而具有与此相对的、不符合说话人心意的那种特征。

主客反映层面：说话人指责眼下被称为 NP 的特定事物，认定该事物不配称为 NP。

例如：

（47）就你那熊样，还将军呢！（萧隐《七色神剑》）

（48）撞了人还不管她，还三好学生呢！（张绮雯《我错了》）

（49）还大哥呢，说话吓死人家了。（上官潇潇《青春泪流满面》）

（50）还大学生呢！比泼妇还泼！（六六《双面胶》）

比如例（47），说话人原本以为，将军应该果敢勇猛，有将军样，因而眼下这位将军也应该这样（主观推测层面），可事实上，眼下这位将军一点儿将军样都没有，却熊样十足（客观反映层面），所以说话人指责这个所谓的将军，认为他不配称为将军（主客反映层面）。如果没有拓展功能词"还"，当然也包括语用功能词"呢"，只说"将军"，自然无法表达上述各认知层面间的相互关系。

五

复句格式与认知层面存在着密切的联系。人们借用不同关系词语构建不同复句格式，就是为了表达大脑思维客观反映层面与主观推测层面等不同认知层面的相互关系。客观反映层面是人们在认识客观世界的过程中，大脑直接反映客观现实的认知层面；主观推测层面是人们在认识客观世界的过程中，大脑依据自己的生活经验、背景知识等，对客观现实情况进行主观猜测、主观认定的认知层面。汉语中有的复句格式与认知层面存在着稳定的对应关系，也就是特定的复句格式能稳定地对应特定认知层面所具有的特定认识；有的复句格式与认知层面不存在稳定的对应关系，也就是特定的复句格式不能稳定地对应特定认知层面所具有的特定认识。其实，不但复句格式，小句拓展结构也会涉及不同认知层面的关系问题。考察复句格式，包括小句拓展结构与认知层面的相互关系，这对我们观察人类是如何借用自己"独有"的语言来表达和理解复杂的思想，无疑具有积极的价值和意义。

第一编
"如果 A，就 B"句式考察

宋增文

作者简介：宋增文（1989.7—　　），男，山东临沂人。陕西理工大学 2013 级汉语言文字学专业硕士研究生，师从丁力教授，研究方向为现代汉语语法。读研期间，发表学术论文 10 余篇，主持陕西理工学院研究生创新基金 2 项，参与陕西省社会科学基金项目 1 项。现为华中师范大学汉语言文字学专业在读博士研究生。

绪　　论

　　"如果 A，就 B"句式作为现代汉语假设复句中的一种，属于广义的因果类复句。① 假设复句的假设实际上是一种待实现的条件，假设句和因果句息息相关。② 这一句式不管是在书面语写作中还是在口语交际中的使用范围之广、频率之高令人惊叹，关于这一句式，前人已有所研究，但是我们觉得还有不同的切入点和有待挖掘的地方，不管是在思路上还是在研究的深度上，我们认为还有广阔的研究空间。

一　选题源起

（一）问题的提出

　　在任何语言中，复句都是人们交际思维必不可少的组成部分。复句以其所蕴含的多重语义关系和丰富的内容逐渐为人们所重视。它不仅契合了语言的经济原则，也为人们表达言外之意和说话人的心理、态度提供了可能性。现代汉语复句研究作为现代汉语语法研究的重要组成部分，历来受到汉语学术界的重视，并且研究的理论与结果层出不穷。复句前后分句之间的语义关系和关联词语更成了汉语复句研究的重点。根据邢福义《汉语复句研究》③ 的描述，现代汉语复句分为因果类复句、并列类复句和转折类复句三大类。④ 从 20 世纪 80 年代起，学者对因果

---

① 邢福义：《汉语复句研究》，商务印书馆 2001 年版，第 83 页。
② 吕叔湘：《吕叔湘文集》，商务印书馆 1990 年版，第 408 页。
③ 邢福义：《汉语复句研究》，商务印书馆 2001 年版，第 38 页。
④ 同上书，第 38—47 页。

类复句的研究众多，成果也颇丰。例如，王维贤的《现代汉语复句新解》①、邢福义的《汉语语法三百问》②、刘振铎的《现代汉语复句》③、黄成稳的《复句》④、陈香的《如果复句研究综述》⑤、范丽君的《汉藏语因果类复句研究》⑥ 等，这些研究成果主要着眼于因果复句小类的研究，且重点考察因果复句小类的语里内容。

本编考察因果类复句中假设句式的代表句式"如果 A，就 B"。假设复句是因果类复句的重要组成部分。对"如果 A，就 B"这一句式，学术界已经有所研究，取得了一些成果，主要集中在语里内容方面，但对语用价值几乎没有涉猎，只是邢福义在《汉语复句研究》中指出，这一句式主要用于推知、应变、质疑、祈使、评说等⑦，这一句式丰富的语用价值还有待进一步挖掘。并且在语里内容方面对这一句式的研究也较少涉及认知层面，特别是属于因果类复句的"如果 A，就 B"句式里面包含着许多并列类复句和转折类复句的特点，为什么会存在这样一种现象？这是一个值得深思的问题。我们认为，考察汉语复句认知层面，分析人们使用这一句式的深层心理依据显得十分重要。特别是通过对这一句式两种不同思维模式的分析，我们可以更加准确地把握和运用它。

因此，对因果类复句中"如果 A，就 B"句式的研究具有较强的理论意义。

（二）理论意义

1. 对"如果 A，就 B"这一句式的深入研究有助于加深对复句的认识和理解，巩固我们对现代汉语语法的学习，特别是通过"如果 A，就 B"与"要是 A，就 B"和"万一 A，就 B"的比较，有助于揭示假设复句的具体内涵，把握假设复句中几种句式之间的细微差

---

① 王维贤：《现代汉语复句新解》，华东师范大学出版社 1994 年版，第 122 页。
② 邢福义：《汉语语法三百问》，商务印书馆 2009 年版，第 197—204 页。
③ 刘振铎：《现代汉语复句》，天津人民出版社 1986 年版，第 22 页。
④ 黄成稳：《复句》，人民教育出版社 1990 年版，第 45—90 页。
⑤ 陈香：《因果复句研究综述》，《语言研究》2012 年第 6 期。
⑥ 范丽君：《汉藏语因果类复句研究》，《中央民族大学学报》2011 年第 3 期。
⑦ 邢福义：《汉语复句研究》，商务印书馆 2001 年版，第 85—88 页。

别，同时也为我们研究其他的复句格式提供了借鉴和依据。而且对我们认识汉语复句格式的特征，特别是汉语复句格式的语用价值等具有重要意义。

2. 认知语言学是当前语言学研究的一个热点，学习和研究它有助于拓宽语言研究的领域，开阔研究视野，解释语言在认知层面的一般规律，为语言研究提供新的思路和指导方法，深化对语言的理解和认知，同时有助于了解语言研究的热点，保持对学术问题的敏感度，而且可以为汉语语法问题的深入研究提供工具和理念，为今后语言研究和其他语言问题的解决提供借鉴和依据。

3. 在研究这一句式语用价值的时候，我们提出跨类复句的概念，确定"如果 A，就 B"句式跨越了因果类复句、并列类复句、转折类复句，这为解释具体的语言实例"如果 A，就 B"句式包含并列关系和转折关系提供了思路，其他汉语复句格式也可以借用跨类复句解决相关问题。

4. 在考查这一句式的语用价值时，突破传统的分类方法，从主客观的角度对这一句式进行分类，共分为九种，这种主客观上的矛盾对立正是这一句式表达丰富的特殊语用价值的深层心理依据，可以为其他复句格式语用价值的研究提供借鉴。

二　研究现状

汉语因果类复句的研究历来受到学者们的重视，关于因果类复句的研究成果也颇丰。在著作方面，前文已经有所论述。此外，在学术论文方面有邢福义的《现代汉语复句问题之研究》①，宗守云的《复句研究的又一新成果——评〈复句关系标记的搭配研究〉》②，荣丽华的《汉语因果复句分类系统构拟》③《汉语因果复句研究综述》④ 等，

---

① 邢福义：《现代汉语复句问题之研究》，《黄冈师专学报》1994 年第 2 期。
② 宗守云：《复句研究的又一新成果——评〈复句关系标记的搭配研究〉》，《江汉大学学报》（人文社科版）2009 年第 2 期。
③ 荣丽华：《汉语因果复句分类系统构拟》，《语言应用研究》2011 年第 9 期。
④ 荣丽华：《汉语因果复句研究综述》，《长春师范学院学报》2011 年第 9 期。

这些论文也较为全面地分析了现代汉语因果类复句。

对"小三角"理论的研究,目前涉及的是理论部分与汉语语法事实的结合。"小三角"的"语表、语里、语值"分别对应"句法平面、语义平面和语用平面"①。这方面的研究以论文为主,主要有邢福义的《现代汉语语法研究的两个"三角"》②《现代汉语语法研究的"小三角"和"三平面"》③《语法研究中"两个三角"的验证》④,胡裕树的《试论语法研究的三个平面》⑤,范晓的《三维语法阐释》⑥,华萍的《现代汉语语法问题的两个"三角"的研究》⑦,邓玉天的《邢福义国学视角语法研究与其三维学术思想》⑧,柳青军、孙清海的《论网络语言研究中的"两个三角"问题》⑨ 等。这些论文都从"语表、语里、语值"三个方面思考和解决语言问题,对这一理论做了不断深化和完善,为我们的研究提供了理论上和思路上的支撑。

对"如果 A,就 B"句式的研究主要涉及这一句式的语里内容方面,以考察这一句式前后分句的语义关系为主,多是以科研论文和学位论文的形式呈现的。崔丽丽总结了近些年来汉语假设复句研究的现状⑩,刘云从复句关系词语的离析度考察复句格式⑪,龚波从语义特

① 邢福义:《现代汉语语法研究的"小三角"和"三平面"》,《华中师范大学学报》1994 年第 2 期。

② 邢福义:《现代汉语语法研究的两个"三角"》,《云梦学刊》1990 年第 3 期。

③ 邢福义:《现代汉语语法研究的"小三角"和"三平面"》,《华中师范大学学报》(哲学社会科学版)1994 年第 2 期。

④ 邢福义:《语法研究中"两个三角"的验证》,《华中师范大学学报》2000 年第 5 期。

⑤ 胡裕树:《试论语法研究的三个平面》,《新疆师范大学学报》1985 年第 2 期。

⑥ 范晓:《三维语法阐释》,《汉语学习》2001 年第 6 期。

⑦ 华萍:《现代汉语语法问题的两个"三角"的研究》,《语言教学与研究》1991 年第 3 期。

⑧ 邓玉天:《邢福义国学视角语法研究与其三维学术思想》,《华中师范大学学报》2013 年第 3 期。

⑨ 柳青军、孙清海:《论网络语言研究中的"两个三角"问题》,《理论界》2006 年第 11 期。

⑩ 崔丽丽:《汉语假设复句综述研究》,《语言学研究》2013 年第 1 期。

⑪ 刘云:《复句关系词语离析度考察》,《语言教学与研究》2008 年第 2 期。

征的角度分析假设复句①，王蒴则从语篇角度考察"如果"句②，高再兰分析了"如果"句中对比手法的运用③，李艳洵系统地分析了假设复句中的预设问题④，罗进军分析了有标假设复句的语义特征⑤，李晋霞则进行了与事实相反的"如果"句以及"如果"句和"如果说"句式的比较。⑥ 这些研究大都针对这一句式的某一方面进行再探讨，而对于从语表形式、语里内容、语用价值三个方面对"如果 A，就 B"句式进行深层次和全面的挖掘与探析，则没有引起学术界足够的重视。

当前学术界对这一句式语用价值的研究相对忽视。经过考察我们认为，这一句式具有丰富而且独特的语用价值，在使用过程中我们发现有些时候这个句式是任何其他句式所代替不了的，应该深入挖掘它的独特语用价值。而且在研究这一句式独特语用价值的时候，我们更倾向于采用不同的分类方式，从主客观的角度对这一句式进行分类，共分为九种，这种主客观的矛盾对立正是这一句式表达丰富的特殊语用价值的深层心理依据。这样不仅分析了"如果 A，就 B"这一句式的语用价值，还对其这样使用的原因进行了归纳与挖掘，使其成为一个体系。

三　主要思路

（一）拟解决的关键问题

1. 从语表形式方面分析两个分句中关系词语及与之相近的关系词语的替换；挖掘这一复句格式与其他句式的区别与联系，特别是"如果 A，就 B"与"要是 A，就 B"和"万一 A，就 B"的比较，以及结果分句中关系词语"就"与"便"的替换问题，分析两者可以

---

① 龚波：《假设句的语义特征》，《重庆三峡学院学报》2010 年第 1 期。

② 王蒴：《"如果"句的语篇分析》，学位论文，广西民族大学，2011 年。

③ 高再兰：《"如果"句中的对比手法》，《修辞学习》2006 年第 2 期。

④ 李艳洵：《汉语假设复句预设浅析》，《湘潭师范学院学报》（社会科学版）2006 年第 7 期。

⑤ 罗进军：《有标假设复句的语义关系特征》，《华中师范大学学报》2012 年第 9 期。

⑥ 李晋霞：《"如果"与"如果说"》，《汉语学报》2009 年第 4 期。

替换的条件，以及替换之后的细微差别。

2. 在"如果 A，就 B"句式中存在一种特殊的结构，我们称之为可比结构。本编重点从可比结构的特点、进入可比结构需满足的条件、可比结构的作用几个方面考察这一特殊现象，力图对可比结构有一个全面的认识。

3. 在研究这一句式的语用价值方面，力图用不同的分类方法、从不同的视角切入，并且提炼出语用推导模式，争取对研究有所突破。

（二）基本结构

针对以上问题，本编综合采用了证伪法、反证法等语言研究的一般方法和添加、删除、移位、替换等语言研究的特殊方法。

本编将分四章进行系统撰述。绪论部分着重叙述本编的选题背景、当前研究现状及国内外发展趋势和研究意义。第一章重点探讨"如果 A，就 B"这一句式的语表形式，主要从假设分句的语表形式、结果复句的语表形式和两个分句共同的语表形式三个方面展开论述。在假设分句的语表形式方面又分为四个部分：关系词语"如果"与其他假设词的替换、关系词语"如果"的省略、假设分句中"的话"、关系词语"如果"的重复使用。在结果分句的语表形式方面，也分为四个部分：关系词语"就"与"便"的替换、关系词语"就"前面加"则"或"那"、关系词语"就"的省略、关系词语"就"的重复出现。在两个分句整体的形式特征方面，又分为四个小点：假设分句和结果分句的相互移位、省略结果分句、A 和 B 是可比结构的情况、假设分句和结果分句的主语问题。第二章主要探讨这一句式的语里内容，分为条件性，预设性，对比性，A、B 两个分句间的关系以及认知层面五个部分，其中预设性分为可能预设和相反预设，认知层面又分为主观推测层面和客观反映层面。第三章主要探讨这一句式的语用价值，重点考察这一句式独特的语用价值。共分为三个部分九个小点，分别是：A 客观真，B 客观真的情况；A 客观真，B 客观假的情况；A 客观真，B 客观真假不定的情况；A 客观假，B 客观真的情况；A 客观假，B 客观假的情况；A 客观假，B 客观真假不定的情况；A 客观真假不定，B 客观真的情况；A 客观真假不定，B 客观假的情况；A 客观真假不定，B 客观真假不定的情况。第四章主要是将"如果 A，就 B"与"如果说 A，那么 B"这两个句式从语表形式、语里内容和语用价值三个方面进行对比考察。结语部分对这一句式进行科学解读和全面概括，分析这一句式的适用特点以及这一句式存在于现代汉语复句系统中的价值。

四　理论依据

（一）"小三角"理论

1984 年，邢福义在总结自己的研究特色时提出了语法研究有机结合的逻辑与修辞问题，形成了"小三角"理论的雏形①。1987 年邢福义在其《语修沟通管见》②一文中明确指出："对于某种语法现象，既要注意研究其语表形式和语里意义之间的错综复杂的关系，揭示有关规律，也要注意研究其语用价值，借以深化认识。"这篇文章的发表标志着"小三角"理论的形成。"小三角"理论包括语表形式、语里内容和语用价值三个方面，研究任何的语言现象都可以从这三个方面进行考察，并且针对不同的语法单位，其内涵也有差异。"小三角"理论为我们考查"如果 A，就 B"这一句式提供了理论支撑。

（二）三个"充分"理论

1991 年，邢福义在借鉴转换生成语言学理论的基础上提出了研究现代汉语语法问题的"三个充分"，即"观察充分""描写充分""解释充分"③。只有充分观察，才能有充分的了解；只有充分描写，才能有充分的反映；只有充分解释，才能有充分的认识。三个"充分"理论为我们的研究提供了思路上的要求和依据。

---

① 邢福义：《语法问题探讨集》，《华中师范大学学报》1985 年第 1 期。
② 邢福义：《语修沟通管见》，《修辞学习》1987 年第 5 期。
③ 邢福义：《现代汉语语法研究的三个"充分"》，《湖北大学学报》（哲学社会科学版）1991 年第 6 期。

五 创新之处

（一）确认该句式为跨类复句

我们认为"如果 A，就 B"句式属于跨类复句，横跨了汉语复句的三大类，跨类复句的提出可以解释这一句式中包含并列关系和转折关系的问题。

（二）特殊语用价值的考查

在考查这一句式的语用价值时，突破传统的分类方法，考查这一句式特殊的语用价值。从主客观的角度对这一句式进行分类，共分为九种，这种主客观上的矛盾对立正是这一句式表达丰富的特殊语用价值的深层心理依据，并且得出语用推导模式来佐证我们的观点。

六 语料库来源

本编的语料来源于 ccl 语料库[1]、语料库在线[2]和华中师范大学语言和语言研究中心汉语复句语料库。[3] 以关系词语为关键词进行描写，之后进行人工筛选，形成本编的基础语料。

---

[1] http：//ccl. pku. edu. cn：8080/ccl‑corpus/.

[2] http：//www. cncorpus. org/.

[3] http：//ling. ccnu. edu. cn.

第一章 "如果 A，就 B"句式的语表形式

"小三角"中的语表形式是指语法事实显露在外的可见形式①，包括从词到语篇的各种语法单位、各种语法单位的组合形式和变换形式以及组合变换所使用的各种语法手段等②。任何的语法单位，小到语素或词，大到复句或句群，都有其语表形式，都跟特定的语里意义和语用价值相联系。我们着手从假设分句的语表形式、结果分句的语表形式和两个分句共同的语表形式三个方面来研究、考查"如果 A，就 B"这一复句句式的语表形式特征。

"如果 A，就 B"这一句式作为复句体系中的一种，从形式上看分为两个分句，我们将前一分句称为假设分句，将后一分句叫作结果分句。为了全面、详尽地考察这一句式的语表形式，我们将其分为三个部分：假设分句及其关系词语的形式特征、结果分句及其关系词语的形式特征、前后分句和两个关系词语整体的形式特征。

第一节　假设分句及其关系词语的形式特征

假设分句是指由关系词语"如果"引导的分句，假设分句及其关系词语的形式特征主要体现在关系词语"如果"的替换和省略，以

---

① 华萍：《现代汉语语法问题的两个"三角"的研究》，《语言教学与研究》1991 年第 3 期。

② 眸子：《语法研究中"两个三角"和"三个平面"》，《世界汉语教学》1994 年第 4 期。

及添加表示假设关系的助词"的话"上。

一 "如果"的替换

"如果"可以替换成"假使、如若、倘、倘若、倘或、要是、万一"等。例如:

(1) 假使你真有诚心解决不会说话的问题,就千万不要偷懒。

(2) 倘或粮食无法运上陆地,就应依照原说,改航陆地。

(3) 如若有一日我误被当作百万富翁而被黑社会绑票,我就告诉绑票者去找那家报馆要钱,他们管着我那一百万。

(4) 她最怕受刑,自己原本细皮嫩肉的,万一破了相,将来就没法当演员了。

虽然"如果"可以跟以上这些假设词语相互替换,且替换之后都表示假设,但是替换之后意思还是有细微差别的,而且每个词的使用都有自己独特的语言环境。

"如果"既可以用于口语,又可以用于书面语,"假使、如若、倘、倘若、倘或"主要用于书面语,"要是、万一"主要用于口语或对话中,"倘、倘或"带有文言色彩,其他的都用于白话文语境。

(5) 爸爸对儿子说:"如果你吃饱了的话,就别在这捣乱了。"

(6) 令人沮丧的是,第一次会议的前夜,东方队打电话给章明基,说如果我,一个老外,参加会议,他们就拒绝谈判。

以上两个例子大多发生在讲述或者对话中,口语色彩较浓厚,这个时候"如果"被替换为"假使、如若、倘、倘若、倘或"总感觉有些别扭,因为这些假设词语书面语色彩较浓厚。

（7）＊爸爸对儿子说："假使你吃饱了的话，就别在这捣乱了。"

（8）＊令人沮丧的是，第一次会议的前夜，东方队打电话给章明基，说倘我，一个老外，参加会议，他们就拒绝谈判。

（一）"如果"和"万一"的替换

"如果"在一般情况下不可以替换为"万一"，但在特别情况下"如果"和"万一"可以相互替换。

在大部分情况下，"如果"是不能替换为"万一"的，这跟"万一"本身的词义表达有关系。"万一"虽然也跟"如果"一样表示一种假设，但是它有其自己独特的使用语境和表义特点。首先"万一"表示的可能性极小①，比以上几个假设词语所表示的可能性要小得多。还有就是对于连词"万一"的解释，学术界一直没有详尽、恰切的说明，我们比较认同张斌的说法，"用在词语小句的开头，表示可能性极小，也就是主观上认为不大可能发生的事情，后面小句说出事情发生之后的情况"②。我们认为，连词"万一"最突出的特性就是其主观性很强，带有强烈的主观感情色彩。"万一"句是假设复句中的一种，"万一"句跟假设复句中的其他句式有着密切的联系，但是连词"万一"有时候并不能替换为"如果、假如、假使、倘若、如若、若"等假使词语，因为连词"万一"在形成之初就带有较浓的主观感情色彩，它主要用在对话或主观心理活动的语境里，其语义成分中不仅有未然因素、假设因素，还有情感因素。换句话说就是，"万一"句主观认定性很强，这是它区别于以上假设关系词语的重要之处。再就是"万一"只表示还没有发生的假设，与"如果"相比，它不表示与事实相反的假设。

（9）如果他不同意呢？

---

① 吕叔湘：《现代汉语八百词》，商务印书馆1999年版，第547页。
② 张斌：《现代汉语虚词词典》，商务印书馆2001年版，第538页。

（10）如果当年我没有帮他一把的话，他也不至于现在对我感恩戴德。

以上两例中的"如果"就不能替换为"万一"。例（9）中，用"如果"说明"不知道他同意不同意"，他可能同意也可能不同意，而且两者发生的可能性无法判断。如果替换为"万一"，就表明其实"他不同意"发生的可能性几乎为零，主观上认为他不会不同意的，所以替换之后意思发生了变化。例（10）中的"如果"替换成"万一"之后，这句话就不能说了，明显逻辑上讲不通，因为这句话是对已经发生过的事情的假设，而"万一"是不可能出现在这种语境中的。

另外，"如果"后面可以加辅助词"说"，构成"如果说"句式，用于引出话题，而"万一"后面不能加"说"，在"如果说"的句子里是不可以用"万一"来替换的，这也是两者比较明显的区别。

（11）如果说椭圆星系是太空中的"老人国"，那么不规则星系就是一个"小人国"。

（12）＊万一说椭圆星系是太空中的"老人国"，那么不规则星系就是一个"小人国"。

由此可以看出"如果"和"万一"存在着比较明显的区别。但是在某些特殊情况下"万一"有时候可以跟"如果"相互替换。例如：

（13）a. 我们要做两手准备，如果到时候他靠不住，我们也不至于束手无策。

b. 我们要做两手准备，万一到时候他靠不住，我们也不至于束手无策。

以上两句话都说得通，这说明"如果"有时候可以被替换为

"万一"。但是这种替换是有条件的，只有当"如果"后面的事发生的可能性很小，说话人很有信心，认为某件事必定不太可能发生时，"如果"才可以被替换为"万一"，此时说话人心底认为假设的事情几乎不会发生，但是出于周全考虑，提出发生概率极小事情的情况。例（13）b 中，说话人这么说的隐含义是"他"这个人非常靠谱，几乎不可能靠不住。

（二）"如果"和"要是"的替换

"如果"有时候可以被替换为"要是"，但是"要是"跟"如果"还是有区别的。"要是"后面多引导与事实不相符的或是主观上认定不可能实现的事，或者表达自己主观上强烈的愿望或设想。看下面两个例子：

（14）徐玲芳撇撇嘴："师兄算老几？他要是你老板还可以考虑。"

（15）要是他能当班长，母猪都能上树。

（16）如果有色棉花大量种植，就可以直接织出五颜六色的花布。

例（14）中"要是"表达的是与事实不相符的事，例（15）中"要是"表达的是主观上不认可或认为不可能实现的事。例（16）中"如果"也可以被替换为"要是"，但表达的意思是主观上对"有色棉花能大量种植"的一种愿望和向往，如果这两个词可以替换，必定隐含着这样的意思。

二 假设关系词语"如果"的省略

假设分句中关系词语"如果"通常不可以省略，但有时也可以省略。假设分句中的关系词语"如果"有强调假设的意味，表明把事情假想成那样，才会出现后面的结果，倘若把"如果"去掉，就表示一种既成的事实，假设意味就变淡了，光看前面的分句不能确定它表示的是何种关系，有可能是因果关系，也有可能是并列关系，有时只有连同后面的分句才能稍微看出点假设意味，但是容易引起歧义。另外，假设分句中的"如果"有预设作用，而这个句式的预设又分为相反预设和可能预设，在相反预设的句子中，一般情况下去掉"如果"之后，成了叙述一种与事实相反的情况，有的整个句子本身就不成立，有的可以添加其他多个关联词语，容易误解为其他关系。但是在前后关系密切的对话中，假设关系词语"如果"也不是一定要出现的。在有些"如果"表示可能预设的句子中，"如果"可以省略掉，这些句子中虽然省去了"如果"，却往往暗含着假设意味，只不过是为了说话的简洁和语言的省略原则才将关系词语省去的。

（一）相反预设"如果"句中的"如果"一般不可以省略

　　（17）如果项羽在鸿门宴上杀了刘邦，中国历史上也就没有一统天下四百年的汉王朝。

　　（18）如果当时我没有弃你而去，我们现在多幸福！

　　（19）如果我是你，我也会这么做。

在相反预设"如果"句中，因为假设的都是与事实相反的情况，所以去掉"如果"之后，前一分句明显在陈述与事实相反的事，而这些话本身是不成立的，不符合逻辑，更不能将其作为条件，所以必须包含一些假设性的辅助成分来表明假设与事实相反的情况。例（17）中，把"如果"去掉，就成了"项羽在鸿门宴上杀了刘邦，中国历史上也就没有一统天下四百年的汉王朝"，这句话明显不通，因为它与逻辑事实相反，缺少假设性的成分来辅助。例（19）中，虽然不符合逻辑事实，我们有时候会说"我是你，我也会这么做"，但这一般出现在口语中，在正式的书面语中肯定会加上"如果"等假设性成分，或者将"我是你"换成"换作我"。例（18）中，把"如果"去掉，前后分句的关系就变得很混乱，既可以加上"如果"表示假设，也可以加上"因为、所以"表示原因，所以就会造成歧义。无论如何，相反预设中的假设词语"如果"在一般情况下是不可以省略掉的。因为相反预设的实质就是将与事实不相符的事假设成是正确的，从而讨论现在的情况。所以必须带有明显的假设性成分。

但是存在一种情况，就是在对话中假设关系词语"如果"有时可以省略。这个时候，虽然不出现假设词"如果"，但是一定暗含着"如果"的意思，并且是承接上一句话，前面一定已经提到过表假设的关系词语，并且这个假设词语可以统领下面的话。

（20）问："如果项羽在鸿门宴上杀了刘邦，中国历史会怎样？"答："项羽在鸿门宴上杀了刘邦，中国历史上也就没有一统天下四百年的汉王朝。"

（21）问："如果你是我，你会怎么处理？"答："我是你，我也会这么做。"

以上两个例子都出现在对话中。例（20）中，后面的回答句省略了表假设关系的词语"如果"，但是我们可以明白其中的假设意味，其中肯定暗含着假设，而且这句对话前后联系比较紧密，问句中的"如果"可以统领答句，前后是一个整体，答句中"项羽在鸿门宴上杀了刘邦"只不过是对问句中假设分句的重复，为了避免啰嗦而省略了关系词语"如果"。例（21）也是一样的。所以，在相反预设中，关系词语"如果"并不一定要出现，但是在省略"如果"的情况下，一定要有特定的条件。

（二）可能预设"如果"句中有些"如果"可以省略

可能预设"如果"句都是假设可能发生的事情，这种情形下有时可以省略掉"如果"，虽然省略了"如果"，但是暗含着某种假设在里边，只是双方都明白，为了语言经济原则而将"如果"省略了。以下几个例子中的"如果"都可以省略掉。

（22）大部分鱼类如果离开了水就会缺氧窒息而死。

（23）如果运动停止了，生命也就结束了。

（24）如果你有钱就借我几块。

（25）如果他连试都不试，就太令大家失望了。

以上四例省略掉"如果"仍然可以成立，例（24）中，"借我几块"的前提条件必须是你有钱，已经隐含了假设关系在里边，不能再容纳其他的语义关系了。这种情况下就可以省略掉"如果"。

并不是所有的可能预设"如果"句中的"如果"都可以省略。看下面几个例子：

（26）如果失败了也不要气馁。

（27）如果满足现状，再无所求，就会止步不前。

（28）如果两个角是对顶角，它们一定相等。

以上三个例句中的"如果"都不可以省略，因为省略掉之后表义关系不明确，就会发生歧义。例如，例（26）中省去"如果"，就变成了"失败了也不要气馁"，而"失败"跟"不要气馁"之间的语义关系比较模糊，也比较多元，可以加上"如果"变成假设关系，也可以加上"即使"变成"即使失败了也不要气馁"，这就成了让步关系，造成了混乱和歧义。例（27）也是如此，省去"如果"之后可以加上"由于"，变成"由于满足现状，再无所求，就会止步不前"，成了因果关系。例（28）中省去"如果"加上"只要"，就成了条件关系，造成了前后关系的混乱和歧义。表述不够清晰，去掉"如果"，就会理解成"由于……""只要……"从而造成理解偏差。

综上所述，"如果 A，就 B"句式的假设分句中的"如果"在通常情况下不能省略掉，虽然个别情况下出现了省略的现象，但是其前后必隐含着假设关系在里边，虽然语言有经济原则，但是语言必须符合逻辑事实。语言首先要清楚地表达意思，这才是语言交流最重要的。在表义明确的基础上再考虑经济原则，切不可为一时之便而造成表义混乱。

三 假设分句后面加"的话"

假设分句后面的"的话"是指意义已经虚化，已经演变为意义空灵的语法成分。《现代汉语八百词》指出，助词"的话"用在表假设

18

小句的末尾，常跟连词"如果、假如、要是"等合用。① 与之合用的其他关系词语一般出现在从句句首或从句主语成分的前后位置。

（一）"的话"有引出后面内容的作用，还可以使语句停顿

有些"如果"句加上"的话"之后语句停顿会更加明显。例如：

（29）a. 如果沿用传统的教学模式和教育体制就要成倍甚至几倍地增加当前的高等教育机构。

b. 如果沿用传统的教学模式和教育体制的话，就要成倍甚至几倍地增加当前的高等教育机构。

例（29）中，在加"的话"之前，从形式上看语义停顿不明显，加上"的话"之后，形式上有了明显的语义停顿，并且更能清晰地表达所要引出的结果。

（二）"的话"还有加强假设意味的作用

江蓝生把"的话"解释为假设分句后的助词②，跟假设关系词语配套使用或者自己独立使用，有凸显假设关系的作用。

（30）妈妈认为如果我念大学的话，就可以在城市里找一个工作，总之能过上好日子。

（31）如果他说话能算话的话，他就会要我哥哥和我到店里去当学徒，将来做个生意人。

以上两句话加上"的话"之后假设的意味更加明显，更能突显出假设分句对结果分句的条件作用，使听话人更能直接明白是在哪种条件下才会出现后面的结果。

（三）"的话"口语色彩较浓

"的话"的语气较为缓和、委婉，较多用于口语或对话中，较少

---

① 吕叔湘：《现代汉语八百词》，商务印书馆 1999 年版，第 163 页。
② 江蓝生：《跨层非短语结构"的话"的词汇化》，《中国语文》2004 年第 5 期。

用于正式场合,可以使书面语转变为口语,还可以缓和紧张严肃的气氛。

（32）a. 如果教育结构不合理,存在严重的臃肿和残余,教育事业就根本不可能实现健康发展。

b. 如果教育结构不合理,存在严重的臃肿和残余的话,教育事业就根本不可能实现健康发展。

（33）a. 如果我们能找出我国近代史的教训,我们对于抗战建国就更能有所贡献了。

b. 如果我们能找出我国近代史的教训的话,我们对于抗战建国就更能有所贡献了。

例（32）中,加"的话"之前,语气较正式,这句话一般出现在新闻、报纸或者报告等较严肃的场合,加上"的话"之后,语气变得缓和了许多,口语色彩较浓厚,在对话或口语中也可以出现。另一例也是如此。

（四）"的话"有显示假设分句假设意味的作用

"的话"作为假设助词有时甚至可以独立引导假设分句,上文中提到的关系词语"如果"在有些情况下是不可以省略的,但是如果后面有假设助词"的话",就可以省略"如果"。

（34）（如果）项羽在鸿门宴上杀了刘邦的话,中国历史上也就没有一统天下四百年的汉王朝。

（35）（如果）失败了的话,也不要气馁。

例（34）中,没有"的话"的情况下是绝对不可以省略掉"如果"的,但是有了"的话"就可以省略掉"如果""的话"可以独立引导假设分句,凸显假设语气。例（35）中没有"的话"的情况下省略"如果",会造成歧义,既适用于假设关系也适用于让步关系,但是加上"的话",让步关系就不能成立,只能表示假设关系。

（五）"如果……的话"与"要是……的话"不太一样

"如果……的话"更多的是引出假设或条件，"要是……的话"更多的是引出话题，相当于前置的话题标记。

（36）如果我幸运的话，就总能避免受伤。

（37）要是他打老爷子的话，这就说不过去了。

"如果……的话"引出的是假设，不能引出话题；若要引出话题，"如果"后面必须加"说"，构成"如果说……的话"。"要是……的话"引出的是话题，作用相当于"如果说……的话"。

四 关系词语的重复出现

假设分句的关系词语不一定只出现一次或是只有一个，有时候可以出现多个假设分句，有时候表示假设的关系词语可以几个连用，以加强假设意味。

（一）单个词语重复出现

关系词语"如果"可以重复出现，一个假设分句说不清楚或者表达不完整，就可以出现多个假设分句。

（38）如果政府投资回报长期低于公债利率，如果财政长期用于形象工程挥霍并为贪污腐败提供基础，那么群众就会有很大意见。

其实，当重复出现多个假设分句时，我们可以把它们融合在一个复句里边，只是要借助于"既……又……""不但……而且……""或者……或者……"等表示不同关系的关联词语，这个时候一个复句里边包含了多种复句关系，除了假设关系之外，还有不同于假设关系的语义关系在里边，也就是我们常说的多重复句格式，分析时要层层分解。

21

（39）如果市场化发展足够到位，如果跨地区的"投机倒把"商业运作畅通无阻，那么各地之间的贸易交流会越来越频繁。

→如果不但市场化发展足够到位，而且跨地区的"投机倒把"商业运作畅通无阻，那么各地之间的贸易交流会越来越频繁。

（40）如果你不敢说出口，如果你羞于说出口，那就我来说吧。

→如果你不敢说出口，或者羞于说出口，那就我来说吧。

（41）如果你不想去健身，如果你也不想去看电影，那我们在家睡觉吧。

→如果你既不想去健身，也不想去看电影，那我们在家睡觉吧。

（42）如果你想说，如果你又不敢说，那你告诉我我替你说。

→如果你想说但是又不敢说，那你告诉我我替你说。

（43）如果丢掉这些成果，如果搞资本主义，首先发生的就是无法解决十一亿人吃饭问题。

→如果丢掉这些成果转而去搞资本主义，首先发生的就是无法解决十一亿人吃饭问题。

以上这些都是由两个或多个假设分句转换成的包含多重复句关系的一个复句例子。例（39）中借助关系词语"不但……而且……"表示假设关系中包含着递进关系。例（40）中借助于关系词语"或者"表示假设关系中包含着假言关系。例（41）中借助于关系词语"既……又……"表示假设与并列的双重关系。例（42）中借助于关系词语"但是"，表示假设与转折的双重关系。例（43）中借助于"转而"表示假设与顺承的双重关系。

虽然多个假设分句可以融合成一个句子，既方便又省力，但是有些时候人们会故意用两个或多个假设分句，重复出现假设关系词语"如果"，这样既加重了假设意味，无形之中告诉人们这种假设实现的可能性很小，又表达出某种气氛，增强了感染力，更表达出说话人内心的情感。这种情况多出现在现代诗歌或者散文中。例如：

（44）如果有前生，如果有来世，我愿与你比翼双飞。

（45）如果你愿意，如果有可能，你应该成为我的丈夫。

（46）如果离开——如果走进——我知道这是人一生只有一次的选择。

（47）如果他没有失忆，如果他还记得过去，我愿意拿我的生命来换取。

例（44）表达一种与事实相反的假设，重复假设词语更能表达出假设实现的可能性很小，同时用对偶、排比的句式增强了感染力，也体现出说话人内心无奈的情感，而变换之后则没有这样的表达效果。

（二）多个词语连在一起同时出现

由两个或多个表示假设关系的词语连在一起使用，加强假设意味。这是一种常规的假设用法。

（48）你如果要是想在企业中有好的发展，就一定要在你最困惑、最郁闷、最痛苦、最不理解时替你的上级想一想。

（49）尽管派来了更多的看守人员，架上了更多的机枪，如果万一出事，他怎能逃脱责任？

（50）刘备如果要是没请到诸葛亮的话，他就很难三分天下。

两个或多个表示假设关系的词语连用更能凸显假设意味，明确标记所要假设的语言信息，而且还可以加强语言成分之间的关联度，如例（50）中，我们可以很容易察觉出"要是"之后"的话"之前的内容为假设内容。同时多个表示假设关系的词语连用可以使语气更加委婉、舒缓。如例（48）中，"如果"和"要是"两个表假设关系词语连用比单用"如果"的语气要缓和好多，更容易使对方接受。

第二节 结果分句及其关系词语的形式特征

结果分句是指由关系词语"就"引导的分句，结果分句及其关系词语的形式特征主要是指关系词语"就"的替换、省略以及关系词语前添加连词"则"或"那（么）"。

一 关系词语"就"与"便"的替换

"就"和"便"都有表示承接的作用，都可以引导出表示结果的分句，所以在结果分句中关系词语"就"有时可以换成"便"①。

（51）如果没有明确的目的，就很难记住有关的东西。

（52）如果笑不起来，便不是成功的作品。

虽然"就"与"便"在结果分句中有时可以相互替换，但并不是所有的"便"都可以替换"就"。

1. 当结果分句的关系词语前有"总不能""不至于"等表示否定的词语时，结果分句中的"就"不能替换为"便"。

（53）a. 如果我们等不到他回来，总不能就随随便便让他抓吧。

b. ＊ 如果我们等不到他回来，总不能便随随便便让他抓吧。

（54）a. 如果只是因为那点破事，你不至于就到现在都没走出来吧。

b. ＊ 如果只是因为那点破事，你不至于便到现在都没走出来吧。

以上两例中的"就"都不能换成"便"。

---

① 邢福义：《汉语复句研究》，商务印书馆 2001 年版，第 85 页。

虽然连词"便"不能跟这些表示否定的词语连用，但是"便"可以跟"不"连用，也就是说，当结果分句中的关系词语"就"前面有否定词"不"时，"就"可以替换为"便"。

（55）a. 照郭象的看法，还有没有价值标准存在，如果没有，那不就成了价值虚无主义了么？

b. 照郭象的看法，还有没有价值标准存在，如果没有，那不便成了价值虚无主义了么？

（56）a. 从安的地方说你是不仁，那么反过来说，你如果不安，仁不就显现出来了吗？

b. 从安的地方说你是不仁，那么反过来说，你如果不安，仁不便显现出来了吗？

2. 当结果分句的关系词语前有"说不定""恐怕""是不是""很可能""几乎""甚至"等表示可能的、商量的或者不确定的词语时，关系词语"就"有的可以替换为"便"，有的则不可以替换。①

（57）a. 看网上有消息说北京的桃树上长出了新的花蕾，如果天气再暖和些日子，说不定桃花就又开了。

b. 看网上有消息说北京的桃树上长出了新的花蕾，如果天气再暖和些日子，说不定桃花便又开了。

（58）a. 我在想，如果达喀尔不取消，是不是就不会有这样的事情。

b. 我在想，如果达喀尔不取消，是不是便不会有这样的事情。

（59）a. 你反对专制，再蠢的人也不会反对你，但如果你主张民主，反对你的几乎就会比支持你的多。

---

① 宋增文：《假设复句中的关系词语"就"与"便"》，《常州工学院学报》2015 年第 4 期。

　　b. ＊你反对专制，再蠢的人也不会反对你，但如果你主张民主，反对你的几乎便会比支持你的多。

　　（60）a. 如果你不进入这样一种模式，你甚至就会被这个社会淘汰。

　　b. ＊如果你不进入这样一种模式，你甚至便会被这个社会淘汰。

　　以上几例都是在结果分句前有不确定词语时的替换情况。我们可以看出，在"可能""是不是""恐怕""说不定"等词语前"就"可以替换为"便"，当"几乎""甚至"等词语与"就"连用时，"就"不可以替换为"便"。

　　3. 当结果分句的关系词语前没有其他成分（主语除外）或有表示肯定的词语时，"就"都可以替换为"便"。

　　（61）a. 如果发现有未成年人入内，这个网吧就要立即停业。

　　b. 如果发现有未成年人入内，这个网吧便要立即停业。

　　（62）a. 例如古代属于仄声的入声字有相当一部分今天已变成了平声字，如果按照今天的调类去分析律诗的平仄，肯定就会出错。

　　b. 例如古代属于仄声的入声字有相当一部分今天已变成了平声字，如果按照今天的调类去分析律诗的平仄，肯定便会出错。

　　（63）a. "算账""清算"等于绝交之谓，因为如果相互不欠人情，也就无须往来了。

　　b. "算账""清算"等于绝交之谓，因为如果相互不欠人情，也便无须往来了。

　　当结果分句关系词语前没有除主语外的其他成分或者有肯定成分时，都可以用"便"替换"就"。其实，现代汉语中绝大多数是这种情况，所以在通常情况下"就"可以替换为"便"。

现代汉语中"就"和"便"并不是完全相等的两个词，在大多数情况下我们都用"就"，假设复句的代表句式是"如果 A，就 B"而不是"如果 A，便 B"，说明在当前的汉语中，"就"比"便"通用性更强，我们主要从以下几个方面分析"就"跟"便"的区别。

其一，"便"的文言性更强，而"就"的白话文色彩更加浓重。"便"的产生较早，在近代以前运用得比较广泛，在中古以前的文献中，大都用"便"，很少用"就"。而近代以来，特别是现代汉语中"就"运用得更加普遍，并且逐渐取代了"便"，"便"逐渐被大家所弃用，被大家冠以文言词。

其二，"便"的书面语色彩相对浓厚。其实"便"和"就"都具有口语和书面语的双重色彩，只是"便"是出现较早的口语词，而"就"是出现较晚的口语词，但是"就"自产生之日起便具有强大的生命力和适用范围，使用频率越来越高，范围越来越广，逐渐将"便"挤到书面语或者文献里，使"便"完全降为书面语。

其三，我们认为"便"由因导果的趋向更加明显，"便"是顺着前边的铺垫直接导出后边的结果，更侧重于顺承性；"就"的判断性更强一些，或者说更侧重于主观认定，表达的是一种判定。其实，无论"便"是什么词性，总是或多或少地带有"方便"的字面义，假设分句提出假设，用"便"更能体现出后面结果分句的顺承性；而"就"除了具有"便"的用法外，还侧重于主观判定，判断词的意味相对更加明显。

二 "就"前边可以加"则"或"那"

"则"或"那"这两个词放在"就"前边有承认前句、引出后句的作用，"则"文言色彩较浓厚，"那"更侧重于白话文。这两个都是指示代词，"则"可以翻译成"这样"，"那"可以翻译成"那样"。

（64）如果公司的股息政策倾向于公司的长远发展，则就有可能少分红或不分红而将利润转为资本公积金。

（65）过谷若浅，也许有救。如果过谷甚深，那就不得了了，那还往哪里寻找佛性啊。

指示代词"则"或"那"用在结果分句的前边充当了结果分句的主语,后面说明假设分句所导致的结果。但是,有一些结果分句本身带有自己的主语或者是假设分句和结果分句共用一个主语,这个时候"则"或"那"就不能再做结果分句的主语了。例如:

（66）如果省级政府能够切实担负起这一责任,理顺省以下的体制,则相关问题就比较容易解决。

（67）就像马克思说的:"如果偶然性不成立的话,那世界历史就会带有非常神秘的性质。"

（68）任何一项研究,如果只描述空间,而没有研究时间的过程,那就不可能有深度也不可能全面。

在这种情况下,"则"和"那"是"这样的话"和"那样的话"的缩写,"则"和"那"就代表了前边的假设分句,属于假设分句的同位语,相当于重复假设分句或者承认假设分句的情况下要出现的后果。例（66）和例（67）都是结果分句自身有主语的情况,例（68）是假设分句和结果分句共用一个主语,结果分句中的"则"和"那"都代表了前边的假设分句。当然,它们都是假设分句的同位语。

三 结果分句中"就"的省略

结果分句中的关系词语"就"有时候并不是非要不可,"就"作为"如果 A,就 B"句式中的关系词语在通常情况下是跟假设分句中的关系词语"如果"配套使用的,但是,有时候结果分句中的关系词语"就"可要可不要,有些时候甚至不能出现关系词语"就"。

（一）"就"可要可不要

（69）如果有内容说明的,则应该尽可能用言简意明的文字填写在规定区域内,千万不可随意填写。

（70）如果掌鼓得响些，有可能听到五六响。

在有些情况下，虽然"就"可要可不要，但是这些情况里边一般都包含了"就"的意思，或者说话者和听话人都明白后一分句是出现的结果，这个时候可以加上"就"，也可以省去"就"，不影响说话人所表达的意思。

（二）"就"不能要

（71）如果这么难处理这件事，你当初为什么还要接手呢？
（72）如果他不相信我，我该怎么办？

不能要"就"的情况一般发生在疑问句里，肯定句和否定句里很少出现这种情况。但是，这里有一种特殊的情况，可以省略"就"的疑问句一般都是不含否定词的疑问句，在一些含有否定词的反义疑问句中，关系词语"就"可以出现，也可以不出现，因为关系词语"就"有顺承作用，在一些"如果"疑问句里面，前面的假设分句和后面的结果分句应该是一种矛盾关系（例71），或者结果分句是一种不知道该怎么办的无奈状态（例72），不是承接前面的条件导出后面结果的因果关系，这样才能发出疑问来，而如果结果分句里面有否定词，这样结果分句和假设分句之间就不是一种矛盾关系，而变成了一种前后承接的关系，所以这个时候就可以用关系词语"就"，当然也可以不用"就"，因为这个时候假设分句和表示否定的结果分句之间承接关系不是很明显。

（73）如果这条路走不通，为什么（就）不去试试别的呢？

例（73）中，结果分句是含有否定词的疑问句，这个时候可以加关系词语"就"，也可以不加。不加"就"的时候语气较为缓和，表达一种委婉的建议。加上"就"以后，"就"在无形之中成了这句话的逻辑重音，暗含着一种不理解和生气的意思，体现出另外的语用价值。

还有一种情况，就是在感叹句中"就"很少出现。例如：

（74）如果她也喜欢我，该多好啊！

在这样的感叹句中，添加"就"就不合适了。

四 关系词语的重复出现

关系词语"就"可以重复出现，一个结果分句说不清楚或者造成表达不完整，就可以出现多个结果分句。

（75）人类体内如果没有水，一切体液循环、营养吸收和各种新陈代谢就会停止，人类也就不存在了。

（76）如果命题一定是外延命题，那么就没有所谓的内容命题，也就没有内容真理。

跟前面的假设分句一样，当重复出现多个假设分句时，我们可以把它融合在一个复句里边，只是要借助于"既……又……""不但……而且……""或者……或者……"等表示不同关系的关联词语，这个时候一个复句里边包含了多种复句关系，除了假设关系之外，还有不同于假设关系的语义关系在里边，也就是我们常说的多重复句关系，分析时要层层分解。例如：

（77）如果不坚持把培养人作为教育的根本和学校生活的中心，就不可能搞好教育和办好学校，从而也就不可能有效地履行教育的社会职责。

→如果不坚持把培养人作为教育的根本和学校生活的中心，就不但不可能搞好教育和办好学校，而且也不可能有效地履行教育的社会职责。

变换之后也是一个复句包含了多重复句格式，例（77）借用关联词语"不但……而且……"表达的假设关系之中包含着递进关系。

第三节 "如果 A，就 B"句式整体的形式特征

考察这一句式的语表形式，不仅要分开考察各个分句的形式特征，还需要考察整体的特征。"如果 A，就 B"句式整体的形式特征是指前后两个分句相互组合在一起共同体现出的特点或限制性要求，主要包括两分句互相位移、结果分句的省略以及 A、B 是可比结构几个方面。

一 前后两分句相互位移

假设分句和结果分句可以相互移位，结果分句在前，假设分句在后。说话人先说出结果分句再说假设分句，是为了重点强调结果，说明结果对说话人来说是比较重要的。突出说明结果又分为以下两种情况。

（一）对已经发生的事情的后悔、遗憾或者是惋惜

（78）他原是可以救活的，如果及时送到医院的话。

（79）他太太一定是一名导演家，如果是生活在现在这个二十世纪五十年代的话。

在这种情况下，说话人先说结果分句再说假设分句，而结果分句往往又是与事实相反的，是没有按照说话人想要的方向发展的，而造成这样的结果就是因为没有发生后面假设分句所假设的情况，是一种对过去发生事情的相反假设，所以造成说话人的后悔、惋惜、遗憾。

（二）表达主观上的强烈愿望，或者是以强烈的反差来表现主观上认定假设分句的事情不真实或不可能发生

（80）随便吃随便喝，要是袋里有钱。

这种情况下是说话人对还没有发生的事情或者说是可能发生的事情的一种假设。例（80）是表达主观上的一种强烈愿望，先说结果分句，说明说话人向往结果分句所描述的情形，对实现这样的结果有强烈的愿望，但前提是要满足假设分句所提出的假设情形。

（三）以强烈的反差来表现主观上认定假设分句的事情不可能发生

（81）猪都能上树，如果他能当班长的话。

例（81）首先说结果分句"猪都能上树"，这个结果显然是与事实不相符的，先给人以相反的心理预设，再说出假设分句"如果他能当班长的话"，更能让人明白说话人认为假设事情发生的可能性非常小。这句话也可以说成"如果他能当班长的话，猪都能上树"。但是之所以先说结果分句，就是因为想表明说话人的强烈意见，以强烈的反差表现主观上认定假设分句所叙述的事情不可能发生。

二 省略结果分句，只保留假设分句

在"如果 A，就 B"句式中，有时可以将结果分句省去，只保留假设分句。

（82）"你（——）"陈芳问，"如果你考不上大学，又没有其他人冲到前面去当靶子呢？"

（83）阿满说："是呀，我当知青时也吃过。只是，假如人家不肯呢？"

这种情况主要出现在问句里，且结果分句的意思上文已经出现过，就将结果分句省略掉。并且这种情况还有一个特点，就是问句的后面还有一个疑问助词"呢"。关于"呢"的问题，吕叔湘在《现代汉语八百词》中做出了解释。吕叔湘在《现代汉语八百词》中提到"万一……呢"，指出"万一……呢"用于对话中，相当于"万一……怎么办"①。其实以上例句也可以将问句末尾的"呢"去掉，换成"怎么办"。如例（83）可以换成"阿满说：'是呀，我当知青时也吃过。只是，假如人家不肯，怎么办？'"但是当"呢"替换成"怎么办"之后，就不属于省略结果分句的情况了，而应归为前面说到的结果分句中省略掉关系词语"就"的情况，因为"怎么办"就充当了结果分句。综上所述，要想省略结果分句，不单单是问句就可以了，问句还必须是以疑问助词"呢"结尾。

三　A、B 是可比结构

在"如果 A，就 B"句式中，A 和 B 作为两个独立的句子，可以是任何的结构，其内部的组成成分可以是任意的，是结构上不受约束的。但是在"如果 A，就 B"句式中，有一种格式是比较独特的，即 A 和 B 是相互对应而出现的，是可以比较的，我们叫作可比结构。在这种结构里边，A 和 B 对仗工整，可以相互比较，读起来也较有气势，朗朗上口，增强了表达效果。我们将可比结构又分为以下几种。

（一）从对比事物的关系来看，分为以下两种

1. 对比事物是两种不同的事物

（84）如果你是老虎，我就是武松。

（85）如果你是晨露，我愿是那小草。

例（84）中的老虎和武松，例（85）中的晨露和小草都是两种不同的事物，在对比两种不同的事物内部也有两种分类。

1）对比的不同事物的性质相同

（86）如果生活是令人战栗的白昼，那么写作就是使人不安的夜晚。（生活令人战栗，写作使人不安，给人的感受相同）

---

① 吕叔湘：《现代汉语八百词》，商务印书馆 1999 年版，第 547 页。

（87）如果不是屈服于权力的淫威，就是屈服于金钱的诱惑。

例（86）中，生活令人战栗，写作使人不安，在作者看来这两者的性质相同，给人的感受一样。例（87）中，对权力的淫威和金钱的诱惑说话人同样认为其性质相同，用性质相同的事物来做对比，能起到相辅相成的作用。

2）对比的不同事物的性质相反

（88）如果三毛的文学有点脱离现实，只是对一种理想生活状态的摹写，那张爱玲的文字直接指向现实，揭示现实生活的凡俗与琐屑。（三毛脱离现实，张爱玲直指现实）

（89）如果生活扩大了心灵抵达事物的距离，那么写作就凝缩了这样的距离。

例（88）中，三毛脱离现实，张爱玲直指现实，例（89）中，生活扩大距离，写作凝缩距离，在说话人看来这两种不同事物的性质相反。用性质相反的事物来做对比，能起到强调突出的作用。

2. 对比的事物是一个事物的不同方面

（90）如果把过去的办公室比喻成猪圈，那么经过南希整理的编辑部就像银行的写字间。

（91）如果过去的"帝王剧"固定的拍摄模式是"长篇巨著＋宏大场面＋宫廷斗争＋男女情爱，另加一本正经的画外音"的话，那么近几年火爆异常的"帝王剧"却又向观众展示出另一道荧屏风景。

例（90）用过去的编辑部来对比现在的编辑部，例（91）用过去的"帝王剧"来对比现在的"帝王剧"，都是同一事物在不同时期情况的对比。

（二）从比点在"如果"句中的位置来看，又分为比点在陈述部分和比点既在陈述部分又在被陈述部分两种

1. 比点在陈述部分

（92）如果你去西安，我就去上海。

（93）如果你是牛郎，我就是织女。

例（92）中，西安和上海是陈述部分，你和我是被陈述部分，西安和上海构成对比；例（93）中，牛郎和织女是陈述部分，构成对比。

2. 比点既在陈述部分又在被陈述部分

（94）如果事业都不能永恒，那么爱情只能算昙花一现。

（95）如果说金光亮成了"政治暴发户"，那么金俊文就成了"经济暴发户"。

例（94）中，事业和爱情是被陈述部分，永恒和昙花一现是陈述部分；例（95）中，金光亮和金俊文是被陈述部分，"政治暴发户"和"经济暴发户"是陈述部分，这两例中陈述部分和被陈述部分都进行了对比，其比点既在陈述部分又在被陈述部分。

并不是所有的"如果 A，就 B"句式都构成可比结构，能构成可比结构的"如果 A，就 B"句式都必须符合一定的条件。我们认为，只有满足了以下两个条件才有可能构成可比结构。

1）A、B 必须有共同的论域

能进入"如果 A，就 B"句式可比结构的前后两个分句必须具有共同的论域，不具有共同论域的任意两个句法结构不能充当"如果 A，就 B"句式中可比结构的假设分句和结果分句。

我们这里所说的论域是指假设分句和结果分句所共同关涉的语义范畴，该范畴可用某一特定的命题语句来描述[1]。例如：

---

① 丁力：《现代汉语列项选择问研究》，华中师范大学出版社 1998 年版，第 69 页。

（96）如果你去天津，那我就去大连。

（97）如果你是那片云，我愿是那小雨。

例（96）中，A、B 两个分句共同关涉"去某地"（"去天津"是"去某地"，"去大连"同样是"去某地"），该命题语句就是这一例中 A、B 两个分句共同的论域；例（97）中，A、B 两个分句共同关涉"某人是某物"（"你是那片云"是"某人是某物"，"我愿是那小雨"同样是"某人是某物"），"某人是某物"就是 A、B 两个分句所共同关涉的论域。能进入可比结构的两个分句不管有几个比点，它们都有一个共同的论域，例（96）中虽然有两个比点（"我"和"你""天津"和"大连"），但是它们都有一个共同的论域，就是"某人去某地"，所以，此点的多少与能否进入可比结构无关。例（97）也是如此。

在能构成可比结构的句式中，每个假设分句和结果分句都有自己共同的论域，否则就不能称其为可比结构。看下面两个例子：

（98）如果小时候不好好学习，长大后就不能出人头地。

（99）＊如果你去天津，我愿是那小雨。

例（98）中，A（小时候不好好学习）、B（长大后不能出人头地）两个分句找不到共同的论域，没有共同关涉的语义范畴，所以不是可比结构。例（99）不但不是可比结构，这个句子本身也不成立。

论域的实质是在语里内容上限定说话人在使用构成可比结构的"如果 A，就 B"时 A、B 的挑选范围，这也是例（99）中不能将两个例句交叉搭配的原因。例（96）和（97）两个例句不但不能交叉搭配，即使说话人也会感到莫名其妙。

2）必须有共同的句法结构

能构成可比结构"如果 A，就 B"句式的，A、B 必须在句法结构上保持一致，否则，即使能进入"如果 A，就 B"句式，也不能称其为可比结构。

（100）如果生活扩大了心灵抵达事物的距离，那么写作就凝缩了这样的距离。

（101）如果你去西安，那么我就该考虑我是去上海，还是去北京。

（102）如果我们每个人都能够把自己的兴趣当作事业，那么这个社会的失业率就会降低很多。

例（100）中，A、B 的句法结构一致，A（生活扩大了事物的距离）和 B（写作凝缩了这样的距离）都是简单的"主—谓—宾"结构，对仗工整，显然是可比结构。而例（101）和例（102）中，A、B 的句法结构明显不一致，当然我们就不称其为可比结构。

在"如果 A，就 B"这一句式中，尽管分句 A 和分句 B 在结构上不受限制，可是为什么我们在一些特定的情况下会倾向于选用可比结构？可比结构与非可比结构相比一定有其独特的地方和特定的作用。总的来说，可比结构就是把相关和相对的事物或同一事物的不同方面放在一起，相互衬托，在增强表达效果的同时，突出说明表达对象。具体来说，可比结构和非可比结构相比具有以下几个方面的作用：

首先，可比结构作为一种对比手法，A 和 B 对仗工整，相互比较，读起来也比较有气势，朗朗上口，增强了表达效果，不仅能产生层层对比的作用，还增强了语言表达的形象性、生动性以及情感的鲜明性，产生奇妙的语言魅力。这是人们选择可比结构来增强表达效果的一个很重要的原因。

其次，可比结构拓宽了"如果"句的适用范围。我们知道，"如果"句是表示一种条件关系的复句格式，可有些时候可比结构的前后两个分句并不表示条件关系，用这一格式只是为了连接用作对比的两件并列事物。例如：

（103）如果说中国传统文人的圣人是孔子，那么中国当代文人的圣人则是鲁迅。

例（103）中，前分句说的是中国传统文人，后分句说的是中国现代文人，是两件不同的事物，根据前一分句我们无法推出后一分句，这是两件事物的一种并列，而不是一种条件结果关系。

另外，可比结构把不同的事物放到一起，使之产生对比，不但能够鲜明地显示出对立事物的差别，也是为了突出后一事物。可比结构从信息传递的角度来看，前一分句表示的是已知信息，后一分句表示的是在前一分句基础上产生的未知信息，后一分句是表义的重点。前一分句只是表达后一分句的一个铺垫，说话人借用可比结构最主要的是想突出后一分句的信息，借用前一分句构成可比结构能够有力地显示出对比事物的可接受性。

最后，人们借用可比结构会使听话人陷入自己预设的"陷阱"里，尽管说话人运用可比结构表义的重点在后一分句，可后一分句能成立的前提是人们认可前一分句，也就是前面说到的已知信息，我们读或听一句话的时候，会在无形之中认可前一分句成立或真实，迫切想知道后一分句的结果，但事实上前一分句的已知信息并不一定是真实的或是正确的，说话人这样说也体现出一种表达的技巧，为了表达出后一分句的观点，先预设一个听起来合理的前提。例如：

（104）如果说事业不能永恒，那么爱情只能算是昙花一现。

例（104）中，说话人想表达的是爱情不是永恒的，所以为了表达这一层意思，说话人预设了"陷阱"，也就是我们已知的信息即"事业不能永恒"，但事实情况是事业不一定不能永恒，这句话本身的真实性有待商榷，但是说话人说这句话就会让我们在潜意识里承认"事业不能永恒"。所以说话人为了表达后一分句的观点，引导我们进入事先预设的"陷阱"里，体现出一种表达的技巧。

四　假设分句和结果分句的主语问题

假设分句和结果分句的主语比较灵活，两个分句的主语可以相同也可以不同，可以保留也可以省略。

（一）前后分句主语相同

1. 两个分句都保留主语

（105）如果她被及时送到医院治疗的话，她原本是可以救活的。

（106）如果你一直不受约束，为所欲为，那你有时候就要承担相应的后果。

2. 只保留一个主语，另一个主语省略掉

（107）如果你知道目标在何方但还不是很遥远时，就不要老是回头张望。

（108）她原是可以救活的，如果及时送到医院的话。

在前后主语相同的情况下，往往可以省略掉一个主语，或是假设分句的主语，或是结果分句的主语，省略掉之后句子会显得更简洁，也不影响听话人的理解。

3. 两个主语同时省掉，两个分句都无主语

（109）如果做，就做好。

（110）如果满足现状，再无所求，就会止步不前。

当两个分句主语相同时，可以同时省略掉两个主语，这个时候主语一般是第二人称，或者是听话人心知肚明的，听话人在听这句话的时候会自行将主语加上。

（二）前后分句主语不同

1. 每个分句都保留各自的主语

（111）如果运动停止了，生命也就结束了。

（112）你如果没有付出足够的努力，事情往往很难成功。

在通常情况下，两个分句不会同时保留主语，这样一般不易引起歧义。

2. 其中有一个分句主语省略

（113）如果票用完了，就算有钱也没办法。
（114）如果事事小心谨慎，那他就没有可乘之机。

有时虽然两个分句的主语不同，但也可以省略掉其中一个主语，省略掉的主语一般是第二人称。

3. 两个主语同时省略掉

（115）如果（你）来，（我）就走。
（116）如果（我）去了，发现（她）走了怎么办？

在个别情况下，当两个分句的主语不同时，也可以省略主语。这种情况一定是上文已经提到过的或者是说话人和听话人双方都知道的情况，多数情况下是省略人称代词。

在假设分句中"如果"后面可以加"说"，这时结果分句中的"就"替换成"那么"，构成"如果说 A, 那么 B"句式，这是一种比较特殊的假设句，本编后面会有"如果 A, 就 B"与"如果说 A, 那么 B"句式的比较，这里暂且不做讨论。

"如果 A, 就 B"的语表形式包含着丰富的内容，我们主要从假设分句的形式特征、结果分句的形式特征以及这个复句格式整体的形式特征三个方面展开考察。我们在研究"如果 A, 就 B"的基础上，又将其与"万一 A, 就 B"和"要是 A, 就 B"两个句式进行了比较，并且重点对"如果 A, 就 B"句式中的一种特殊情况即 A、B 是可比结构的情况拿出来单独做了分析，并且还着重分析了表示假设关系的助词"的话"的使用情况。从以上内容可以看出，在语表形式方面，我们比较重视关系词语的问题，我们认为，关系词语是一个复句的核心所在，不同的关系词语搭配组合构成不同的句式，不同的句式添加语义成分之后又表达出丰富多彩的内容，为人们的交际提供了方便。

第二章 "如果 A,就 B"句式的语里内容

"小三角"中语里意义隐含在内的不可见的关系或内容①,是在脱离一定语境的条件下语表所负载的从直观上看不出来的含义或内容,主要包括结构关系、语义关系、逻辑关系和语句的涵盖意义等②。语里意义涵盖的内容比较广泛,也比较复杂,是分析一个语言事实的核心和根本。语法单位不同,语里意义也就不尽相同。针对"如果 A,就 B"这一复句格式,我们考察的语里意义主要表现为逻辑—语法关系。重点从条件性,预设性,A、B 间的语义关系,认知层面这四个方面进行考察。

第一节 "如果 A,就 B"句式的条件性

"如果 A,就 B"体现的是一种条件关系,表现为 A 是条件,B 是结果,或者 B 是条件,A 是结果。

(117) 如果一个数能被 6 整除,也就能被 2 整除。

(118) 如果你拿到了文凭,就说明你已经通过了各种考试。

---

① 华萍:《现代汉语语法问题的两个"三角"的研究》,《语言教学与研究》1991 年第 3 期。

② 眸子:《语法研究中"两个三角"和"三个平面"》,《世界汉语教学》1994 年第 4 期。

需要指出的是，条件是主观虚拟出来的，不一定是真实的，也许是与事实相反的。

（119）如果项羽在鸿门宴上杀了刘邦，那么中国历史上也就没有一统天下四百年的汉王朝。

（120）如果小李还没走，这些问题都会解决的。

"如果 A，就 B"句式表示的条件是一种充分条件，充分条件满足"A→B，或者¬B→¬A"，用语言概括就是：有之必然，无之未必不然。如例（117）中，A（一个数能被6整除）可以推出 B（能被2整除），¬B（一个数不能被2整除）也可以推出¬A（不能被6整除），所以说 A 是 B 的充分条件。但是通过分析我们可以看到，有时候 A 不单单是 B 的充分条件，还有可能暗含了必要条件，也就是有时候我们分析出 A 是 B 的充要条件。例如：

（121）如果同一平面上两条直线没有交点，这两条直线就是平行线。

首先，我们解释一下什么是必要条件，什么是充要条件。必要条件必须满足"B→A，或者¬A→¬B"，用语言来概括就是：无之必不然，有之未必然。充要条件必须满足"A→B，并且¬A→¬B"，满足"如果 A，并且只有 A，那么 B"，就表示 A 是 B 的充要条件，用语言来概括就是：有之必然，无之必不然。例（121）中，A（同一平面上两条直线没有交点）可以推出 B（这两条直线是平行线），¬B（两条直线不是平行线）也可以推出¬A（两条直线在同一平面上有交点），所以可以得出 A 是 B 的充分条件。同时也满足 B（这两条直线是平行线）可以推出 A（同一平面上两条直线没有交点），¬A（两条直线在同一平面上有交点）可以推出¬B（两条直线不是平行线），所以可以得出 A 是 B 的必要条件。A 既是 B 的充分条件又是必要条件，所以 A 是 B 的充要条件。也符合充要条件的要求，即由 A（同一平面上两条直线没有交点）可以推出 B（这两条直线是平行线），并且¬A（两条直线在同一平面上有交点）可以推出¬B（两条直线不是平行线）。虽然"如果 A，就 B"句式可以表示充要条件，但是充要条件不是这个句式的表达作用和任务，作为表达充分条件的代表句式"如果 A，就 B"只是单纯地表示充分条件，只不过有时只是偶然地暗含了必要条件在里边，但人们借用这个句式只是想表达充分条件的意思，并没有想表达出必要条件的意思，如果人们想表达必要条件，就要借用"只有 A，才 B"这一复句格式了，汉语里边没有表达充要条件的形式，只是偶尔在一些表示逻辑、数学等的著作里才会出现充要条件，汉语口语中是没有表示充要条件的形式的。所以我们认为"如果 A，就 B"句式表示的条件只是一种充分条件。

第二节　"如果 A，就 B"句式的预设性

"如果 A，就 B"这一句式表达的语里内容还具有预设性。预设是指"前提语"或"前提引发项"，何兆雄在《新编语用学概要》中提到，汉语对于预设的研究主要参考了 31 种英语预设触发语中的 11 种①，其中就有一种是与事实相反的条件从句，与事实相反的条件恰好从虚假条件的反面表现出前提，主要指由 if 引导的非事实条件句。汉语中与之相对应的就是"如果"句。

"如果"句的预设主要分为相反预设和可能预设两类。

一　相反预设

"如果"引出一个与事实相反的情况，为后面的结果作一个与事实相反的预设。

（122）如果当时真的打起来，还不知是谁的天下。

预设：当时没有打起来。

---

① 何兆熊：《新编语用学概要》，上海外语教育出版社 2000 年版，第 277 页。

（123）她原是可以救活的，如果及时送到医院的话。

预设：她没有被及时送到医院。

"如果"引出的是一个与事实相反的情况，这里的"事实"不一定是客观现实情况，也可以是说话人主观的认识，即预设是说话人主观的设定。

（124）要是他能当上班长，母猪都能上树。（事情还没有发生，主观上认定他当不上班长）

预设：他当不上班长。

（125）如果他能请客吃饭，太阳都从西边出来了。

预设：他不可能请客吃饭。

例（124）中，事情还没有发生，只是说话人主观上认定他当不上班长，例（125）也是说话人主观上认定他肯定不可能请客吃饭。

二 可能预设

1. 对现在（即说话时）的情况做出了明确判断，一般是引出与现在情况相反的状况，并推测将来（即相对于现在之后动作还没发生或状态还没出现的时段）的可能情况[①]。如：

（126）如果让马永仄来当组长，有什么不好？

预设：马永仄现在还不是组长，但将来可能可以当组长，也可能不能当。

这里，说话人对现在和将来都做了表态，但目的是通过对现在情况的陈述，突出对将来某种可能状态的肯定和强调。虽然交际双方知

---

① 李艳洵：《汉语假设复句预设浅析》，《湘潭师范学院学报》（社会科学版）2006 年第 4 期。

道马永仄现在还不是组长,但将来可能可以当组长,也可能不能当。但说话人肯定和强调的是马永仄可以当组长。

（127）倘能够到北京见到毛主席,那将是他一生最大的幸福。

预设:现在他还没能见到,但以后可能见到也可能见不到。

强调一生最大的幸福是见到毛主席,并且是对"到北京见毛主席"这件事的主观肯定。

2. 无法或不需要对"现在"的情况做判断,而只对可能的情况做出推测,选择自己比较关心的一种可能情况提出来。

（128）如果不相互尊重,爱也难以持久。

预设:（真实情况无法判断）可以相互尊重,也可以相互不尊重。

（129）谁如果惧怕耶利内克的作品,谁就是惧怕自己。

预设:（当前的真实情况不必或无法判断）有人怕,也有人不怕。

在这种情况下,说话人并不只是对将来情况发生的可能性做出推断,甚至对"现在"的情况都无法做出判断,或者说是对"现在"或将来的情况没必要做出判断,说话人只是提出自己认为重要的或是主观上比较关心的问题来引起人们的重视或表达自己的观点。例（128）中,说话人判断不出谁相互尊重谁没有相互尊重,只是认为尊重比较重要;例（129）中,说话人同样无法判断"现在"的情况,只是表达了自己的观点。

"如果"句只能触发相反预设或可能预设,不可能是事实预设,因为"如果 A,就 B"句式本身的特征就具有虚拟性,所有进入这一句式的句子都具有了假设的特征,而已经发生过的事实是不能假设的,也是不能进入这个句式的,所以"如果"句所触发的预设不能是事实预设，而"如果说"句触发的预设是一种事实预设。例如：

（130）如果说这张脸上有过一些美的东西的话，今天却已经荡然无存了。

预设：这张脸上有过一些美的东西。

（131）如果说小居里夫人从居里夫人那里继承了什么遗产的话，那就是继承了为科学而献身的精神遗产。

预设：小居里夫人从居里夫人那里继承了遗产。

"如果说"句式，说话人总要以某种说法为假定的前提，即以某种说法为假定的事实，从而引出有关联的某个结论，以加深人们对结论的印象，重心在后句。可以说，前分句"如果说"引导的事实是后分句存在的基础，因此，"如果说"句引出的事实则多是说话人主观认定的事实，不管听话人认不认可，说话人都认可这是事实。也就是说，"如果说"句所触发的预设是主观上的事实预设。这也就是它跟"要不是"句的不同。"要不是"和"如果说"触发的预设都是"事实预设"，但这两者不一样，"要不是"触发的事实是客观事实，而"如果说"预设的是主观事实。

（132）要不是我在场，她那小拳头就捶到小涛身上了。

预设：我在场。

（133）要不是该睡觉了，我真想看看他们究竟是怎样开放的。

预设：该睡觉了。

"要不是"相当于"如果不是"，后面跟的是已经发生过的事，"要不是" = "如果" + 否定词 + 已经发生过的事，"要不是"所触发的预设就相当于"如果"句中相反预设的否定，所以"要不是"所触发的是一种客观事实的预设。例（132）中，整件事情已经发生，成为一种既定的事实了，所以它的预设"我在场"肯定事实情况就是这样的。如果不是客观事实,也不可能进入"要不是"这个句式。

第三节　"如果 A,就 B"句式的认知层面

在讨论这一节的内容之前,我们先来探讨一下汉语复句的分类问题。邢福义①根据"关系聚合"和"点标志"的原则将汉语复句分为因果类复句、并列类复句和转折类复句三大类。因果类复句以"因果聚合"的共同点为根基,分句 A、B 之间只要存在因与果相互顺承的关系都是广义因果类复句。并列类复句是以"并列聚合"为共同的根基,分句 A、B 之间只要存在并举罗列的关系,但不存在因果关系都是广义的并列类复句。转折类复句是以"转折聚合"为共同的根基,分句 A、B 之间只要存在逆转性或者矛盾对立性都是广义的转折类复句。邢福义汉语复句三分系统的理论为后来复句的研究提供了基础。在此基础上,丁力从不同类型的复句具有不同的心态特征入手,分析了汉语复句三分系统分类的心理依据,指出因果类复句在思维表述上具有一致性,在主观信赖程度上具有顺向制约性,并列类复句在思维表述上具有一致性,在主观信赖程度上具有非制约性,转折类复句在思维表述上具有对立性,在主观信赖程度上有时具有非制约性,有时具有逆向制约性。② 汉语复句三分系统分类的心理依据对我们进行更深层次的复句研究和考察人们借用不同的复句格式思维、交际时的心态特征提供了理论依据。可是,当我们借用前人的研究成果进行具体语言实例的分析时却遇到了困惑。既然"如果 A,就 B"句式属于广义的因果类复句,那么理论上分句 A、B 之间应该存在因与果的相互顺承关系,并且人们使用这一句式时在思维表述上应该具有一致性,在主观信赖程度上也应该具有顺承制约性。但是在语言交际中,人们使用这一句式时并不能完全满足以上两点。例如:

① 邢福义:《汉语复句研究》,商务印书馆 2001 年版,第 8—9、40—47 页。
② 丁力:《汉语语法问题研究》,三秦出版社 2012 年版,第 1—6 页。

（134） 如果你是晨露，我就是那小草。

（135） 如果说你是一条龙，那么我却是一条虫。

以上两个例子中，分句 A 和分句 B 之间并不是一种顺承关系。例（134）中，"你是晨露"和"我就是那小草"之间应该是一种并列关系，在主观信赖程度上也不具有顺向制约性，而是具有非制约性。例（135）中，"你是一条龙"和"我却是一条虫"应该是一种转折关系，在主观信赖程度上具有逆向制约性。从理论上来说，属于因果类复句的"如果 A，就 B"句式是以"因果聚合"为根基的，分句 A 和分句 B 之间应该只有因与果的相互顺承关系，可是为什么会有并列关系和转折关系的存在呢？

为了解决这一问题，我们需要重新分析汉语复句三分系统的分类依据。既然因果类复句表示的是分句 A、B 之间因与果的相互顺承关系，那么它们在思维表述上具有一致性。从制约性上来考虑，我们可以根据分句 A 的成立，顺着推出 B 成立或者成立的可能性很大，用信赖程度来描述就是 $0.5 < P\{B/A\} \leq 1$，所以因果类复句在主观上的信赖程度就是 $0.5 < P\{B/A\} \leq 1$，凡是满足这一条件的都属于因果类复句的范畴；并列类复句表示的是一种 A 和 B 并举罗列的关系，在思维表述上同样具有一致性。在前后制约性上，我们既不能根据前一分句推出后一分句成立，也不能推出它不成立，所以它在主观上的信赖程度就是 $P\{B/A\} = 0.5$，凡是满足 $P\{B/A\} = 0.5$ 的都属于并列类复句的范畴；转折类复句表示的是分句 A 和 B 之间的一种逆转性或矛盾对立的现象，在思维表述上具有对立性。而且从制约性上来考虑，我们主观上认为在分句 A 成立的条件下，分句 B 成立的可能性不大或者推不出成立还是不成立，用信赖程度来描述就是 $0 < P\{B/A\} \leq 0.5$，凡是符合这个条件的都属于广义转折类复句的范畴。在例（134）中，A、B 是一种并列关系，我们根据 A（你是晨露）推不出 B（我是小草）成立或者不成立，它的主观信赖程度就是 $P\{B/A\} = 0.5$。同样，具有转折关系的例（135）的主观信赖程度就是 $0 < P\{B/A\} \leq 0.5$。

从上面可以看出，"如果 A，就 B" 句式不仅属于因果类复句，还同样属于并列类复句和转折类复句。所以我们认为，"如果 A，就 B" 句式是一种跨类句式，而且跨了因果类复句、并列类复句和转折类复句三个大类。"如果 A，就 B" 句式并不属于纯粹意义上的纯因果类复句，它还囊括了并列类复句和转折类复句的内容，我们将其分为三类，因果型 "如果" 句、并列型 "如果" 句、转折型 "如果" 句。因果型 "如果" 句，蕴涵因果关系，由因果类复句转化而来，在思维表述上具有一致性，在主观信赖程度上具有顺承制约性；并列型 "如果" 句，蕴涵并列关系，由并列复句转化而来，并列类复句在思维表述上具有一致性，在主观信赖程度上具有非制约性；转折型 "如果" 句，蕴涵转折关系，由转折类复句转化而来，转折类复句在思维表述上具有对立性，在主观信赖程度上有时具有非制约性，有时具有逆向制约性。当然，在 "如果 A，就 B" 句式中，因果性 "如果" 句不管是从数量上还是从使用频率上都应该占主导，这也是为什么我们一提到这个句式就会想到它是一种表假设的因果关系，但是我们无法否定这一句式中并列型 "如果" 句和转折型 "如果" 句的存在。

其实，在现代汉语诸多复句格式中，并不是只有 "如果 A，就 B" 句式属于跨类句式，还存在着许多其他的跨类句式，只是这些跨类句式中只有一种关系占主导，或是因果，或是并列，它的使用频率明显高于其他的关系，所以我们将它固定为某一类复句，但是我们也不能怀疑这种句式表示其他关系情况的存在。例如：

（136）这种教学模式既能体现出教师的主导作用，又能体现出学生的主体作用。

（137）我既想见到他，又怕见到他。

"既 A，又 B" 句式在汉语复句三分系统理论中隶属于广义的并列类句式，表示的是 A、B 两种情况的并举或罗列。按照广义并列句式的特点，"既 A，又 B" 句式在主观上的信赖程度是 $P\{B/A\} = 0.5$。例（136）就符合这个条件，"教师的主导作用" 和 "学生的主体作用"并举，不能由前面的推出后面的成立或者不成立，在思维表述上也具有一致性。但是例（137）中，A（想见到他）和 B（怕见到他）却是一种逆向制约关系，在主观上我们根据 A 可以推出 B 成立的可能性很小，用信赖程度来表示就是 $0 < P\{B/A\} < 0.5$，明显与并列类复句的要求相冲突，并且在思维表述上是具有对立性的，这一例中的"既 A，又 B"应该属于广义转折类复句。所以"既 A，又 B"和"如果 A，就 B"一样应该也是跨类复句，只不过"既 A，又 B"只是跨了并列类复句和转折类复句两类，而"如果 A，就 B"句则跨了三类。但是"既 A，又 B"使用频率最高的或占主导的应该是表示并列关系的情况，所以将其划为并列类复句。

但是，并不是类似的从表面上看起来表达两种关系的复句格式都属于跨类句式。例如，通常意义上表示广义转折关系的"虽然 A，但是 B"句式，则属于转折类句式，并且经常被用作表示转折关系，但是偶尔也会用作表示并列关系。例如：

（138）虽然李华是中国人，但他却是黄头发。
（139）虽然他是个军人，但他也是个医生。

例（138）中的"虽然 A，但是 B"表示的是一种转折关系，也是这一句式的通俗用法。从制约性、非制约性的角度来说，在我们主观上认为 A（李华是中国人）成立的前提下，B（他是黄头发）成立的可能性小，在信赖程度上就表示为 $0 < P\{B/A\} < 0.5$，符合转折类句式的要求。从思维表述是否具有一致性上来说，我们看到 A（李华是中国人）和 B（他是黄头发）在思维表述上明显具有对立性，B 明显不是顺着 A 所描绘的一般情况发展的，而是转向与 A 对立的情况，所以 A、B 间的思维表述是具有对立性的，也符合转折类复句的要求。可例（139）中，从制约性、非制约性角度来看，根据"他是个军人"，主观上我们没法推出"他是个医生"成立还是不成立，可能成立也可能不成立，这个句式用信赖程度表示就是 $P\{B/A\} = 0.5$，看起来好像应该属于广义的并列类复句。其实不然。因为在思

维表述上，A（他是个军人）和 B（他是个医生）不具有一致性，反而具有对立性，所以不符合并列类复句在思维表述上的要求，应该还属于转折类复句。我们知道所有的广义转折类复句都是从因果类复句或者并列类复句转化而来的，例（139）就是通过并列类复句转化而来的转折复句，通常称之为并列逆转转折句，这种情况在思维表述上仍然具有对立性，所以这类句式不属于跨类句式。我们可以由此推出跨类句式只存在于广义因果类复句和并列类复句之中。

在搞清了"如果 A，就 B"句式为跨类复句之后，我们再来考察一下作为跨类复句的"如果 A，就 B"这一句式的认知层面。

认知层面[①]是指人们对客观事物或现象的概括认识以及对这种概括认识的主观判定。它体现在两个不同的层面：一个是主观推测层面，另一个是客观反映层面。对于"如果 A，就 B"句式来说，两个层面截然不同，需要分开来讨论。

一 主观推测层面

"主观推测层面是大脑思维中的一个认知层面，该层面反映的认识不是客观现实情况在大脑中的直接反映，而是人们依据自己的生活经验、背景知识等，对客观现实情况所进行的一种主观推测或判断。"[②] 由于这一句式是跨类复句，分为因果型"如果"句、并列型"如果"句、转折型"如果"句，所以在主观推测层面要分开考察。对于"如果 A，就 B"假设句来说，人们对于不同关系的分句 A 和分句 B 成立的可能性大小的信赖程度有所区别。

（一）因果型"如果"句

这种关系是指说话人在思维表述上具有一致性，也就是说在"如果 A，就 B"句式中 A、B 两个分句在思维表述上是前后一致、相互贯通的，假设分句提出原因，结果分句说明结果，而且在信赖程度上是具有顺向制约性的。主观推测层面所反映的认识就是人们在对分句

---

① 丁力：《语法》，三秦出版社 2005 年版，第 2 页。
② 丁力：《汉语语法问题研究》，三秦出版社 2012 年版，第 44 页。

A、B 进行主观推测时，可依据前一分句的成立，推出后一分句成立或者很可能成立，也就是在 A 成立的条件下，根据人们的生活阅历和知识背景主观判断 B 成立或成立的可能性很大，即 $0.5 < P\{B/A\} \leq 1$。例如：

（140）如果经脉不通，气血活动失调，就可能发生疾病。

（141）如果通信和导航系统受到干扰，就有可能造成飞行事故。

以上两例都表明了分句 A、B 具有逻辑上的一致性。例（140）中，根据说话人的认知经验，在 A（经脉不通，气血活动失调）成立的条件下，顺着这个思路，推出 B（可能发生疾病）成立的可能性很大，即在 $P\{A\} = 1$ 的前提下，$0.5 < P\{B\} \leq 1$，也就是 $0.5 < P\{B/A\} \leq 1$。后边一例也是如此。

（二）并列型"如果"句

这种关系是指前后分句在语义上没有什么直接联系，就是平等罗列或者是类比，A 对 B 的成立不具有制约性。在假设因果类复句"如果 A，就 B"中，这种关系出现的情况较少，但在日常生活的交流中也会出现 A、B 并列的情况，反映在主观推测层面就是既不能依据前一个分句 A 的成立，推出后一个分句 B 成立或者很可能成立，也不能依据前一个分句 A 的成立，推出后一个分句 B 不成立或者很可能不成立。也就是在分句 A 成立的前提下，无法断定分句 B 成立的可能性大小，即 $P\{B/A\} = 0.5$。例如：

（142）如果到了墨西哥没有参观人类学博物馆，就像到了埃及没有见到金字塔一样会终身感到遗憾。

（143）如果承认日心说，就等于宣布《圣经》传播的是谎言。

以上两例中 A、B 说的是两件不同的事情。例（143）中，"承认日心说"和"宣布《圣经》传播的是谎言"是两件完全不同的事情, 既不能由"承认日心说"推出"《圣经》传播的是谎言"成立或很可能成立, 也推不出它不成立, 所以"《圣经》传播的是谎言"成立与否与"承认日心说"毫无关系, 所以 $P\{B/A\}=0.5$。另一例也是如此。

（三）转折型"如果"句

这种关系是指 A、B 两分句在思维表述上具有对立性, 在主观信赖程度上有时具有逆向制约性, 有时具有非制约性。逆向制约性反映在"如果 A, 就 B"句式中就是 A、B 两个分句的内容在思维表述上前后不一致、相互对立, B 分句并不按照 A 分句所描绘的形式发展。信赖程度逆向制约就是指可依据 A 的成立推出 B 不成立或者很可能不成立, 即 $0<P\{B/A\}<0.5$。非制约性就是在 A 分句成立的条件下, 我们无法推出 B 分句成立还是不成立, 即 $P\{B/A\}=0.5$, 所以转折型"如果"句的主观推测层面就是 $0<P\{B/A\}\leq0.5$。例如:

（144）司马群忽然又笑了: "看起来这位李先生倒真是个怪人, 如果他真的来杀我, 那么今天晚上就很好玩了。"

（145）如果说你是一条龙, 我却是一条虫。

以上前一例 A 对 B 具有反向制约关系, 它们具有逆向制约性, 后一例 A 对 B 具有非制约性。例（144）中, "他真的来杀我"与"今天晚上就很好玩了"形成鲜明对比, 说话人说此话时思维前后不一致。在主观推测层面, 按照人们的经验和认识, 可以根据前一分句 A（承认它正确）推出后一分句 B（推出它错误）不成立或成立的可能性很小, 也就是说在 $P\{A\}=1$ 的前提下, $0<P\{B\}<0.5$, 即 $0<P\{B/A\}<0.5$。例（145）中 A 分句（你是一条龙）和 B 分句（我是一条虫）相互独立, 我们不能根据前一分句的成立与否推出后一分句成立或者不成立, 也就是说在 $P\{A\}=1$ 的前提下, $P\{B\}=0.5$, 即 $P\{B/A\}=0.5$。

二 客观反映层面

"客观反映层面是大脑思维中不同于主观推测的另一认知层面,

该层面所反映的认识不是人们依据自己的生活经验、背景知识等对客观情况所进行的一种主观推测或判断,而是客观现实情况在大脑中的直接反应。"① 也就是说抛开所有的主观因素,客观现实是什么样那就是什么样。反映在"如果 A,就 B"句式中,客观反映层面表示只要 A 成立,B 就成立,即 P {B/A} =1。看以下的例子:

（146） 如果供应不足,甲状腺就会发生代偿性肿大。

（147） 如果椭圆星系是太空中的"老人国",那不规则星系就是一个"小人国"。

（148） 如果一个女人把你当作她的冤家,那么你就可以放心了。

分析客观反映层面就要抛弃主观推测的种种制约,如果真的发生前一分句的情况,那么必然出现后一分句的结果,没有了主观的制约,说话人对自己所说的情况十分肯定,认为客观事实就是如此。以上三个例句,A 对 B 的成立分别具有顺向制约、非制约和逆向制约关系。如果供应不足,客观上就会引起甲状腺代偿性肿大;如果椭圆星系是太空中的"老人国",不规则星系就是"小人国",说话人认为客观事实就是如此,也就是在分句 A 成立的条件下,B 也一定成立,即 P {B/A} =1。不管 A 对 B 的成立是具有顺向制约、非制约还是逆向制约关系,它们的客观反映层面都是一样的,都是在 A 成立的条件下,B 也成立,即 P {B/A} =1。

第四节 "如果 A,就 B"句式 A、B 间的复合语义关系

"如果 A,就 B"句式 A、B 间的语义关系分为单纯语义关系和复合语义关系。单纯语义关系就是指假设关系,复合语义关系又分为好

---

① 丁力:《汉语语法问题研究》,三秦出版社 2012 年版,第 47 页。

多种。需要说明的是，一种情况是表示复合关系的标志性关联词语出现在两个分句当中，还有一种情况是表示复合关系的标志性关联词语出现在某一分句中。

因为"如果 A，就 B"句式是跨类复句，所以我们分开讨论因果型"如果"句、并列型"如果"句、转折型"如果"句分别包含的复合语义关系。

一 因果型"如果"句中的复合语义关系

（一）假设关系中包含因果关系

（149）如果他愿意替你干这件事，是因为他想报恩。

（150）如果他主动向你道歉，那是由于他想给自己留条后路。

这种关系的复句是由假设关系加因果关系共同构成的，假设分句表示假设关系，结果分句又连同假设分句表达了因果关系，构成了"结果 + 原因"的双重关系。这里的因果关系是只能以 A 为结果，B 为原因，而不能以 A 为原因，B 为结果。例如：

（151）＊如果他因为主动向你道歉，所以他想给自己留条后路。

（二）假设关系中包含推断关系

（152）如果他在你最困难的时候肯出手帮你，就说明他确实是一位值得深交的朋友。

在这种关系中，假设分句表达了假设关系，结果分句又表达了推断关系，构成了"原因 + 推断"的双重关系。结果分句一般含有"表明""说明"等词语辅助来表示推断。

（三）假设关系中包含目的关系

1. 表示假设关系和目的关系的标志性关联词语都出现在假设分句中，单个分句构成"行为 + 目的"的双重关系，并且假设分句中一般有"为了"等表示目的关系的词语与表示假设关系的"如果"连用。

（153）如果为了图舒服，就没有资格当共产党员。

2. 表示假设关系和目的关系的标志性关联词语都出现在假设分句和结果分句中，两个分句连在一起共同表达了"行为 + 目的"的双重关系，且结果分句中一般有"为了"等表目的的词语。

（154）如果老师没有当着同学的面点名批评你，那是为了给你留面子。

（四）假设关系中包含条件关系

1. 因为条件性是"如果 A，就 B"句式的一个特征之一，所以充分条件关系在这个句式里比较常见。一般情况下假设分句既包含假设关系又包含条件关系，单个分句表达了"原因 + 条件"双重关系①。这是最常见也是最普通的一种情况。

（155）如果一个三角形是等边的，它就是等角的。

2. 还有一种情况是两个分句共同表达"原因 + 条件"的双重关系。必须是 A 是结果，B 是条件的句子才属于这种关系的复句。

（156）如果你渴望得到某种东西，就必须让它自由。

---

① 罗进军：《有标假设复句的语义关系特征》，《华中师范大学学报》（人文社会科学版）2012 年第 5 期。

（五）假设关系中包含连贯关系

（157）如果他倒下了，我就立刻跟上去。

这种"原因＋连贯"的双重关系一般需要两个分句共同承担。假设分句表示原因，结果分句又表达出连贯的语义关系。结果分句中会有像"立刻""接着""然后""这才"等一些表示动作连续的标志性词语。

（六）原因、条件、目的三重语义关系

因果型"如果"句偶尔也会出现三重语义关系。看下面几个例子：

（158）如果想拿到文凭，就要通过各科考试。

（159）如果想繁荣戏曲艺术，就必须首先繁荣戏曲文学。

以上这两个例子都复合着三重语义关系。例（158）中，假设分句（想拿到文凭）独立承担假设关系，结果分句中的"通过各科考试"又是假设分句的条件，同时假设分句中的"想拿到文凭"又是结果分句（通过各科考试）的目的，所以就构成了"原因＋条件＋目的"的三重语义关系。例（159）也同时复合了"原因＋条件＋目的"的三重语义关系。

二 并列型"如果"句中的复合语义关系

（一）假设关系中包含选择关系

（160）那个人如果不是无知，就是撒谎。

（161）如果不是阴谋和别有所求，那就是食欲不化的愚蠢。

（162）钟家如果不是出于误会，就是出于陷害。

这种"原因＋选择"的双重关系大多需要两个分句共同承担，假设分句表示假设关系，假设分句和结果分句又共同表示选择关系。除了"不是……就是……"其他表示选择的关系词语如"是……还是……""或者……或者……""要么……要么……"等都不能进入这种格式。

（163） ＊ 那个人如果是无知，还是撒谎？

（164） ＊ 那个人如果或者无知，或者撒谎。

（165） ＊ 那个人如果要么无知，要么撒谎。

并不是所有的"不是……就是……"都可以进入这种句式的。有些带有"不是……就是……"关系词语的句子并不表示"原因＋选择"的双重语义关系。

（166） 如果不是有缘人，就是风水宝地就在脚下也不可能得到。

例（166）中的"不是……就是……"不是表示选择的关系词语，前边的"不是"是跟"如果"相连的，是对"有缘人"的否定，后面的"就是"是"就算是"的缩写，所以它们不是连在一起表示选择的关系词语，因而不能算表示"原因＋选择"的双重关系。

（二）假设关系中包含并列关系

1. 前边说了"如果 A，就 B"句式中可以囊括一种特殊的结构——可比结构，所以并列关系可以出现在这个句式里也就不足为奇了。这种"原因＋并列"的双重语义关系往往由两个分句共同承担。假设分句表示原因，假设分句又跟结果分句共同表示并列。

（167） 如果说电影中的他是如此的玩世不恭，那生活中的他又是如此的认真。

2. 除了可比结构之外，其他的只要表示 A、B 是并列关系的句子也可以表达出"原因＋并列"的双重语义关系。

（168）如果养颜有什么秘诀的话，那就是外养不如内养。

（169）如果到了墨西哥没有参观人类学博物馆，就像到了埃及没有见到金字塔一样会终身感到遗憾。

三 转折型"如果"句中的复合语义关系

转折型"如果"句中的复合语义关系主要指假设关系中包含转折关系。

（170）一个人的内心如果充满了自卑，就会变成最骄傲的人。

（171）如果你仔细品味一下，却又不难从微小处听出她的天真和稚气来。

这种复合关系一般由两个分句共同承担。前一分句表示假设，后一分句表示转折，并且一般会出现"但、却"等转折副词，而且转折副词出现在结果分句中。

"如果 A，就 B"句式的语里包含着丰富而且复杂的内容，也是众多学者对这一句式研究最深入和研究成果最丰富的方面。我想原因无非有两点，首先语里内容本身就包含着非常丰富的内容，结构、语义、逻辑和语句的涵盖意义等，每个方面都相对复杂；其次就是语里意义是一个句式的核心和根本，是揭示语表形式的重要依据，人们想要深入理解和把握每个复句格式，对语里意义的研究必不可少。我们考察"如果 A，就 B"句式的语里内容，主要从条件性、预设性、认知层面和 A、B 间的复合语义关系四个方面展开论述。在这一部分我们最重要的研究成果就是在分析具体语言实例的过程中确定了"如果 A，就 B"是汉语复句系统中的一个跨类复句，并且跨了三大类。跨类复句格式的概念为我们认知层面和复合语义关系的研究提供了新的思路，许多困扰我们的问题也迎刃而解。根据"如果"句这一跨类复句格式我们可以延伸出汉语复句系统中的其他跨类复句格式，揭示出汉语存在跨类复句格式的原因和特点，这将是我们以后研究的重点。

第三章 "如果 A,就 B"句式的语用价值

"小三角"中的语用价值是在比较中考察研究对象的语用效应,解决人们为什么使用它,它的价值在哪的问题。从邢福义的有关论述中可以看出,语用价值是指语表形式和语里内容的结合体在一定的语境中所产生的各种语用效果①。如信息的传递效果,情感的表达效果,语句与上下文的匹配效果等,"语境值"和"修辞值"是语用价值的重要内容,但不是全部内容,语用价值所包含的内容非常广泛,还需要我们进一步探究。但是人们之所以会在交际中选用某个词或某个句式,肯定是出于表达的需要,也就是说,任何一个语言事实上都有其存在的价值和意义。语用价值层面是一个研究还不是很深入的领域,特别是汉语作为一门博大精深的语言,在一些双关语和一些可以表达言外之意的词语或句式方面更有需要挖掘的地方。

现代汉语中任何一个句式都有其存在的价值,人们之所以运用一个句式进行交际,是因为该句式有其独特的表达效果。关于"如果 A,就 B"的语用价值,邢福义已经在《汉语复句研究》中做了详细的描述。邢福义认为,这个句式运用得极为广泛,主要用于推知、应变、质疑、祈使、评说等②。而我们探讨"如果 A,就 B"句式的特殊语用价值,就是根据 A、B 的真假关系来推出说话人的特殊心理。

---

① 眸子:《语法研究中"两个三角"和"三个平面"》,《世界汉语教学》1994 年第 4 期。

② 邢福义:《汉语复句研究》,商务印书馆 2001 年版,第 85—88 页。

需要说明的是，这里说的真假都是客观现实层面上的真假。通过固定 A 的真假情况，讨论 B 的不同类型。在讨论之前，我们先要引入表示充分条件的"如果 A，就 B"句式的语义推导模式。前面说了，充分条件表示的是"有之必然，无之未必不然"，也就是满足"A→B，或者¬B→¬A"。如果以 A 可以推出 B，现在 A 成立，那么 B 就成立；如果从 A 可以推出 B，现在是非 B，那么就可以推出非 A。"A→B，A，所以 B"以及"A→B，¬B，所以¬A"。这两个的语用推导模式如下：

A→B

A

——————

B

A→B

¬B

——————

¬A

我们将这两个揭示充分条件本质的推导模式称为"蕴含推导式"。还有一种情况，如果严格按照充分条件的要求推导不出来，但是根据人们日常交际中的心理诉求，应该满足这样的推导，并且用来表达自己的某种情绪。先看下面几个例子：

（172）如果你敢出庭作证，就算你是个男人。

（173）如果你做过一件惊天动地的事，也算你在这个世界上活过。

例（172）中，说话人借用"如果"句表达一种充分条件，说话人认为 A（你敢出庭作证）可以推出 B（你是个男人），¬B（你不是个男人）也可以推出¬A（你不敢出庭作证），而客观事实是"你是个男人"，B 在客观上是成立的，那么说话人内心也认为 A 在客观上应该成立，就借用这个句式表达出对"男人"的不满，并且刺激他，想方设法让 A 成立。例（173）也是这样，既然 B（你在这个世界上活过）在客观上是成立的，说话人认为 A（你做过一件惊天动地的事）也应该成立；而现在 A（你做过一件惊天动地的事）在客观上不成立，说话人借用这一句式刺激对方，想方设法地让 A 在客观上成立，同时也表达出对对方的不满。

我们通过以上两个例子可以推导出另外一种语用推导模式：

A→B

B

————

A

再看下面两个例子：

（174）如果地球不自转，我们就没有昼夜之分。

（175）如果太阳从西边出来，我就帮你做这件事。

例（174）中，A（地球不自转）可以推出 B（我们没有昼夜之分），但现在 A（地球不自转）很明显是与客观事实相反的，在客观上是不成立的，所以说话人认为 B（我们没有昼夜之分）也是不成立的，以此来说明 A 的重要性。例（175）中也是同样的道理，A（太阳从西边出来）也是与客观事实相反的，说话人认为 B（我帮你做这件事）也是不可能成立的，以此来说明 B 是无论如何也不可能成立的事情。这种情况下的语用推导模式如下：

A→B

¬A

————

¬B

以上两种情况按照充分条件所蕴含的内在要求是不成立的。但是在说话人内心，这种推导是成立的，说话人认为就应该是这样的，并且借用它来表达自己的内心诉求，听话人也是这样理解的，也默认了这种看似不可能成立的推导。这说明人们的内心世界认可这种推导，尽管它并不真正符合逻辑推理。所以我们称以上两种推导模式为"隐含推导式"。

"蕴含推导式"和"隐含推导式"共同构成了"如果A，就B"这一句式的语用推导模式，表达出这一句式丰富的特殊语用价值。

第一节　A客观真的情况下"如果"句的语用价值

在A客观真的情况下，B原则上有客观真、客观假和客观真假不定三种情况，对每一种情况都要分别考察，观察其是否满足实际的语言使用情况以及所表达出的独特语用价值。

一　A客观真，B客观真

A客观真，B客观真表示一种陈述或对比。语用推导模式是一种蕴含推导式，如下：

A→B

A

—————

B

（176）如果三角形的内角和是180度，那么直角三角形的内角和也是180度。

（177）如果英语是世界上使用最广泛的语言，那么汉语就是世界上使用人口最多的语言。

以上两例中，A、B都是客观真实的。例（176）是陈述一个事实：所有三角形的内角和都是180度。例（177）是将英语与汉语进行对比。

二　A客观真，B客观假

A客观真，B客观假表示批评、愤怒、讽刺、嘲笑和不满等，通过 B 客观上的不成立来推出主观上对 A 的不认可, 客观上 A 虽然是真的, 但主观上却认为 A 是假的, 这种主客观的矛盾体现出这一句式的独特语用价值。它的语用推导模式也是一种蕴含推导式:

A→B

¬ B

─────────

¬ A

这个推导公式的意思就是说, A 可以推出 B, 现在的客观结果是非 B, 那么相应的就是非 A, 这里的非 A 是主观上的, 客观事实肯定是 A, 这就造成了矛盾, 表达出主观上对 A 的不认可。

（178） 如果你也算个人, 那猪都能上树。

（179） 如果你的儿子也算这个家里的一分子, 那大街上的人都是你的家人。

例 （178） 中, 按照 "如果 A, 就 B"表达充分条件的原理, 我们得出 A （你也算个人） 可以推出 B （猪都能上树）, 但现在的客观现实情况是 ¬B （猪不能上树）, 所以我们可以得出 ¬A （你不能算个人）, 当然这只是主观上认为的。更进一步说, 主观上的 A 可以推出主观上的 B, 而结果客观上的 B 明显是假的, 是与事实不相符的, 所以主观上认为 B 的真实是错误的, 所以按道理来说主观上的 A 也是假的, 是不成立的, 而事实上客观上的 A 却是真的, 是客观事实, 主客观上的矛盾对立就表现出这一句式在这种情况下的语用价值, 也就是对客观上是真实的事情的主观不认可, 所以就会产生批评、愤怒、讽刺、嘲笑等贬义的感情色彩。

三　A 客观真, B 客观真假不定

A 客观真, B 客观上真假不定表示对现在情况的不满和对听话人的指责, 同时也表示敦促或建议, 想方设法让 B 成立。经过考察, 我们得出它的语用推导模式也是蕴含推导式:

A→B

A

————

B

（180） 如果你是个男人的话，就主动承担起家庭的重任。

例（180）中 A 是客观真实的，B 是之前没有发生，将来有可能
发生的事，所以属于真假不定的情况。按照"如果 A，就 B"句式表
达的充分条件关系，A（你是男人）可以推出 B（主动承担起家庭的
重任），如果 B 不能够成立，那就说明 A 是不成立的，所以这句话相
当于说"如果你不能主动承担起家庭的重任，你就不是男人"，这句
话既表达出对听话人当前情况的不满，同时又表达了说话人对听话人
的督促和建议，目的就是让 B 所包含的事情能成立。

第二节　A 客观假的情况下"如果"句的语用价值

在 A 客观假的情况下，跟上一种情况一样，B 在理论上也分为客
观真、客观假和客观真假不定三种情况。

一　A 客观假，B 客观真

A 客观假，B 客观真表达对对方的不满和对 A 在客观上是真的一
种期望和奢求。这种情况的语义推导关系是：A 虽然客观上是假的，
但主观上不认定它是假的，B 客观上是真的，就要求 A 在客观上也是
真的，通过对 A 这种主客观上的矛盾来希望 A 在客观上变成真的。
它的语用推导模式是一种隐含推导式：

A→B

B

————

A

这个语义推导模式的意思就是说，由 A 可以推出 B，现在结果就是 B，那么理应 A 是真实的，但结果却是主观上认为 A 不真实，主客观矛盾体现出这一句式独特的语用价值，希望或想方设法让 A 成立。

（181）如果你做过一件惊天动地的事，也算你在这个世界上活过。

例（181）中，我们可以根据充分条件关系由 A（你做过一件惊天动地的事）推出 B（你在这个世界上活过），而 B（你在这个世界上活过）事实上就是真实的，它就要求 A（你做过一件惊天动地的事）在客观上也是真实的。而说话人在说这句话的时候只是主观上认定它是真实的，客观上是不真实的，所以主客观上的这种矛盾就产生了说话人对听话人的不满，同时也表达出对主观上认定是真实的 A 在客观上能成立的期望和奢求。

二 A 客观假，B 客观假

A 客观假，B 客观假表达 A 对 B 的一种条件作用，通过 A、B 来衬托非 A 对非 B 的重要性。它的推导模式是蕴含推导式：

A→B

¬ B

————

¬ A

这个推导模式的意思就是说，A 可以推出 B，现在的客观结果是非 B，那么相应的就是非 A，这里的非 A 是主观上的，客观事实肯定是 A，这就造成了矛盾，主观上表达出 A 的重要性。

（182）人类体内如果没有水，一切体液循环、营养吸收和各种新陈代谢都会停止，人类也就不存在了。

（183）如果地球不自传，我们就没有昼夜之分。

例（182）中，由 A（人类体内没有水）可以推出 B（一切体液循环、营养吸收和各种新陈代谢都会停止，人类也就不存在了），而 B 一切体液循环、营养吸收和各种新陈代谢都会停止，人类也就不存在了）在客观事实上是不成立的，客观现实是¬B，所以 A（人类体内没有水）客观上也是假的，由此可以体现出非 A 对非 B 的重要性。

三　A 客观假，B 客观真假不定

在这种情况下又可以分为以下几种情况。

（一）表示对听话人的一种认可、肯定或者是安慰

（184）如果我是你的话，我也会这么做。

例（184）中，A（如果我是你）肯定是客观假的，B（我也会这么做）由于还没有发生，将来有可能发生，所以是真假不定的，说话人说这句话是要表达对听话人行为在主观上的肯定、认可，有时候也是对对方的一种安慰。

（二）表示对对方的否定、不满或不认可

（185）如果我是你的话，我绝不会这么做。

这种情况跟上一种情况相互对比，但是由于结果分句中说话人说出的内容相反就表达出与上一种情况截然相反的意思。这种情况表达出说话人对听话人行为主观上的否定或不认可。

（三）表示一种坚定的拒绝，表达出主观上无论如何也是不希望 B 成立的

这种情况下的语用推导就属于隐含推导式：

A→B

¬A

——————

¬B

（186）如果太阳从西边出来，我就嫁给你。

例（186）中，A（太阳从西边出来）明显是与事实不符的情况，B（我就嫁给你）是还没有发生的情况，由 A 是 B 的充分条件关系我们可以由 A 推出 B，而现在事实情况是非 A，所以目前来说 B 成立的可能性很小。说话人说这句话的内心想法就是一种坚定的拒绝，想方设法不让 B 发生。

（四）表达一种愿望，对 B 的向往，想让 B 在客观上变成真的

（187）如果时光可以倒流，我真想回到纯真的孩童时代。

例（187）中，A（时光可以倒流）明显是假的，B（真想回到纯真的孩童时代）是真假不定的，因为这件事还没有发生，只是当时的想法，而且就算时光倒流了，说话人也不一定要回到孩童时代，也许那时想法就变了，不想回到孩童时代了，所以我们认为 B 是真假不定的。说话人说这句话是想表达出当时主观上对 B 能成立的向往。

（五）表示一种后悔，对现在情形的不满

（188）如果让我重新活一次，我一定好好做人。

这种情况跟上一种情况差不多。A（让我重新活一次）客观上明显是假的，人不可能重新活一次，B（我一定好好做人）是真假不定的，只是当时的想法是要好好做人，可如果真的让他重新做人，他却不一定能好好做人，所以没有发生的事我们都认为是真假不定的。说话人这样说只是表达了当时的一种后悔之情或者是对现在情形的不满。

第三节　A 真假不定情况下"如果"句的语用价值

在 A 客观上真假不定的情况下，B 在客观上可能真，可能假，也

可能真假不定。特别是当 A 真假不定，B 真假不定的时候，所包含的内容相当复杂，表达的语用价值也丰富多彩。

一 A 客观真假不定，B 客观真

A 客观上真假不定，B 客观真表示刺激对方，目的是让 A 在客观上成为真实的。B 虽然客观上是真的，但主观上对 B 的真实程度不怎么认同，还需要考验，只有 A 客观上成立，主观上才会对 B 认同，促使对方让 A 在客观上成立，说话人这样表达是要刺激、激励对方，达到使 A 由真假不定变成真实的目的。

A→B

B

————————

A

这个隐含推导式的意思就是说，A 可以推出 B，而现在 B 是客观事实，那么相应地 A 就理应成立，否则就是对客观事实的否定，通过这样一种逻辑来逼迫对方，或者想方设法让 A 成立。

（189）如果你敢出庭作证，就算你是个男人。

例（189）中，A（你敢出庭作证）还没有发生，有可能发生也有可能不发生，所以是真假不定的，B（算你是个男人）是客观真实的，根据 A 是 B 的充分条件关系可以由 A（你敢出庭作证）推出 B（算你是个男人）；而现在 B（算你是个男人）是真实的，这就要求 A（你敢出庭作证）必须是真实的，而事实是 A（你敢出庭作证）在当前是真假不定的，这就在无形之中强迫 A（你敢出庭作证）在客观上成立，因为这句话表达出了"如果你不敢出庭作证，就说明你不是个男人"的意思，也体现了说话人的一种说话技巧，这句话的核心之处或者说目的就在于将 A 由真假不定转化成客观真实，这也是它的语用价值所在。

二 A 客观真假不定，B 客观假

当 A 客观上真假不定，B 客观假的时候，又分为以下两种情况。这种情况下的语用推导模式是蕴含式推导：

A→B

¬B

———————

¬A

（一）表达对别人的不满、抱怨

通过 B 的客观假来说明 A 真实的可能性很小，并由此表达对非 A 的不满。

（190）如果他能请客，太阳都能从西边出来。

例（190）中，A（他能请客）客观上是真假不定的，B（太阳都能从西边出来）客观上肯定是假的，根据 A（他能请客）是 B（太阳都能从西边出来）的充分条件，我们可以得出 A 能推出 B，客观事实是 B（太阳都能从西边出来）是假的，所以就要求 A（他能请客）必须是假的，事实上 A（他能请客）是真假不定的，说话人之所以用"如果 A，就 B"这一句式，说明说话人主观上认为 A（他能请客）是假的，明显对 A（他能请客）的成立不抱有多少幻想。所以说话人说这句话所表达的意思就是对别人的不满和抱怨。

（二）通过 B 来说明 A 或非 A 对自己的重要性，想方设法让 A 或非 A 成立

（191）如果你可以把它救活，你让我干什么我就干什么。（强调 A）

（192）如果不嫁给你，我就去死。（强调非 A）

以上两例中，A 客观上都是真假不定的，B 客观上都是假的，但

当时主观上却认为它是真的。例（191）中，B（让我干什么我就干什么）客观上是假的，但主观上却认为它是真的。所以在"如果 A，就 B"句式里它要求 A 必须也是真实的，现实情况下 A（你可以把它救活）是真假不定的，主观上却强烈要求 A（你可以把它救活）是真实的，体现出了 A 对自己的重要性。例（192）中的情况也是一样的，B（我就去死）客观上是假的，但主观上却是真实的，而说话人又不希望主观上是真实的 B（我就去死）的发生，所以她不希望 A（不嫁给你）的发生。但是为了不让 A（不嫁给你）发生，说话人不惜拿死来威胁，体现出非 A 对说话人的重要性，也体现出了说话人强烈希望非 A 的发生。

三 A 客观真假不定，B 客观真假不定

A 真假不定，B 真假不定是最常见也是表达方式最多、语用价值最复杂的一种情况。主要分为以下几种情况。

（一）用于衬托，用 A 来衬托 B，或者用 B 来衬托 A

因为"如果 A，就 B"句式包含一种 A、B 是并列结构的形式，所以在这个句式中衬托的用法比较常见，也比较明显。

（193）如果到了墨西哥没有参观人类学博物馆，就像到了埃及没有见到金字塔一样会终身感到遗憾。

（194）如果三毛的文学有点脱离现实，只是对一种理想生活状态的摹写，那张爱玲的文字直接指向现实，揭示现实生活的凡俗与琐屑。

（195）如果小红是一个学霸，那么小明就是一个学渣。

例（193）中，A（到了墨西哥没有参观人类学博物馆）和 B（像到了埃及没有见到金字塔一样会终身感到遗憾）客观上都是真假不定的，是有可能发生也有可能不发生的。说话人这么说的原因，一是为了比较，二是为了衬托，用金字塔对于埃及的重要性来衬托人类学博物馆之于墨西哥的地位；例（194）使用三毛脱离现实的文学来

衬托张爱玲的文学直指现实，揭示现实生活的凡俗与琐屑；例（195）用小红的学习用功来衬托小明的不努力。

（二）用于对比

因为"如果 A，就 B"句式包含一种 A、B 是可比结构的形式，所以在这个句式中衬托的用法比较常见，也比较明显。

（196）如果不是屈服于权力的淫威，就是屈服于金钱的诱惑。

（197）你要是去西安的话，我就去上海。

所有能进入可比结构的 A、B 分句都可以表达对比的效果。

（三）用于表示条件结果

"如果 A，就 B"句式在表示条件结果的时候，又可表达多种不同的语用价值。

1. 用于表示祈使、请求

（198）如果你有空，请帮我修修电脑。

（199）如果可以的话，请帮我打壶水。

以上两例都是表达一种请求，请别人帮忙可以直接说"请帮我修修电脑""请帮我打壶水"，但是借用"如果 A，就 B"句式更能表达出请求的语气，而且语气没有那么强硬。假设分句"如果你有空""如果可以的话"看似没有什么实质性意义，但是能给人心里舒服的感觉，给人留下好的印象，同时也不至于那么生硬。当然，这也属于交际技巧中的一点。

2. 表示具备的条件

前面说到条件性是"如果 A，就 B"句式的特征之一，所以"表示具备的条件"这一语用价值也比较常见。有时候 A 是 B 的条件，有时候 B 是 A 的条件。

（200）如果好好复习，就能通过这次考试。

（201）如果不想被开除，就要安分守己。

例（200）中，A（好好复习）是 B（通过考试）的条件；例（201）中 B（安分守己）是 A（不想被开除）的条件。

3. 表示导致的结果

（202）如果你不改掉这个坏毛病，早晚要进大牢。

（203）如果你能踏踏实实地一天天努力，早晚你会考上北大的。

只要有条件，就会产生结果，所以"具备的条件"和"达到的结果"是相辅相成的。只不过在有的语境里侧重于表示条件，在有的语境里侧重于表示结果。在绝大部分的"如果 A，就 B"句式里，假设分句都表示条件，结果分句都表示结果。当然也有一些句子是结果分句表示条件，假设分句表示结果。所以表示"具备的条件"和"达到的结果"应该是这个句式最基本的语用价值。

4. 表达言外之意

有些时候不方便或者不好意思直接拒绝别人，可以借用"如果 A，就 B"句式表达一种言外之意，委婉地拒绝别人或者提出更好的建议。

（204）如果你自己翻译的话，就会节省很多时间。

在这个例子中，说话人通过用 B（会节省很多时间）来表达让 A（你自己翻译）成立的渴望性，因为 B（会节省很多时间）是大家都希望发生的事，并借此来委婉地拒绝别人，并且提出了一种好的建议，这样既不至于显得不礼貌，又达到了自己的目的。

5. 表示一种礼貌

有时候通过"如果 A，就 B"这一句式可以礼貌地跟别人交谈，体现出一种交际水平。

（205）如果你愿意，我可以帮你。

例（205）中，如果直接说"我帮你"可能会给别人带来伤害，特别是会使别人的自尊心受到打击，但是如果前边加上"如果你愿意"，就表明是在征求对方的意见，表达出一种在听话人自己实在没办法的情况下可以找我帮忙的意思，这样既不伤害对方的自尊，又表达出自己想帮助对方的意思，让别人从情感上更能接受，而且比不征求对方的意见，直接去帮助别人显得更有礼貌，体现出对别人的尊重。

6. 表示后悔

通过这一句式总结出对之前发生的事的一种后悔，并且表达出想要挽回的一种愿望。

（206）如果我还有明天，我要换一种活法。

例（206）中，这句话的说话人一般是一些自己认为活不过明天的病人或者是死刑犯等，还没有死说明事情还没有发生，在事情发生之前还存在很多的变故，可能死也可能死不了，所以A（我还有明天）客观上是真假不定的，而B（我要换一种活法）也是真假不定的，因为这只是代表了说话人当时的主观想法，如果A真的成立了，他挺过去了，说不定他换了一种活法，也许他还会跟以前一样地生活，这句话可能只是表达了当时内心后悔的想法，过去了可能也就忘了。所以B（我要换一种活法）的真假也不能确定，因为还没有发生。说话人借用这一句式仅仅表达出对过去活法的不认同，表达一种后悔情绪。

7. 表示劝说、建议

通过后面B所可能实现的目标来诱导别人按照自己的说法去做，表达出一种建议。

（207） 如果你能把小事都做好，说不定你就成功了。

这种情况下，假设分句表达出自己的一种建议或提示，用比较委婉的口气和表达方式说出自己主观上认为的解决办法，表达一种建议，有时候也表示一种劝说。

8. 表示一种说话的技巧，给自己和对方留有面子

（208） 如果不嫌弃我们村办小厂的话，我就把你做个物色对象。

这种情况下表示对对方的一种尊重，充分顾忌到对方的感受，虽然自己是在帮助别人，但也给对方留有面子，这样不至于使说话双方出现尴尬的局面，也体现出了一种交流的技巧。

9. 表示一种提醒。有时说话人借用这个句式提出自己认为重要的事情，提醒别人要注意。

（209） 如果不相互尊重，爱也难以持久。

在这种情况下，说话人提出自己主观上认为比较重要的注意点给别人以提醒，来引起别人注意。有可能是为别人找出问题的所在，也有可能是提醒，以防患于未然。这只是说话人主观上认为的比较重要的注意点，委婉地表达出自己对问题的理解。

我们认为，"如果 A，就 B"句式的语用价值是需要研究者深入挖掘和着力钻研的部分。邢福义在《汉语复句研究》中对这一句式的语用价值做了分析，指出主要用于推知、应变、质疑、祈使、评说①。我们从 A、B 间主客观上成立与否的矛盾对立入手，对"如果 A，就 B"句式进行归类，以 A 为基点，讨论 B 在客观上成立与否的不同情况，通过 A 客观真、客观假和客观上真假不定的情况，讨论 B

---

① 邢福义：《汉语复句研究》，商务印书馆 2001 年版，第 85—88 页。

客观真、客观假和客观上真假不定的情况，三三组合，共分为九种，又对 A 客观真假不定和 B 客观真假不定的情况展开讨论。我们还通过四种语用推导模式来分析得出独特语用价值的原因，语用推导模式的引入，使我们的结论有了逻辑上的依据，今后我们要做的是尽可能多地搜集例句来验证和扩充我们的结论。

第四章 "如果"句和"如果说"
句的比较

　　"如果"句是指"如果 A，就 B"句式，"如果说"句式是指"如果说 A，那么 B"句式。关于"如果说"句式的归类问题，不同学者持有自己的看法。吕叔湘认为，"如果说"仍然在"如果"分句的范畴里，"如果"后面可以加"说"，表示的是"说明一种事物或做出一种判断"，用前一分句衬托后一分句，用于对比①；胡裕树认为，"如果说"句式是"一种新兴的用法"②；邢福义将假设句分为一般假设句和"如果说"假设句③。我们比较认同邢福义的说法，认为"如果"句式和"如果说"句式是两种不同的假设句式，"如果说"句式是一种比较特殊的假设句式，它既具有一般假设句式的特征，又具有自己独特的用法。本编从语表形式、语里内容和语用价值三个方面来比较作为假设句代表句式的"如果"句和"如果说"句式。

第一节　语表形式上的比较

　　"如果"句和"如果说"句式在语表形式上都存在表示假设意义的关系词语"如果"，这也是两个句式能表示假设意义的关键。但是"如果说"句式除了带有表示假设意义的关系词语"如果"之外，还多了一个意义虚化的"说"，由此与"如果"句式区分开来，并且两

---

① 吕叔湘：《现代汉语八百词》，高等教育出版社 1984 年版，第 412—413 页。
② 胡裕树：《现代汉语》，上海教育出版社 1995 年版，第 325 页。
③ 邢福义：《汉语复句研究》，商务印书馆 2001 年版，第 83—93 页。

者在能否与转折性词语相连和前后两分句可否互换位置上有所不同。

一 "如果说"句式比"如果"句多了一个"说"

在探讨这个问题之前,我们先区分一下两个"如果说"句式。一个是"如果+说",一个是"如果说"。两个"说"在这两个句式中所承担的意义是不同的。第一个"说"保留了其动作意义,第二个"说"的意义已经虚化。所谓虚化是指由实在意义的词演变成意义空灵的语法成分,就像"如果……的话"中的"的话",其意义虚化成表假设意义的助词。具体说就是"如果+说"中的"说"有"谈论"的意思,可以替换为"谈论",这时候这个句式还是处在"如果"句的统领之下。

(210) 如果说贡献率的话,科技对农业发展的贡献率至少在百分之四十以上。

"如果说"句式则摆脱了"如果"句的统领,"说"作为如果的后附成分出现,增强了句子的主观性,后面出现"如果"要假设的情况,"如果说"可以替换为"假如说""要是说"。

(211) 如果说我有什么感觉的话,恐怕所有的感觉都是从这时候开始的。

虽然"如果说"比"如果"只多了一个虚化的"说"字,但是其表达的意义却有很大的不同。"如果说"句式较"如果"句式假设意味没有那么强烈,更多的是陈述一件事,起到统领全句的作用,并且,"如果说"后面还可以有停顿。而"如果"句更多地表示一种假设,后面不能有停顿。

(212) 如果说,人类在漫长的进化历史中越来越远地离开了动物界的话,那么,这三个具有全人类性的道德理想,从伦理学的角度看，正是体现了人类行为的灵光的东西。

（213）如果拒绝他，那就意味着我将失去人生中最大的一次机会。

二 能否跟转折性词语连用

经过考察，我们注意到"如果说"句式可以与"但""却"等转折性词语连用，"如果"句则不可以。

（214）如果说，全村人对王刚的胡来还仅仅是责备，现在对于李固却是深恶痛绝了。

（215）＊如果赶不上火车，但我们就去坐飞机。

需要说明的是，并不是所有的"如果说"句式都可以跟转折性词语连用。根据邢福义①的说法，转折句分为因果性逆转转折句和并列性逆转转折句。所有的转折句都是由因果类或并列类复句添加转折词转化而来的。所以只有 A 与 B 之间是因果关系或者是并列关系的"如果说"句式才能和转折性词语连用。看下面两个例子：

（216）如果说她是反毛泽东思想的，你也同样是。

（217）如果说做学问有什么诀窍，那么最大的诀窍就是勤奋。

以上两例的后一分句肯定不能添加转折性词语，这是因为例（216）中 A、B 的关系是比较性质，而且是类同性的比较，不是相反性的比较；例（217）中 B 是对 A 的进一步解释说明，这两例 A、B 之间既不是因果关系也不是并列关系，不具备转折的逻辑基础，所以不能跟转折性词语连用。

有时"如果说"中的"说"字可以省略，这样从形式上看像是

---

① 邢福义：《复句与关系词语》，黑龙江人民出版社 1985 年版，第5—9页。

"如果"句后面跟转折性词语连用，其实不然，单纯的"如果"句是不可以跟转折性词语连用的。

（218）假如这张脸上有过一些美好东西的话，今天却已经荡然无存了。

（219）如果你是老虎，我却是武松。

虽然从形式上看"如果"后面跟了转折性词语，但这是"如果说"的省略，如果后面留有"说"字的空位，可以补上"说"字。分析 A、B 间的逻辑语义关系，不能得出由 A 导出 B 的结论，这其实是一种说法上的假设。

三 假设分句能否后置

"如果"句可以后置，放在结果分句后面，前面我们在考察"如果"句的形式特征时提到"如果"句的前后两分句可以相互位移，而"如果说"句式则不可以。"如果"句中前一分句和后一分句可以相互移位，结果分句在前，假设分句放后，目的是突出强调结果。而"如果说"句式则不可以相互移位。这是因为"如果说"句式是陈述一件事实，引出话题，如果把前一分句跟后一分句移位，没有了起承转合，显得很突兀，而且逻辑上也讲不通。

（220）他原是可以救活的，如果及时送到医院的话。

（221）如果说重庆的地形像一条长长的舌头，那么朝天门就是舌头尖了。

例（221）中前后分句不能相互移位，因为后一分句紧跟前一分句的逻辑思路，移位之后明显说不通。

第二节　语里内容的比较

作为假设句的代表句式和特殊句式，这两个句式都可以表示假设关系，但是"如果说"句式扩大了"如果"句的语义范畴，扩充了假设复句的表达功能。"如果"句跟"如果说"句式在语里内容上有相同的地方，也有不同之处。

一 两个句式在表示假设上有所不同

两个句式都可以用于假设，但是"如果"句假设主要针对的是未发生或不可能发生的情况，分句由假设的原因推出假设的结果，更多地体现出一种虚拟性和条件性，而"如果说"句的主观性更强，一般是说话人把已然的情况或者说话人主观上认为是已然的情况进行假设，表示说法上的假设与结论的关系。

（222）如果你是个无名小卒，他就对你爱理不理。

（223）如果说长江是人体的主动脉的话，这南广河充其量也只是一根小小的毛细血管。

例（222）是对可能发生的事情的假设，用"如果"句。例（223）是对主观认定已然情况的假设，是一种说法上的假设，所以用"如果说"句式。

二 两个句式在预设上有所不同

两者的分句 A 都具有预设作用，但预设的类型不同。"如果"句的预设是一种可能预设和相反预设，而"如果说"句的预设是一种事实预设①，或者主观认定是事实的预设。

（224）她原是可以救活的，如果及时送到医院的话。

预设：她没有被及时送到医院。

（225）倘能够到北京见到毛主席，那将是他一生最大的幸福。

---

① 李艳洵：《汉语假设复句预设浅析》，《湘潭师范学院学报》2006 年第 4 期。

预设：现在他还没能见到，但以后可能见到也可能见不到。

（226）如果说小居里夫人从居里夫人那里继承了什么遗产，那就是继承了为科学而献身的精神遗产。

预设：小居里夫人从居里夫人那里继承了遗产。

例（224）是相反预设，例（225）是可能预设，所以这两例用了"如果"句，例（226）是事实预设，所以用"如果说"句式。

"要不是"句式的预设也可以是事实预设，但是"如果说"句式跟"要不是"句式的预设还是有区别的。"要不是"句式预设的是客观事实，而"如果说"句式预设的是主观事实。人们使用"如果说"句式进行预设时，总是先要假定一个事实，然后得出自己需要的结论，这个假定的事实不管别人认不认为是真的，但自己主观上认定它是真的，这样才可以为自己的结论服务。而"要不是"句式只是陈述一个客观事实。

（227）要不是她留着乌黑的短发，穿着方口鞋，差点认不出她是个女孩子了。

（228）如果说一部分的商人、地主和官僚是中国资产阶级的前身，那么，一部分农民和手工业工人就是中国无产阶级的前身。

例（227）是客观事实预设，例（228）是主观事实预设。

三 在表示对比上有所不同

两个句式都包含着前后分句对比的语义关系，但是二者略有不同。"如果"句是用 B 来对比和衬托 A，目的是强调 A，而"如果说"句式是用 A 来对比衬托 B，强调 B 的存在。

（229）如果到了墨西哥没有参观人类学博物馆，就像到了埃及没有见到金字塔一样会终身感到遗憾。

（230）如果说南郭先生的装腔作势欺骗了齐宣王的话，那么，在革命队伍里装腔作势就是骗党，骗群众。

例（229）是用到埃及没见到金字塔来对比到墨西哥没有参观人类学博物馆，使用 B 衬托 A，意在说明人类学博物馆之于墨西哥跟金字塔之于埃及一样重要。而例（230）是用南郭先生骗齐宣王来对比革命队伍中的某些人骗党，骗群众，使用 A 衬托 B，旨在表明对在革命队伍里滥竽充数人的不满。

四 表示选择关系时有所不同

"如果"句可用于表示选择关系，"如果说"则不可以。①

（231）如果那个人不是无知，就是在撒谎。

（232）如果不是马远的亲笔，也是马派健将的作品。

"如果说"不可以跟表选择关系的关系词语连用。"如果"也不是可以跟所有表示选择关系的词语连用的，而只可以跟"是……还是……"连用，"或者……或者……""要么……要么……"等都不能进入这种格式。

（233）＊那个人如果是无知，还是撒谎？

＊那个人如果或者无知，或者撒谎。

＊那个人如果要么无知，要么撒谎。

五 表示应答关系时有所不同

"如果说"可以表示前后应答关系，回应假设分句，有自问自答的意思，"如果"句不可以。

---

① 李晋霞：《"如果"和"如果说"》，《汉语学报》2009 年第 4 期。

（234）如果说我有什么感觉的话，恐怕所有的感觉都是从这里开始的。

六　用于解说时不同

"如果"和"如果说"都可以用于解说，但是"如果"用于解说的情况明显少于"如果说"。

（235）如果非要找出差别，那就是，小孩子们写下的笔画，歪斜得没有规律；而大孩子们的歪斜，则已经成一种年深日久的"风格"。

（236）如果说我还有什么遗憾的话，那就是我当初真应该好好学学英语。

"如果说"句式的一个很重要的作用就是用于解释说明，所以"如果说"句式用于解说的情况很普遍，相比较而言，例（235）"如果"句用于表示解说的情况要少很多。基本上这类"如果"句都可以用"如果说"句式表达，解释说明也不是"如果"句式语用价值的核心内容。

七　两个句式的认知层面是相同的

认知层面包括主观推测层面和客观反映层面。无论在主观推测还是客观反映上，二者都具有一致性。关于"如果"句式具体认知层面的内容我们在前面已经详细讨论过了，"如果"句式认知层面也适用于"如果说"句式。

（一）主观推测层面

1. A、B 具有顺向制约关系的主观推测层面，两个句式都是 $0.5 < P\{B/A\} \leq 1$。

（237）如果经脉不通，气血活动失调，就可能发生疾病。

（238）如果说吸引外国直接投资是中国对外开放的重点，那么如何吸引美国直接投资就是重中之重。

2. A、B 具有非制约关系的主观推测层面，两个句式都是 $P\{B/A\}=0.5$。

（239）如果椭圆星系是太空中的"老人国"，那不规则星系就是一个"小人国"。

（240）如果说，改革开放是包钢腾飞的一翼，那么科技进步、技术改造就是另一翼。

3. A、B 具有逆向制约关系的主观推测层面，两个句式都是 $0 < P\{B/A\} < 0.5$。

（241）甚至有这样的命题：如果承认它正确，就可以推出它是错误的；如果承认它不正确，又可以推出它是正确的。

（242）如果说办皮鞋厂是立足于质量，那么他创办光明彩塑厂却靠的是信息。

（二）客观反映层面

"如果"句式无论 A、B 间是什么关系，这个句式的客观反映层面都是 $P\{B/A\}=1$；"如果说"句式的客观反映层面同样是 $P\{B/A\}=1$。

（243）如果他明天不能按时过来，到时候你就顶上。

（244）如果说你还想挽回的话，你就按我说得去做。

第三节 "如果说"句式的语用价值

"如果"句式的语用价值显然要比"如果说"句式广泛得多。关于"如果"句式的语用价值我们在前面已经做了详细的论述,这里不做过多重复,主要浅显地讨论一下"如果说"句式的语用价值。由于"如果说"句式是"如果"句式中的一个特殊句式,我们认为,一般"如果"句式所具有的语用价值"如果说"句式都具有,但这不是这个句式语用价值的核心;如果两个句式的语用价值完全一样,那么其中一个句式就没有存在的价值了,这也违背了语言的省略原则,所以一般"如果"句式的语用价值不是"如果说"这一句式所要着力体现的,"如果说"这一句式一定有其独特的表达作用,这样才会将这一句式从一般的"如果"句式中独立出来。

我们认为,"如果说"句式最主要的语用价值有两个:一个是引出话题,另一个就是解释说明。

一 引出话题

我们认为,"如果说"句式一个重要的语用价值就在于引出话题,前半分句做一个铺垫,是为后一分句的成立服务的,即句式的前半部分充当后半部分的引子,其作用是引出后半部分,说话人的意图主要体现在后一分句中,前半部分只是作为一个引子,使后一分句的出现更加自然,更具说服力,这样既达到自己的交际目的,又能使听话人信服。而且说话人使用这一句式是为了把听话人引入自己的思维模式和设定情形中,前一分句相当于设了一个语言环境,把听话者一步步引向环境里边,这样方便其意思的表达。其实"如果说"句式之所以用于引出话题主要是因为这一句式当中的"说",无论"说"怎样虚化,总或多或少地带有"说到、谈到"的意味,"说到、谈到"后面的内容多是要讨论的中心内容,也就是所谓的话题,后面的内容都是围绕"说到、谈到"引出的话题展开的。例如:

（245）如果说我有什么感觉的话,恐怕所有的感觉都是从这里开始的。

假设分句说"我有什么感觉",结果分句说"所有的感觉都是从这里开始",很明显前面的分句是一个铺垫,目的是引出后一分句,说明"这里"是一切感觉的源头,这句话的话题应该是"如果说"后面的"感觉",所有的内容都是围绕感觉展开的,所以由"如果说"引出的话题是这个句子存在的基础,是后面所论述内容的一个铺垫,设定了后句的陈述方向。

二 用于解释说明

"如果说"句式另一个重要作用就是解释说明。前一分句引出一种现象或问题,后一分句展开说明。其实"如果说"句式之所以常常用于解释说明的一个很重要原因还是在于"说"上面,"如果说"中的"说"有缓和语气的作用,其实大部分的实词虚化以后都有这个作用,像"的话"也可以缓和语气。"如果"句式之所以比"如果说"句式用于解释说明的情况少,就在于"如果说"句式中带了"说"以后就可以阐述一种现象或者列出一种情况,而单纯的"如果"往往表示很强的假设意味,后面出现直接陈述现象的情况很少,刨除逻辑因素,单纯从语气上讲也很别扭,"如果"后面加上"的话"的情况还稍好一些,不至于显得那么生硬。而"如果说"就可以很自然地阐述一种现象,后面的结果分句再进行解释说明。例如:

(246)如果说这次系列赛还有什么不完美的地方,那就是打美国队的时候第一局不该丢。

例(246)中,前一分句陈述一种情况,后一分句进行解释说明。要是把"如果说"换成"如果"先不管逻辑上通不通,语感上就很别扭,显得很生硬,当然在逻辑上也是不成立的。

从以上内容可以看出,"如果"句式和"如果说"句式在语用价值上的不同主要原因就在于"说"上面,任何语表形式上的细微差别都有其存在的理由,也有其独特的价值,所以"小三角"理论中的三个部分是一个相互联系的整体,我们不能抛开其他两个而孤立地研究其中的一个,特别是提醒我们在今后研究语言的实例中,要重视形式上的细微差别。

　　"如果"句式和"如果说"句式在语表形式、语里内容和语用价值上有诸多不同之处，我们重点讨论了它们在语义关系上的不同，人们之所以会用这两个不同的句式，肯定是因为每个句式都有其自身的条件和存在价值，在今后的言语交际中我们还要继续关注这两个句式出现的语言环境，注意区别对待。

结　　语

近些年来，汉语复句的研究，特别是汉语复句格式中关系词语的研究越来越受到学者的重视，在邢福义《汉语复句研究》的基础上，复句格式的语篇研究和逻辑研究越来越深入，体现出由单纯的结构和语义方面的研究转向思维模式上的考察。我们认为，对一个句式的考察应该全面、系统，不仅分析它的语里内容，对语表形式和语用价值的研究也非常重要，对语表形式的考察有助于增强我们对一个句式的直观认知，形式上的细微区别反映出说话人不同的内心隐含义，而对语用价值的分析有助于加深我们对某一句式的掌握，增强我们对复句格式灵活运用的能力，为我们表达特定的内心想法提供支撑。本编在"小三角"理论的基础上，宏观上从语表、语里、语值三个方面反映对"如果 A，就 B"这一句式的整体认知。

"如果 A，就 B"这一句式，作为假设复句的代表句式，是因果类复句的一个重要组成部分，也是因果类复句中的一个典型句式。不管是在书面写作还是在口语交际中，这一句式经常被人们所运用。对这一句式的深入研究可以增强我们对其他因果类复句格式的认知。本编主体内容包含四个方面，第一章重点探讨"如果 A，就 B"这一句式的语表形式，主要是从假设分句的语表形式、结果复句的语表形式和两个分句共同的语表形式这三个方面展开论述的。第二章主要探讨这一句式的语里内容，又分为条件性，预设性，A、B 间的复合语义关系，认知层面四个部分。第三章主要探讨这一句式的语用价值，重点考察的是这一句式独特的语用价值。第四章主要将"如果 A，就 B"与"如果说 A，那么 B"这两个句式进行对比，从语表形式、语里内容和语用价值三个方面进行对比考察。本编的重点在前三个部分。

　　"如果 A，就 B"句式的语表形式包含许许多多的方面，我们主要将其划分为三个方面进行讨论，以假设分句的形式特征、结果分句的形式特征以及这个复句格式整体的形式特征为切入点，先讨论两个分句各自的形式特征，再分析整个句式整体的形式特征。在假设分句的形式特征方面，我们主要讨论了关系词语"如果"及与之相近的表示假设关系的其他词语的替换问题；关系词语"如果"的省略问题；假设分句中"的话"的使用问题；关系词语的重复出现问题。在结果分句的形式特征方面，我们主要考察了关系词语"就"与"便"的替换问题；"则"和"那"的添加问题；关系词语"就"的省略问题；关系词语"就"的重复出现问题。在两个分句整体的形式特征方面，我们主要分析了假设分句和结果分句的相互移位问题；省略结果分句的情况；A、B 是可比结构的情况；假设分句和结果分句的主语问题；至于"如果 A，就 B"与"如果说 A，就 B"语表形式上的区别，我们在本编的第四部分进行了讨论，从语表、语里、语值三个方面比较了这两个句式。在考察"如果 A，就 B"的语表形式时，我们重点讨论 A、B 是可比结构的问题，从可比结构中比点的位置、能进入可比结构所需要的条件以及可比结构与非可比结构相比它的独特作用几个方面讨论可比结构的特点和存在的必要性。我们认为，语表形式在汉语复句研究中有着非常重要的地位，不同的语表形式可能体现出不同的语里内容，而语里内容的不同又往往通过语表形式显示出来，所以任何研究都不能忽视形式上的细小差异，对任何差异的深挖，可能都有其存在的规律和必然。

　　在语里内容方面，我们主要从如下几个方面考察"如果 A，就 B"句式。首先考察这一句式的条件性特征，"如果 A，就 B"表达的是一种充分条件；其次就是这一句式的预设性特征，分为可能预设和相反预设；最后分析这一句式的认知层面，分为主观推测层面和客观反映层面。复句格式的认知层面是一个相对创新和难以理解的点，也是我们运用复句格式进行表达和交流的深层心理依据，同时是今后复句分析乃至语言分析需要深入研究的点。我们认为，在今后的语言学习和语言研究中应该重视这方面的问题。"如果 A，就 B"句式的条件性是我们重点讨论的内容，表示的条件是一种充分条件，充分条件满足"A→B，或者¬B→¬A"，用语言概括就是：有之必然，无之未必不然。一定要将充分条件与必要条件和充要条件区分开来。必要条件必须满足"B→A，或者¬A→¬B"，用语言来概括就是：无之必不然，有之未必然。充要条件必须满足"A→B，并且¬A→¬B"，满足"如果 A，并且只有 A，那么 B"就表示 A 是 B 的充要条件，用语言来概括就是：有之必然，无之必不然。"如果 A，就 B"句式表示的是一种充分条件。虽然在有些例句中，"如果 A，就 B"表达出一种充要条件，这只不过是一个偶然现象。例如，"如果同一平面上两条直线没有交点，这两条直线就是平行线"，在这个例子中，由 A（同一平面上两条直线没有交点）可以推出 B（这两条直线是平行线），由¬B（两条直线不是平行线）也可以推出¬A（两条直线在同一平面上有交点），所以可以得出 A 是 B 的充分条件。同时也满足由 B（这两条直线是平行线）可以推出 A（同一平面上两条直线没有交点），由¬A（两条直线在同一平面上有交点）可以推出¬B（两条直线不是平行线），所以可以得出 A 是 B 的必要条件。A 既是 B 的充分条件又是必要条件，所以 A 是 B 的充要条件。也符合充要条件的要求，即由 A（同一平面上两条直线没有交点）可以推出 B（这两条直线是平行线），并且由¬A（两条直线在同一平面上有交点）可以推出¬B（两条直线不是平行线）。虽然"如果 A，就 B"句式可以表示充要条件，但是充要条件不是这个句式的表达作用和任务，作为表达充分条件的代表句式"如果 A，就 B"只是单纯地表示充分条件，只不过有时会偶然地暗含了必要条件，但是人们借用这个句式只是想表达出充分条件，并没有想表达出必要条件，所以对这一点一定要区分清楚。在语里内容方面，我们最重要的研究成果就是在分析具体语言实例的过程中确定了"如果 A，就 B"是汉语复句系统中的一个跨类复句，并且跨了三大类，这一观点的确立为我们后面问题的研究提供了新的指导思路，并且一直困扰我们的问题（为什么因果类复句中存在 A

对 B 非制约和逆向制约的情况）也得到了解决；在确认了这一句式是跨类复句之后，我们分析了这一句式的认知层面，在主观推测层面，A、B 具有顺向制约关系的"如果 A，就 B"句式的主观推测层面为 $0.5 < P\{B/A\} \leq 1$，A、B 具有逆向制约关系的主观推测层面为 $0 < P\{B/A\} < 0.5$，A、B 具有非制约关系的主观推测层面为 $P\{B/A\} = 0.5$，客观反映层面为 $P\{B/A\} = 1$。最后我们考察了 A、B 间的复合语义关系，分为双重语义关系和三重语义关系，并且得出因果型"如果"句式包含五种双重语义关系和一种三重语义关系，并列型"如果"句式包含两种双重语义关系，转折型"如果"句式包含一种双重语义关系。这样一个句式表达出双重甚至三重语义关系的情况，也提示我们汉语系统是一个比较复杂的语言系统，而且复句格式之间并不是孤立存在的，语言内部经常存在着交叉和渗透现象，这也对我们今后的语言学习提出了警惕，必须杜绝先入为主的观念，充分尊重语言事实，全面综合地分析语言现象。

在"如果 A，就 B"句式的语用价值方面，我们认为，这是需要研究者深入挖掘和着力钻研的部分。当前对"如果 A，就 B"句式语用价值方面的研究存在着很大的缺陷，特别是对这一句式所体现出来的独特的语用价值少有涉猎。可能"小三角"理论中的语用价值所包含的内涵和外延非常广泛，是一个动态的研究课题，随时都不断补充着，这给研究带来了困难，也没有引起研究者的足够重视。我们从A、B 间主客观上成立与否的矛盾对立入手，对"如果 A，就 B"句式进行归类，以 A 为基点，讨论 B 在客观上成立与否的不同情况，通过这种主客观上的对立分析说话人的不同口气和心理特征，推论出这一句式所表达的不同方面的语用价值。给定 A 客观真、客观假和客观上真假不定的前提，讨论 B 客观真、客观假和客观上真假不定的情况，三三组合，共分为九种，又对 A 客观真假不定和 B 客观真假不定这种情况展开讨论。我们认为，这一部分最重要的研究成果就是得出了四种语用推导模式，包括两种蕴含推导模式和两种隐含推导模式，语用推导模式的运用可以从逻辑方面增强我们结论的可靠性。在对"如果 A，就 B"独特语用价值的研究上，我们可能还有疏漏，特别是最后一种情况，在 A 客观真假不定，B 客观真假不定的时候，可能还存在其他的语用价值，我们以后会着力进行深入的研究，争取完善已有结论。

至于最后一部分，关于两个句式的比较，我们在分析例句的时候发现，虽然"如果 A，就 B"和"如果说 A，就 B"这两个句式形式上很相近，但是却存在不少的区别，经过仔细的比对和查阅相关资料，我们单独拿出一部分对这两个句式从语表形式、语里内容和语用价值三个方面进行比较，力求结构上能相互统一，形成一个整体。

在考察"如果 A，就 B"这一句式时，我们力求做到充分观察、充分描写和充分解释，但是在研究的过程当中发现它所包含的内容非常丰富，我们无法穷尽对这一句式的研究，例如在语里内容方面，只是选取我们认为能体现这个句式特点的比较重要的几个方面进行了讨论，包括这个句式的条件性特征、预设性特征、A 和 B 之间的语义关系以及这个句式的认知层面，语里内容可能还包含很多其他的方面，例如我们确定"如果 A，就 B"句式是一个跨类复句，那它为什么可以跨三大类呢？在跨类的汉语复句格式中，为什么有的可以跨三类，而有的只能跨两类？这恐怕要跟它们所表达的不同语用价值联系在一起，对此我们在今后的研究中会进行不断补充，以完善结论。

参考文献

一　学术专著

［美］G. 波利亚：《数学与似真推理》，杨讯文译，福建人民出版社 1985 年版。

陈昌来：《现代汉语句子》，华东师范大学出版社 2000 年版。

丁力：《现代汉语列项选择问研究》，华中师范大学出版社 1998 年版。

丁力：《语法》，三秦出版社 2005 年版。

丁力：《汉语语法问题研究》，三秦出版社 2012 年版。

范晓：《汉语的句子类型》，书海出版社 1998 年版。

房玉清：《实用汉语语法》，北京语言学院出版社 1992 年版。

黄成稳：《复句》，人民教育出版社 1990 年版。

刘振铎：《现代汉语复句》，天津人民出版社 1986 年版。

吕冀平：《汉语语法基础》，商务印书馆 1993 年版。

吕叔湘：《中国文法要略》，商务印书馆 1982 年版。

吕叔湘：《语法研究和探索》，北京大学出版社 1983 年版。

吕叔湘：《现代汉语八百词》，商务印书馆 1999 年版。

屈承熹：《汉语认知功能语法》，黑龙江人民出版社 2004 年版。

邵敬敏：《现代汉语通论》，上海教育出版社 2007 年版。

沈家煊：《认知与汉语语法研究》，商务印书馆 2006 年版。

王力：《中国现代语法》，商务印书馆 1985 年版。

王维贤：《现代汉语复句新解》，华东师范大学出版社 1994 年版。

王寅：《认知语言学》，上海外语教育出版社 2007 年版。

邢福义:《复句与关系词语》,黑龙江人民出版社 1985 年版。

邢福义:《语法问题探讨集》,湖北教育出版社 1986 年版。

邢福义:《汉语语法学》,东北师范大学出版社 1996 年版。

邢福义:《汉语复句研究》,商务印书馆 2001 年版。

邢福义:《现代汉语语法修辞专题》,高等教育出版社 2002 年版。

邢福义:《汉语语法三百问》,商务印书馆 2009 年版。

徐阳春:《现代汉语复句句式研究》,中国社会科学出版社 2002 年版。

姚双云:《复句关系标记的搭配研究》,华中师范大学出版社 2008 年版。

袁毓林:《汉语语法研究的认知视野》,商务印书馆 2004 年版。

张斌:《新编现代汉语》,复旦大学出版社 2008 年版。

张旺熹:《汉语句法的认知结构研究》,北京大学出版社 2006 年版。

赵恩芳、唐雪凝:《现代汉语复句研究》,山东教育出版社 1998 年版。

赵艳芳:《认知语言学概论》,上海外语教育出版社 2006 年版。

二 学术论文

陈香:《因果复句研究综述》,《语言研究》2012 年第 6 期。

储泽祥、陶伏平:《汉语因果复句的关联标记模式与联系项居中原则》,《中国语文》2008 年第 5 期。

崔丽丽:《汉语假设复句综述研究》,《语言学研究》2013 年第 1 期。

邓玉天:《邢福义国学视角语法研究与其三维学术思想》,《华中师范大学学报》2013 年第 3 期。

丁力:《复句三分系统的心理依据》,《汉语学报》2006 年第 3 期。

董福升:《留学生汉语因果类复句偏误分析》,《文学教育》2011 年第 2 期。

范丽君:《汉藏语因果类复句研究》,《中央民族大学学报》2011年第 3 期。

范晓:《三维语法阐释》,《汉语学习》2001 年第 6 期。

高再兰:《"如果"句中的对比手法》,《修辞学习》2006 年第2 期。

龚波:《假设句的语义特征》,《重庆三峡学院学报》2010 年第1 期。

贺群:《赫尔德的语言观》,《语言》2010 年第 2 期。

胡裕树:《试论语法研究的三个平面》,《新疆师范大学学报》1985 年第 2 期。

华萍:《现代汉语语法问题的两个"三角"的研究》,《语言教学与研究》1991 年第 3 期。

江蓝生:《跨层非短语结构"的话"的词汇化》,《中国语文》2004 年第 5 期。

邝岚:《论"如果"和"如果说"》,《暨南大学华文学院学报》2004 年第 4 期。

李晋霞、刘云:《论推理语境"如果说"中"说"的隐现》,《中国语文》2009 年第 4 期。

李晋霞:《"如果"与"如果说"》,《汉语学报》2009 年第 4 期。

李晋霞:《反事实"如果"句》,《语文研究》2010 年第 1 期。

李向农:《复句研究的祈使——邢福义先生〈汉语复句研究〉评介》,《华中师范大学学报》2010 年第 5 期。

李艳洵:《汉语假设复句预设浅析》,《湘潭师范学院学报》(社会科学版)2006 年第 7 期。

刘云:《复句关系词语离析度考察》,《语言教学与研究》2008 年第 2 期。

罗进军:《"如果说 p 的话,q"类有标假设复句检视》,《汉语学习》2008 年第 5 期。

罗进军:《有标假设复句的语义关系特征》,《华中师范大学学报》(人文社会科学版)2012 年第 9 期。

罗荣华：《"万一"的语法化》，《宜春学院学报》2007年第1期。

眸子：《语法研究中的"两个三角"和"三个平面"》，《世界汉语教学》1994年第4期。

牛保义：《复句语义的主观化研究》，《外国语言文学研究》2005年第4期。

荣丽华：《汉语因果复句研究综述》，《长春师范学院学报》2011年第9期。

荣丽华：《汉语因果复句分类系统构拟》，《语言应用研究》2011年第9期。

沈家煊：《复句三域"行、知、言"》，《中国语文》2003年第3期。

孙玉卿、谭丽：《试析"如果说"中"说"的语义变化》，《暨南大学华文学院学报》（华文教学与研究）2009年第2期。

王德春、张辉：《认知语言学研究现状》，《外语研究》2011年第3期。

王维贤：《复句和关联词语》，《语言教学与研究》1983年第1期。

王忠良：《假设关系句式及其逻辑分析》，《延边大学学报》（社会科学版）1996年第4期。

吴海燕：《英语if条件句与汉语"如果……就……"假设句的语用功能对比》，《佳木斯教育学院学报》2011年第1期。

吴启主、李胜昔：《邢福义的复句研究的研究》，《湖南师范大学社会科学学报》1993年第5期。

伍人义：《浅谈"如果……那么……"句的内部结构差异》，《汉语学习》2006年第2期。

夏金兰：《谈谈对三个平面理论的认识》，《文学教育》2013年第1期。

谢晓明：《假设类复句关系词语连用情况考察》，《汉语学报》2010年第2期。

邢福义:《现代汉语语法研究的三个充分》,《湖北大学学报》(哲学社会科学版) 1991 年第 6 期。

邢福义:《现代汉语语法研究的"小三角"和"三平面"》,《华中师范大学学报》(哲学社会科学版) 1994 年第 2 期。

邢福义:《现代汉语复句问题之研究》,《黄冈师专学报》1994 年第 2 期。

邢福义:《语法研究中两个三角的验证》,《华中师范大学学报》(人文社会科学版) 2000 年第 5 期。

徐阳春:《"如果 A,就 B"句式考察》,《继续教育研究》2001 年第 6 期。

张雪平:《"万一"的语篇分析》,《世界汉语教学》2009 年第 1 期。

宗守云:《复句研究的又一新成果——评〈复句关系标记的搭配研究〉》,《江汉大学学报》(人文社会科学版) 2009 年第 2 期。

三 学位论文

陈会敏:《现代汉语虚拟性假设句研究》,华中师范大学,2011 年。

崔晓玲:《英语因果复合句与汉语因果复句的对比研究》,延边大学,2001 年。

孔力雅:《"如果"类假设关联词的多角度研究》,湘潭大学,2007 年。

罗进军:《有标假设复句研究》,华中师范大学,2007 年。

彭振川:《现代汉语假设句的认知语用研究》,浙江大学,2009 年。

王蒴:《"如果"句的语篇分析》,广西民族大学,2011 年。

王小郴:《复句的预设和复句研究》,福建师范大学,2004 年。

姚双云:《汉语复句标记的搭配研究与相关解释》,华中师范大学,2006 年。

曾常年:《现代汉语因果句群研究》,华中师范大学,2003 年。

第二编

"与其 A，不如 B" 和 "与其说 A，不如说 B" 句式比较研究

任冰蕊

作者简介：任冰蕊（1991.1—　），女，山西榆次人。陕西理工大学 2013 级汉语言文字学专业硕士研究生，师从丁力教授，研究方向为现代汉语语法。读研期间，发表学术论文 3 篇：《择优推断句探析》《语素"性"性质研究》《择优推断句认知层面对比分析》。参与陕西理工大学研究生创新基金项目一项。现为华中师范大学文学院汉语言文字学专业在读博士研究生。

绪　　论

"与其 A，不如 B"和"与其说 A，不如说 B"是指前后分句之间既有择优关系又有推断关系的一种复句句式。它属于假设句，是因果复句的一种。① 本章分四部分——研究现状，研究思路，研究方法和语料来源——来展开讨论。

一　研究现状

本节主要分析"与其 A，不如 B"和"与其说 A，不如说 B"句式的研究现状。

（一）"与其 A，不如 B"句式的研究现状

国内外对"与其 A，不如 B"句式的研究已经取得了相当的成果，主要集中在对"与其 A，不如 B"句式的归类问题及其语里意义的研究上。

1. "与其 A，不如 B"句式的归类

对"与其 A，不如 B"句式属于哪一类复句，语言学界有不同的看法。

王缃在《复句·句群·篇章》（1985）中认为，"与其"句属于偏正复句中的比较复句，认为两个分句之间存在着比较关系的复句叫比较复句。比较复句有两种类型：一类是通过取舍的形式，列出两件事情，进行比较审查，其典型格式是"与其 A，不如 B"或"宁愿 A，也不 B"。另一类是通过比喻的形式进行形象比较，其典型格式是

---

① 邢福义：《汉语语法三百问》，商务印书馆 2002 年版，第 208 页。

"A 像 B"或"A，如同 B 一样"。由这种格式构成的复句，有人把它归入选择复句。但其实它不仅有选择的意思，也含有转折的因素，但更重要的却是比较。比较审查才是这种复句的本质特点。①

陈垂成、黎运汉主编的《新编现代汉语》指出：选择复句可细分为商选式、限选式和取舍式。取舍式是指在两种情况下，只选择其中一种，语气比较坚决。②

厉善铎主编的《现代汉语正误辨析手册》指出："与其 A，不如 B"句式是说话人对两种情况已经做出了肯定的选择，态度坚决，毋庸置疑。③

邢福义在《汉语复句研究》中认为，复句的关系类别应划分为三大块："因果"；"并列"；"转折"。"与其 A，不如 B"属于择优推断句，是因果复句的一种。"与其 A，不如 B"句式在前后项的相互关系上具有择优性和推断性。④

沈家煊在《复句三域"行，知，言"》中认为，与其 p，不如 q 是一种择优句式。⑤

邵敬敏在《建立以语义特征为标志的汉语复句教学新系统刍议》中，将"与其……不如……"归为轻重定选复句的先舍后取复句。⑥

胡吉成在《现代汉语基础》中认为，选择复句有两种情况：一种是任选，一种是限选，即在几个选项中必选一项，非此即彼，二者必居其一，常用关联词语有"与其……不如……"⑦

黄伯荣、廖序东主编的《现代汉语》认为，选择复句有的是分别说出两种或几种可能的情况，让人从中选择，这种叫未定选择，包括"或此或彼"和"非此即彼"两类；有的说出选定其中一种，舍弃另

---

① 王缃：《复句·句群·篇章》，陕西人民出版社 1985 年版，第 38—39 页。

② 陈垂成、黎运汉：《新编现代汉语》，高等教育出版社 1989 年版，第 356 页。

③ 厉善铎：《现代汉语正误辨析手册》，北京工业大学出版社 1996 年版，第 374 页。

④ 邢福义：《汉语复句研究》，商务印书馆 2001 年版，第 135 页。

⑤ 沈家煊：《复句三域"行，知，言"》，《中国语文》2003 年第 3 期，第 203 页。

⑥ 邵敬敏：《建立以语义特征为标志的汉语复句教学新系统刍议》，《世界汉语教学》2007 年第 4 期，第 96 页。

⑦ 胡吉成：《现代汉语基础》，北京大学出版社 2006 年版，第 100—101 页。

一种，这种叫已定选择，包括"先舍后取"和"先取后舍"两类，"与其 A，不如 B"就属于"先舍后取"这一类。①

张斌的《简明现代汉语》认为，联合复句的选择复句包括两类：一是取舍未定的选择复句，分句提供两个以上的选择项，至于选择哪一项，说话者没有确定，即选择未定。代表格式为"不是……就是……""要么……要么……"等。二是取舍已定的选择复句，分句提出的选择项，说话者已经予以选择，即选择已定。代表格式为"与其……不如……"和"宁可/肯/愿……也不……"取舍已定的选择复句实际上不存在选择，所以可以把它们独立为一类，叫取舍复句。②

邵敬敏在《汉语语法趣说》中指出，"与其 A，不如 B"属于联合复句中的选择复句。③

通过以上观点我们可以看出，学术界对"与其 A，不如 B"句式的归类问题看法基本一致，普遍认为它是表示"先舍后取"的选择复句，没有太大分歧。

2. "与其 A，不如 B"句式的语里意义研究

"与其 A，不如 B"句式的语里意义研究主要包括三个方面内容。

1)"与其 A，不如 B"句式的基本语义研究

吕叔湘在《现代汉语八百词》中认为，"与其 A，不如 B"句式表示在比较利害得失之后选取一种做法。④

北京大学中文系编写的《现代汉语虚词例释》认为，"与其 A，不如 B"具有对比性和择优性的语法意义。"与其 A，不如 B"表示对情况的判断并进行选择，在说话人看来，后一种比较好。⑤ 这种观点区分了说话人和听话人，把对"与其 A，不如 B"句式的研究推向了深入。

邢福义第一次明确提出了推断性这一语法意义，他在《汉语复句

①　黄伯荣、廖序东：《现代汉语》，高等教育出版社 2007 年版，第 125 页。
②　张斌：《简明现代汉语》，复旦大学出版社 2008 年版，第 357 页。
③　邵敬敏：《汉语语法趣说》，暨南大学出版社 2011 年版，第 157—159 页。
④　吕叔湘：《现代汉语八百词》，商务印书馆 2013 年版，第 125 页。
⑤　北京大学中文系编：《现代汉语虚词例释》，商务印书馆 1993 年版，第 357 页。

研究》中指出："与其"句式是一类择优推断句式，该句式在前后项的相互关系上具有择优性和推断性。"与其"实际上反映的是一个选言推理的推导过程，即大前提：或者 p，或者 q；小前提：p 不好；结论：与其 p，不如 q。① 推断性的提出，进一步挖掘了"与其"句式的语义特征，从逻辑角度加深了我们对该句式语义的认识。

杨江在《"与其"句式的语义分析》一文中集合三大特征，明确指出"与其 A，不如 B"句式的语法意义包括三个：对比性，择优性和取舍性。②

胡吉成在《现代汉语基础》中指出，选择复句的特点是：一是各分句的地位完全平等，无所谓主次之分。二是它们都可以对分句进行扩展，扩展后结构层次不变。③

黄伯荣、廖序东在《现代汉语》（2007）中指出："与其 A，不如 B"是在两件事情中衡量得失，选择其中一件，舍弃另一件。"与其 A，不如 B"具有取舍性语法意义。④

李会荣在《"与其 p 不如 q"格式的语义关系新探》一文中指出："与其 p，不如 q"格式并无选择意义，而是在做出选择之前所作的权衡和比较，或为建议别人选择而作的比较。概括语义关系时，不能把由语境义产生的选择关系强加于该句式之上。⑤ 该观点明确区分了听话人和说话人，语境义和句式义，是"与其"句式研究中有代表性的观点。

庄小宝在《"与其 p，宁 q"句式的语义分析》一文中指出"与其 p，宁 q"是选择复句。该句式的语义选择，以度量维度和语义量级为基础，以"趋利避害"的主观选择为前提。其选择项或符合常规选择，或不符合常规选择，但是都表达了主观的"趋利避害"原

---

① 邢福义：《汉语复句研究》，商务印书馆 2001 年版，第 139 页。

② 杨江：《"与其"句式的语义分析》，《湘潭师范学院学报》2006 年第 6 期，第 133—134 页。

③ 胡吉成：《现代汉语基础》，北京大学出版社 2006 年版，第 100—101 页。

④ 黄伯荣、廖序东：《现代汉语》，高等教育出版社 2007 年版，第 125 页。

⑤ 李会荣：《"与其 p 不如 q"格式的语义关系新探》，《语文研究》2008 年第 4 期，第 93—94 页。

则，p 是舍弃项，q 是选择项。①

　　学术界对"与其"句式语里意义的分析往往是和它的归类问题一起讨论的。对比性和推断性是学术界对该句式的共识，分歧仅在于该句是否具有选择性，是否应该把选择性放在该句自身的语里意义这个层面。

　　2）前后分句的语义关系研究

　　较早的研究者高顺全认为：p、q 两项都是不希望的或不合适的。在《"与其 A 不如 B"格式探析》一文中他指出：p、q 两项的关系是"五十步"和"一百步"的关系。"与其 A 不如 B"结构中存在一种上位意义 r，说话人认为，r 是不如意或者是最不满意的。②

　　周有斌在《可转换成"宁可 B，也不 A"的"与其 A，不如 B"的类型及其他》一文中也进行了说明，他认为，根据公众评判事物好坏的标准，确定 A、B 两个选择项的优劣并以此对"与其 A，不如 B"进行分类，从理论上讲它应有四种类型：两好、两坏、A 好 B 坏、A 坏 B 好。不管哪一种"与其 A，不如 B"句式，都是舍 A 选 B 的。③

　　杨江在《"与其"句式的语义分析》一文中，从社会常态评价和个人动态评价两方面对 p、q 的语义关系进行了分析，认为以社会常态评价为标准，p、q 有五种语义关系：p 利 q 利，p 害 q 害，p、q 无所谓利害，p 害 q 利，p 利 q 害。以个人动态评价为标准，p、q 的语义关系只有一种，即 q 优于 p。④

　　3）"与其 A，不如 B"的逻辑语义结构研究

　　"与其 A，不如 B"的逻辑语义结构是早期研究的热点。任祖镛在《复合判断与复句》中认为：取舍句的逻辑结构与选言判断（p∨

　　① 庄小宝：《"与其 p，宁 q"句式的语义分析》，《语文天地》2013 年第 15 期，第 6 页。
　　② 高顺全：《"与其 A 不如 B"格式探析》，《南开语言学刊》2004 年第 4 期，第 95 页。
　　③ 周有斌：《可转换成"宁可 B，也不 A"的"与其 A，不如 B"的类型及其他》，《语言研究》2004 年第 4 期，第 19 页。
　　④ 杨江：《"与其"句式的语义分析》，《湘潭师范学院学报》2006 年第 6 期，第 133—134 页。

q)相对应。①

王兴在《选言推理的语言表达》一文中指出：取舍句的逻辑结构是取舍判断。②

贝新桢在《取舍句的逻辑结构》中认为：以 S 表示关系"优于""与其 A，不如 B"的预设为：（p∧q）∧q S p，逻辑关系为：¬p∧q。③

4）其他研究

对"与其 A，不如 B"结构，还有一些学者从历史演变、语篇信息、传递功能等方面进行了很多创新性研究，开阔了学界的研究思路。例如，王天佑在《"与其"句式历时演变的规律及诱因》一文中，从先秦时期到现当代对关系词语"与其"的搭配进行了梳理，提出从先秦—魏晋南北朝到唐宋—元、明、清阶段，"与其"主要与"宁"搭配使用。到现当代阶段，"与其"开始与"不如"搭配，这是现代汉语双音化趋势的结果。④

在《"与其 p 不如 q"句式在语篇中的信息传递功能》一文中，他又从信息传递功能视角出发，对具体语篇中的"与其"句进行了动态考察，认为"与其 p"有承上作用，"不如 q"有启下作用，主要用来承袭表示原因的信息块。⑤

总体来说，学界对"与其 A，不如 B"句式的研究主要集中在语里意义的分析上，对语表形式及语用价值的研究还不充分，还值得继续深挖下去。

（二）"与其说 A，不如说 B"句式的研究现状

学界对"与其说 A，不如说 B"的研究散见于一些主要阐述"与其 A，不如 B"的文章当中，专门对此加以论述得很少。

邢福义在《汉语复句研究》中认为，"与其说 X，不如说 Y"表

---

① 任祖镛：《复合判断与复句》，《语文学习》1981 年第 10 期，第 48 页。

② 王兴：《选言推理的语言表达》，《逻辑与语言学习》1982 年第 12 期，第 22 页。

③ 贝新桢：《取舍句的逻辑结构》，《逻辑与语言学习》1986 年第 6 期，第 6 页。

④ 王天佑：《"与其"句式历时演变的规律及诱因》，《延安大学学报》2010 年第 2 期，第 91 页。

⑤ 王天佑：《"与其 p 不如 q"句式在语篇中的信息传递功能》，《陕西教育学院学报》2010 年第 4 期，第 54 页。

示对说法的择优和推断。它包含"与其那么说，不如这么说更为准确"的意思，强调"说Y"比"说X"更为准确，或更能说明问题。从"说X"到"说Y"是在说法的准确程度上的择优，"说X"是用来导引出"不如说Y"的铺垫性前件，它在内容上并不是被全然否定的。"与其说X，不如说Y"也有一个逻辑推理过程，即大前提：或者说X，或者说Y；小前提：说X不准确；结论：与其说X，不如说Y。他指出，在四种情况下X和Y的内容不能互调：第一，X和Y之间有变易关系。第二，X和Y之间是表象和后果的关系。第三，X和Y之间是由记实到形容的关系。第四，X和Y之间是程度由低到高的关系。① 他还指出了"是"字的省略情况。

高顺全在《"与其p不如q"格式试析》中提到："与其说p，不如说q"在近代以前的语料里没有用例，现代小说和散文中开始大量出现。其语义为：对于某种情况S，p和q两种说法都是不太确切的，只是相对来说，q更好一些。因此，p和q不是对情况的判断（逻辑上的判断是一种真假是非判断），而是说话人对某种说不清楚或者有争议情况的主观认识。②

从以上各学者的研究成果中不难看出，"与其说A，不如说B"和"与其A，不如B"相比，加了一个"说"字，但问题却变得复杂得多。"与其说A，不如说B"和"与其A，不如B"到底有什么区别？在语表、语里、语值上有什么不同？对这些学界研究较少，需要进一步深化研究内容。

二　研究思路

本编研究以"小三角"理论为指导思想，同时运用了认知语言学理论，全编共分为四章。

第一章对研究成果、研究思路、研究方法、语料来源等做了具体阐述。

---

① 邢福义：《汉语复句研究》，商务印书馆2001年版，第151页。
② 高顺全：《"与其p不如q"格式试析》，《南开语言学刊》2004年第4期，第95页。

第二章从主语、谓语、关系词语、主语和关系词语、结构特征五个方面对"与其 A,不如 B"和"与其说 A,不如说 B"的语表形式展开研究。

第三章研究的是"与其 A,不如 B"和"与其说 A,不如说 B"句式的语里意义。先考察主语的语里意义,然后考察谓语的语里意义,再探讨关系词语替换前后的意义差别,接着讨论 A、B 分句的焦点,最后探讨两句式的语义关系。

第四章探讨"与其 A,不如 B"和"与其说 A,不如说 B"句式的语用价值。这部分我们从人们使用"与其 A,不如 B"和"与其说 A,不如说 B"格式的心态特征入手,通过这种分析,力图揭示两句式丰富的语用价值。

三　研究方法

本编主要的研究方法表现在三个方面:其一,采用"小三角"理论,构成本编的总体框架。"小三角"理论包括语表、语里、语值三个方面。本编从这三个方面入手,对"与其 A,不如 B"和"与其说 A,不如说 B"句式进行了考察。其二,"统计"与"语感"相结合。语言研究必须以大量的语料为基础,因此,本编通过搜索北大语料库进行语料统计,还翻阅了大量的书籍寻找例句,以尽可能多的语料来论证所发现的规律,但不管语料库有多大,总有遗漏,因此,本编在写作中,还根据公认正确的语感,造出一些例句,以丰富语料。其三,我们还使用了移位、替换、删除、添加等语言分析法,通过对两句式主语、谓语、关系词语等进行移位、添加等,试图找出句子能说与否的规律与依据。

四　语料来源

本编的语料主要来源于三个方面:一是北京大学汉语语料库。这一部分主要是书面语语料。二是生动活泼的口语。现代汉语包括了口语和书面语两个方面,包括从电影、电视、广播中搜集语料。三是部分作家的文章和作品,以及网络、微信平台上的文章。

第一章 "与其 A,不如 B"和"与其说 A,不如说 B"句式语表形式

本章主要探讨"与其 A, 不如 B"和"与其说 A, 不如说 B"句式的语表形式, 分五个部分: 一主语, 二谓语, 三关系词语, 四主语和关系词语, 五结构特征。

第一节 "与其 A,不如 B"和"与其说 A,不如说 B"的主语

本节主要讨论"与其 A, 不如 B"和"与其说 A, 不如说 B"主语的相同点和不同点, 分前后分句主语相同和前后分句主语不同两种情况来研究。

一 前后分句主语相同

(一)"与其 A, 不如 B"和"与其说 A, 不如说 B"句式的相同点

1. 在"与其 A, 不如 B"和"与其说 A, 不如说 B"中, 前后分句主语相同是主流, 是这两种句式的大多数, 而且前后分句的主语在句群中往往承前省略。例如:

(1) 你与其读英文, 还不如学做几样菜, 将来容易讨你公婆同你姑少爷的喜欢。(巴金《春》)

(2) 所以每周闲来无事, 终于还是上戏园去听戏, 并且谢月

111

英的唱做，的确也还过得去，与其费尽了脚力，无情无绪地冒着寒风，去往小山上奔跑，倒还不如上戏园坐坐的安闲。（郁达夫《迷羊》）

（3）总面积 66 平方公里的沉湖，历史上是湖北有名的"害湖"。与其说是湖，不如说是沼泽地更准确一些。（《人民日报》1996 年 9 月）

（4）今日中国大学所负的使命，与其说是促进文化，不如说是造就实用人才更重要。（田光程《对大学教育的几点建议》）

例（1）中，前分句出现了主语"你"。后分句虽然没有出现主语，但我们可以判断其主语是"你"，与前分句主语相同。例（2）中，虽然前后分句都没有出现主语，但我们仍可以从上下文中知道句子的主语是说话人。前后分句主语相同，在整个句群中承前省略了。例（3）中，"与其说"句式前后分句的相同主语承前省略了，应该是与"与其说 A，不如说 B"句式间隔较远的"沉湖"。例（4）中，前后分句的相同主语是"大学所负的使命"。

（二）"与其 A，不如 B"和"与其说 A，不如说 B"句式的不同点

1. 前后分句主语相同的"与其 A，不如 B"句式，主语不能在前后分句中同时出现。如果前后分句的主语是相同的，那么主语一定只出现在其中的某一个分句中，否则，句子会显得啰嗦。而"与其说 A，不如说 B"的主语却可以同时出现在句子中，而且经常这样使用，以起到强调作用。例如：

（5）面对此情此景，我们与其慨叹风气日下，人心不古，不如检视一下我们的理论和观念中存在的问题。（孟繁树《中国戏曲的困惑》）

（6）＊面对此情此景，我们与其慨叹风气日下，人心不古，我们不如审视一下我们的理论和观念中存在的问题。

（7）＊面对此情此景，我们与其慨叹风气日下，人心不古，

不如我们审视一下我们的理论和观念中存在的问题。

（8）这是心的流露，是思考的产物，与其说我爱绘画，不如说我爱生活，因为生活本身就是艺术。（《市场报》1994 年）

（9）这是心的流露，是思考的产物，与其说我爱绘画，不如说爱生活，因为生活本身就是艺术。

例（5）是一个前后分句主语相同的"与其"句，只在前分句出现了主语，读起来很自然。例（6）（7）是在例（5）的基础上改编而成的，也是一个前后分句主语相同的"与其"句，但当后分句加上主语时，不管是加在关系词语"不如"前面还是后面，句子都显得啰嗦、不通顺，是病句。例（8）是一个前后分句主语相同的"与其说"句，前后分句都出现了主语"我"，但不会感到句子啰嗦，反而有强调的意味和语气。例（9）是由例（8）改编而来的，虽然去掉了后分句的主语"我"，但与例（8）相比，只是强调的语气弱了。

2. 前后分句主语相同的"与其 A，不如 B"句式，当主语是表示集体概念的词语时，通常不能用表示不确定数量的词或短语如"一些""许多"① 等做修饰。如果由数量确定的词或短语做修饰时，通常前面要加定指代词"这""那"。例如：

（10）旅行者与其到北平去看庄严的皇宫，实不如触着这国家四万万人之活的声音更加要紧。（施谊《一日的工作》）

（11）？一些旅行者与其到北平去看庄严的皇宫，实不如触着这国家四万万人之活的声音更加要紧。

（12）＊三个旅行者与其到北平去看庄严的皇宫，实不如触着这国家四万万人之活的声音更加要紧。

（13）那些旅行者与其到北平去看庄严的皇宫，实不如触着这国家四万万人之活的声音更加要紧。

---

① 吕叔湘：《现代汉语八百词》，商务印书馆 2013 年版，第 15 页。

例（10）的主语是一个表示集体概念的词语"旅行者"，表示说话人对主语"旅行者"这类人的建议。例（11）的主语"旅行者"前面用了整体中表示不确定的部分数量短语"一些"做修饰，在语感上有疑问。例（12）的主语"旅行者"受数量短语的修饰，虽然数量是确定的，但指向是不确定的，所以不成立。如果变成"那三个旅行者与其到北平去看庄严的皇宫，实不如触着这国家四万万人之活的声音更加要紧"，句子就成立了，因为主语是定指的。例（13）就是一个主语受定指词语"那些"修饰的句子，表示说话人对主语的建议。

但值得注意的是，当"与其"复句变为复句形式①，作为整体充当更大结构的宾语，变成"大主语认为/想，与其 A 不如 B"句式，这时，大主语可以受以上各种词和短语的修饰。例如：

（14）一些旅行者认为，与其到北平去看庄严的皇宫，实不如触着这国家四万万人之活的声音更加要紧。

（15）三个旅行者认为，与其到北平去看庄严的皇宫，实不如触着这国家四万万人之活的声音更加要紧。

因为这时"旅行者"这个表示集体概念的词语不再是"与其"句的主语，该句中"与其"句的真正主语是无须补出的"人们""你们"等。

"与其说 A,不如说 B"的主语没有"与其 A,不如 B"句式那样严格。当主语是集体名词时，可以受"一些""许多""不少"等表示不确定数量的词或短语的修饰。例如：

（16）诗人与其说是历史家，不如说更接近于哲学家。（杜清源《审查喜剧的一个参照系》）

（17）许多诗人与其说是历史家，不如说更接近于哲学家。

---

① 黄伯荣、廖序东：《现代汉语》，高等教育出版社 2007 年版，第 85 页。

但当用数量短语如"三个"修饰主语时,"与其说 A,不如说 B"句式和"与其 A,不如 B"句式一样,通常前面要加定指代词"这""那"。例如:

(18) *三个诗人与其说是历史家,不如说更接近于哲学家。
(19) 这三个诗人与其说是历史家,不如说更接近于哲学家。

例(18)中,主语是"三个诗人",数量已经确定,但指向是不确定的,因此句子不成立。例(19)则在主语数量"三个"确定的基础上,添加了定指代词"这",因此可以成立。

二 前后分句主语不同

(一)"与其 A,不如 B"和"与其说 A,不如说 B"句式的相同点

1. 在"与其 A,不如 B"句式和"与其说 A,不如说 B"句式中,前后分句主语不同是少数情况,用例不多。但相比之下,"与其说"句式的用例要比"与其"句多。这种主语不同的"与其"句多用于口语中。例如:

(20) 与其你独裁,不如我独裁好。(林蕴晖《党史博览》)
(21) 应当就根据虚假情报发动伊拉克战争向美国人民作出解释时,凯特认为与其说总统应当向美国人民解释,不如说情报部门应当向总统作出解释。(新浪新闻)

例(20)中,前后分句的主语分别是"你"和"我",主语不同。口语中根据正确的语感可以造出很多主语不同的"与其"句。例如:"与其你请客,不如我请客。"书面语中用例很少。例(21)中,前分句的主语是"总统",后分句的主语是"情报部门",主语也不相同。

115

（二）"与其 A，不如 B" 和 "与其说 A，不如说 B" 句式的不同点

1. 主语不同的 "与其说 A，不如说 B" 与 "与其 A，不如 B" 不同，它有一种固定格式："与其说 N1 + V + N2，不如说 N2 + V + N1"，此类句子的特点是：N1 可以施动于 N2，N2 也可以施动于 N1 或将 N2 拟人化来施动于 N1，其格式为：

N1←V→N2

例如：

（22）在这样的地方，与其说人寻书，不如说书寻人。（《新华社》2006 年 6 月）

例（22）中，N1 是 "人"，N2 是 "书"，V 是 "寻"，前分句是 "人""寻""书"，后分句则是将 "书" 拟人化来 "寻""人"。

因为 N1 和 N2 是双向施动关系，所以，该格式还可以变成 "与其说 N1 + V + N2，不如说互相（双向）V"。例如：

（23）与其说韩国选择了中国，不如说是双向选择。（《市场报》1994 年）

例（23）中，N1 是 "韩国"，N2 是 "中国"，V 是 "选择"，前分句是 "韩国""选择" 了 "中国"，后分句则是 "双向" V，即 "双向选择"。

这种类型的句子不存在于 "与其 A，不如 B" 当中，这是这两个句型很大的不同之处。

通过上面的分析，我们可以得出，前后分句主语相同是 "与其 A，不如 B" 句式和 "与其说 A，不如说 B" 句式的主流，前后分句主语不同的 "与其 A，不如 B" 句式和 "与其说 A，不如说 B" 句式用例很少。但总体看来，"与其说 A，不如说 B" 扩大了 "与其 A，不如 B" 的使用范围，"与其说 A，不如说 B" 句式主语的用法更为灵活。

第二节 "与其 A，不如 B"和"与其说 A，不如说 B"的谓语

本节分两个部分讨论"与其 A，不如 B"和"与其说 A，不如说 B"句式的谓语。一是谓语核心词要求，二是谓语附加成分要求。"与其 A，不如 B"和"与其说 A，不如说 B"句式分别要求用不同的词来充当谓语，它们各司其职，共同为语言服务。

一 谓语核心词要求

（一）"与其 A，不如 B"的谓语核心词要求

1. 可进入谓语核心词的词语

"与其 A，不如 B"的谓语核心词语大部分是动作行为动词，有少部分是趋向动词。例如：

（24）政府为了增加收入，与其增税（包括增办新税与提高税率），不如整税，即整顿税收。（周宪文《经济学术论纲》）

（25）与其回家乡，还不如回到那个猪窝好呢。（网易新闻）

例（24）前后分句的谓语核心词语分别是"增"和"整"，都属于动作行为动词，这是"与其"句的大多数情况。例（25）中，前后分句的谓语核心词语都是"回"，而"回"这个词是趋向动词，这种类型的词是"与其"句中的一小部分情况。

2. 不可进入谓语核心词的词语

"与其 A，不如 B"句式的谓语核心词语不可以是表示存在、变化、消失的动词，判断动词、能愿动词以及形式动词都不能充当 A、B 分句的谓语核心词语。例如：

（26）＊山上与其有动物，不如有人。

（27）＊冰与其变成水，不如变成水蒸气。

117

（28）＊他与其没有亲人，不如没有朋友。

（29）＊他与其是医生，不如是军人。

（30）＊他与其会英语，不如会法语。

（31）＊这次比赛失败，与其在于策略失误，不如是队员的心态问题。

例（26）中，动词是表示存在的"有"，不符合"与其"句对谓语核心词语的要求，句子不成立。例（27）中的谓语核心词语是"变"，表示变化的动词也不可以进入"与其 A，不如 B"句式。例（28）的前后分句中心语都是"没有"，而"没有"是表示"消失"的动词，因此句子不成立。例（29）中，判断动词"是"做句子的谓语，句子不成立。例（30）用能愿动词"会"做谓语，例（31）用形式动词"在于"做谓语，都不符合"与其"句的要求。

（二）"与其说 A，不如说 B"的谓语核心词要求

1. 可进入谓语核心词的词语

（1）动词"是"。"与其说 A，不如说 B"的谓语核心词语大部分是"是"字，前后分句是由"是"字构成的"是"字句，"是"这个词，有时可省略，有时不可省略。

先说可省略的情况。第一，当"与其说"和"不如说"连接的分别是前后分句的主语时，"是"起强调作用，可省略。例如：

（32）与其说（是）女孩不如说（是）男孩在感情方面更脆弱。(《新华社》2001 年)

例（32）中的"与其说"和"不如说"与前后分句的主语"女孩"和"男孩"相连接，"是"字只起强调作用，可省略。

第二，当"与其说"和"不如说"连接的分别是前后分句的谓语，"是"后面跟的是谓词性短语时，"是"可省略。例如：

（33）随后，宋子文和李宗仁两个人，交谈持续了两个多小

时，但与其说（是）交谈，不如说（是）谈判更准确些。（陈廷一《宋氏家族全传》）

例（33）中，关系词语"与其说"和"不如说"连接的是前后分句的谓语即"交谈"和"谈判"，它们都是动词性词语，因此"是"字可省略。

但也有特殊情况。例如：

（34）人们难以合作的原因与其说是自私，不如说是愚蠢。（周冲《愚蠢是道德上的缺陷》）

例（34）中，"与其说""不如说"连接的是前后分句的谓语，而且"自私""愚蠢"都是形容词，属于谓词性词语。根据上述第二点要求，此句的"是"字可以省略，但很明显，省略后句子变为"＊人们难以合作的原因与其说自私，不如说愚蠢"，句子不成立。这是因为该句的语义指向出现了问题。"自私""愚蠢"这两个词的语义指向该句最前面的"人们"，不是指向"原因"，去掉"是"字后，"原因自私"，"原因愚蠢"都不成立，因此，在这种情况下，能否省掉"是"字，还要注意谓语的语义指向。

再说不可省的情况。当"与其说"和"不如说"连接各分句的谓语，"是"后面是名词性短语时，"是"字绝对不能省略，省略之后，分句缺少谓语核心成分，句子不成立。例如：

（35）忍受与其说是一种美德，不如说是一种动物性更确切。（《新华社》2002 年）
（36）健力宝与其说是一种运动饮料，不如说是一种能量饮料。（《市场报》1994 年）

例（35）中，前后分句的谓语"是"后面的"一种美德"和"一种动物性"都是定中短语，属于名词性短语，此时，"是"字绝

119

对不可以省掉。例（36）也是如此，不再赘述。

（2）表示存在、出现、消失的动词，以及形式动词和表示比况的动词都可以进入"与其说 A，不如说 B"句式中。例如：

（37）梅扎卡假期与其说是不欢而散，还不如说是各得其所。（陈越《戴安娜》）

（38）这个房间与其说有鬼，不如说有人在捣鬼。（微信文章）

（39）与其说太阳消失了，不如说是被云遮住了。（邹扶澜《最后的阳光》）

（40）这起事故与其说源于刹车失灵，不如说是司机的粗心大意。（荆楚网）

（41）那本《千家诗》，与其说是一本诗集，还不如说更像一部从哪家老阁楼上翻寻出的家谱。（《人民日报》2000 年）

例（37）中的谓语动词"是"，属于判断动词。例（38）的谓语动词"有"，属于表示存在的动词。例（39）中前分句的谓语动词"消失"，属于表示消失的动词。例（40）中前分句的谓语动词"源于"，属于形式动词。例（41）中后分句的谓语动词"像"，是一个比况动词。它们都可以进入"与其说 A，不如说 B"句式。

2. 不可进入谓语核心词的词语

在多数情况下，表示动作行为意义的动词不能充当"与其说 A，不如说 B"句式的谓语。少数能够充当谓语的，通常这个行为动词的前面或后面要有修饰成分。一般的修饰成分为表示完成的时体动词"了"和副词"在""正在"或者是介词短语。例如：

（42）椰风集团与其说打响了一个名牌，不如说培养了一种精神。（《人民日报》1998 年）

（43）伊拉克战争与其说打击了恐怖分子，不如说除掉了美国的心头祸患。（《新华社》2004 年 3 月）

（44）无论韵与不韵，无论高深莫测还是简单直白，我都非常认真地听着，尽管我知道她背诵这些诗句与其说是给我听，不如说是在发泄她自己的思乡之情。（海岩《玉观音》）

（45）当他爬出下水道，滚到小溪里，镜头从仰角给他一个全景。此时雷电交加，大雨滂沱，安迪张开双臂，与其说他在拥抱风雨，不如说他在拥抱靠着无比的毅力和信念。他获得了自由。（屠小文《光影传奇第十放映室》）

例（42）中的谓语核心词语是"打响"和"培养"，它们都是自主动词①，进入"与其说 A，不如说 B"句式后，都带上了表示完成的时体动词"了"。如果去掉"了"变为" ＊ 椰风集团与其说打响一个名牌，不如说培养一种精神"，句子不成立。例（43）也一样，谓语核心词语"打击"和"除掉"都是自主动词，构成"与其说"句式后，它们都加上了"了"。去掉"了"变为" ＊ 伊拉克战争与其说打击恐怖分子，不如说除掉美国的心头祸患"，句子不成立。例（44）中前分句的谓语核心词语是"听"，它是自主动词，进入"与其说 A，不如说 B"句式后，前面带上了介词短语"给我"和在这里可以看作副词的"是"，去掉介词短语"给我"和副词"是"，前分句变为" ＊ 这些诗句与其说听"，句子不成立。后分句的谓语核心词语是"发泄"，它是自主动词，进入"与其说 A，不如说 B"句式后，前面带上了副词"在"和在这里也可以看作副词的"是"，去掉副词"在"和副词"是"，后分句变为" ＊ 不如说发泄她自己的思乡之情"，句子不成立。例（45）也一样，前后分句的谓语核心词语都是"拥抱"，它是自主动词。构成"与其说"句式后，前面加上了副词"在"，去掉副词"在"变为" ＊ 安迪张开双臂，与其说他拥抱风雨，不如说他拥抱靠着无比的毅力和信念"，句子不成立。

通过添加，我们发现，大部分的"与其"句式都能添加"说"

---

① 马庆株：《汉语动词和动词性结构·一篇》，北京大学出版社 2005 年版，第 20—26 页。

字变为"与其说"句式，但通常在后分句加"说"字后，在语感上有疑问。例如：

（46）刚开始写作时，我常常感到困惑，总在思索自己该做些什么，不该做些什么。后来我发现，与其苦苦思索，不如拿起笔行动起来。（［英］杰奥夫·汤普森《拖后腿的螃蟹》）

（47）？刚开始写作时，我常常感到困惑，总在思索自己该做些什么，不该做些什么。后来我发现，与其说苦苦思索，不如说拿起笔行动起来。

例（46）是一个"与其 A，不如 B"句式，根据上面的分析，该句的谓语核心动词是"思索"，它是行为动作动词，但前后分句添加"说"字变为"与其说 A，不如说 B"句式后，句子只是听起来不那么规范了，口语中也常会听到人们这样用。事实上，正如前面分析的情况，当"与其说 A，不如说 B"连接的是句子的谓语，"是"后面跟的是谓词性短语时，"是"可省略，此时句子的核心动词也有可能是表示动作行为意义的动词。

但值得注意的是，这种"与其说 A，不如说 B"句式不是真正的"与其说"句式，它只是"与其"句的一种比较口语化的说法，它不表示评注，仍然表示选择，这也是"与其"句和"与其说"句发展中的一个过渡阶段。

谓语中心词语为动作行为意义动词的"与其"句要想变为"与其说"句，主要看该句子是想表达一种评注性效果还是想表达对某情况的选择。例如：

（48）与其忆苦思甜，不如抚今追昔。

（49）与其说忆苦思甜，不如说抚今追昔，由此可见，店主人的用心良苦呀！

例（48）和例（49）的谓语都是"忆苦思甜"和"抚今追昔"，

它们都是表示动作行为意义的动词，但一个用了"与其 A，不如 B"句式；一个则用了"与其说 A，不如说 B"句式。虽然这两个句式可以互换，但它们表达的意义明显不同，例（48）表示对某种情况的选择，而例（49）表达的是对某种情况的评价。

绝大多数"与其说 A，不如说 B"句式中的 A、B 分句本身就有评注意义，因此，绝大多数"与其说 A，不如说 B"句式都不能去掉"说"字而变为"与其 A，不如 B"句式。例如：

（50）2005 年 9 月底，与朋友相约在茶馆。与其说是聊天，不如说是找个亲密的朋友听我倾诉，人都需要有个情绪的"出口"。(向非《我是向非》)

（51）＊2005 年 9 月底，与朋友相约在茶馆。与其是聊天，不如是找个亲密的朋友听我倾诉，人都需要有个情绪的"出口"。

例（50）中的 A 分句和 B 分句分别是"与朋友相约在茶馆……是聊天"和"与朋友相约在茶馆……是找个亲密的朋友听我倾诉"，它们本身都是对"与朋友相约在茶馆"这件事性质的评述，因此，去掉"说"字，变成例（51），句子不成立。

二 谓语附加成分要求

（一） 助动词 + 谓语中心语

"与其 A，不如 B"句式的谓语不可用"助动词 + 动词"的形式。例如：

（52）＊与其应该吃饭，不如应该逛街。

（53）＊与其愿意吃饭，不如愿意逛街。

而"与其说 A，不如说 B"的谓语可以出现"助动词 + 动词"形式。例如：

（54）中国与其说应该学习西方，不如说应该先反思自己。（《中国近代史纲要》）

（55）荷兰马铃薯经营者里艾·李昂·莫尔带来了他公司的招贴画，与其说是要卖土豆，不如说是要展现土豆艺术。（杨跃萍《各国艺术家在世界马铃薯大会上讲述"土豆的故事"》）

例（54）中前分句的谓语是"应该（助动词）＋学习（动词）"形式，后分句的谓语是"应该（助动词）＋反思（动词）"形式。例（55）中前分句的谓语是"要（助动词）＋卖（动词）"形式，后分句的谓语是"要（助动词）＋展现（动词）"形式。

（二）谓语中心语＋动态助词

"与其 A，不如 B"句式不能出现谓语中心语＋动态助词结构，但如果由多个谓语中心语连用的连谓结构做谓语时，其中的一个动词可以出现动词＋动态助词结构，表示一种伴随的动作或状态。例如：

（56）＊与其进了城，不如留在了农村。

（57）＊与其吃着饭，不如看着书。

（58）＊与其吃过饭，不如看过书。

（59）与其挤公交车去，不如走着去。

例（56）—（58）的谓语中心语后面分别出现了动态助词"着""了""过"，句子都不成立。例（59）中的后分句"走着去"是一个连谓结构，第一个动词"走"后面有动态助词"着"，句子仍然成立。

"与其说 A，不如说 B"句式的谓语恰好相反，可以由谓语中心语＋动态助词构成。例如：

（60）敬一丹说："与其说我们帮助了孩子，不如说是孩子教育了我们。"（李东阳《遇到敬一丹，感受敬一丹》）

（61）与其说云南队胜在实力上，不如说中信队已没了斗志。

（《新华社》2001 年 11 月）

例（60）中，谓语中心语"帮助"和"教育"后面都使用了"了"这个词，表示"帮助"和"教育"都是已经完成的动作。例（61）中，后分句用了"已"这个词，表示动作"没"是已经发生的情况。

（三）程度副词＋谓语中心语

"与其 A，不如 B"的谓语中心语不能受程度副词"有点儿，很"等的修饰。例如：

（62）＊文章与其有点儿长，不如有点儿短。

（63）＊他与其很帅，不如非常可爱。

但"与其说 A，不如说 B"的谓语中心语可以受程度副词的修饰。例如：

（64）与其说你有点儿怕他，不如说你是想尊重他。（人民网）

（65）与其说他很聪明，不如说他非常用功。（史艳艳《北大凌晨四点半》）

动词能否受程度副词的修饰这一点也说明了"与其 A，不如 B"句式和"与其说 A，不如说 B"句式的不同。"与其"句式是用来表达选择、建议的，而"与其说"句式则是用来表示评说的。人们在评说某物时，可以对其程度进行评论。

通过上面这一节的分析，我们可以得出这样的结论："与其说 A，不如说 B"和"与其 A，不如 B"分别要求不同的词来充当谓语，各有分工，共同为语言服务。

"与其 A，不如 B"的谓语大部分是行为动词；表示存在、变化、消失的动词，判断动词和形式动词都不能进入该结构；动词不能有时态、语态的变化，也不能受程度副词的修饰。

"与其说 A，不如说 B"的谓语则正相反，绝大部分的谓语动词用"是"字来充当；表示存在、变化、消失的动词，形式动词可以进入该结构；动词可以有时态、语态的变化，也可以受程度副词的修饰。

第三节 "与其 A,不如 B"和"与其说 A,不如说 B"的关系词语

本节讨论"与其 A，不如 B"和"与其说 A，不如说 B"的关系词语，分两个部分进行：一是关系词语的共现和省略，二是关系词语的添加与替换。

一 关系词语的共现和省略

（一）关系词语的共现

"与其 A，不如 B"句式的关系词语"与其""不如"可以在一个句子中同时多次共现。例如：

（66）与其买名牌衣服，与其开豪车泡妞，还不如把钱捐给希望工程，还不如买些好吃的东西送给那些孤寡老人。（瞿凯明《娶个妖精做老婆》）

"与其说 A，不如说 B"的关系词语"与其说"和"不如说"的重复使用有两种情况：一是"与其说"要和"不如说"配对出现才能多次使用并且第一个"不如说"要变为"毋宁说""莫如说"等词，否则，句子会显得啰嗦；二是只重复"不如说"，但第二个"不如说"通常要变为"或者说"，"或者更确切地说"等词，否则句子也会显得啰嗦。例如：

（67）这一象喻与其说是一种喻示，毋宁说是一种掩盖，与

其说揭露信息，不如说封闭信息。（刘毓庆《图腾神话与中国传统人生》）

（68）其实，鲁迅先生所批评的，与其说是林语堂，不如说是周作人，或者更确切地说并不是针对任何一个人。（朱正《一个人的呐喊》）

（二）关系词语的省略

在"与其 A，不如 B"句式中，"与其"可以省略，只出现"不如"一个关系词语。例如：

（69）你坐公交去，不如骑自行车去。

"不如"也可以省略，只出现"与其"，通常后一分句用问句形式。例如：

（70）你有些天赋却总是自怨自艾，抱怨没有伯乐识得千里马。与其抱怨，为什么不脚踏实地的努力，勇敢面对挫折呢？（史艳艳《北大凌晨四点半》）

在"与其说 A，不如说 B"句式中，"与其说"可以省略，只出现"不如说"，也可省略"不如说"，只保留"与其说"。例如：

（71）高中时代倒是同班了一年，但那时没正经说过话，或者不如说没有搭上话更合适。（渡边淳一《失乐园》）

（72）其实，与其说是秘书，我觉得更像是他的小情人。（瞿凯明《娶个妖精做老婆》）

二　关系词语的添加与替换
（一）添加"还""倒""真"
在"与其 A，不如 B"句中，"不如"的前面可以加"还""倒"

"真"这三个副词,通常这三个副词可以互换。例如:

(73) 与其那么牺牲,还不如咱们照着老方法去干。(必读网《蜕 2》)

(74) 他早就说过,与其目击儿子那样"离经叛道"的生活,倒不如死了好,他绝对不愿到上海。(矛盾《子夜》)

(75) 与其在名校排"倒数",真不如去合适的学校当"尖子生"。(豆瓣网)

在"与其说 A,不如说 B"句中,"不如说"前也可加"还""倒""真"这几个副词,"还""倒""真"都可以互换,只是意思有细微的差异。

(76) 在我们这里看电视,与其说是享受,倒不如说是难受。(《市场报》1994 年)

(77) 在我们这里看电视,与其说是享受,还不如说是难受。

(78) 在我们这里看电视,与其说是享受,真不如说是难受。

(二) 与"宁可"及类似词语的替换

在"与其 A,不如 B"句式中,"不如"可换为"宁可""宁愿""毋宁"等连词。例如:

(79) 与其等死,宁可一搏。(明月夜色《妖刀纪》)

(80) 与其让你在爱情中憔悴,宁愿你受伤流泪。(方炯镔《遗憾》)

(81) 与其把生命浪费在外表的修饰,毋宁积极寻求智慧的积累。(百度百科)

在"与其说 A,不如说 B"句式中,"不如说"也可以换成"宁可说""毋宁说""莫如说"等连词。例如:

（82）人与其说是"理性的动物"，我宁可说是"符号的动物"。

（83）这与其说是中国人创新天才的体现，毋宁说是民族文化，心理，性格，精神，思维，道德的综合反映。

（84）与其说他确实是笑了，莫如说我确实觉得他笑了。

（三）与"如果"等词的替换

在"与其 A，不如 B"中，"与其"可以换成"如果""倘若""假如"等连词，但"与其说 A，不如说 B"多数不可以换成"如果说""倘若说"等连词。邢福义在《汉语复句研究》中指出：同基本格式一样，"与其说 A，不如说 B"中的"与其"也跟"如果"之类相通，往往可以互换。在实际语言运用中，也常见"如果说 A，不如说 B"之类的说法。① 但我们研究发现，在"与其 A，不如 B"和"与其说 A，不如说 B"句式中，前分句如果在客观上是真实的话，就不能把"与其"变成"如果"，把"与其说"变为"如果说"。比较：

（85）你这个坏蛋，与其活着还不如死了算了！（江阴论坛）

（86）＊你这个坏蛋，如果活着还不如死了算了！

（87）他感慨地说："当初进故宫，说是干 6 个月，没想到干了一辈子。我与其说是北京大学毕业的，不如说是故宫大学毕业的。"（《人民日报》1996 年 8 月）

（88）＊他感慨地说："当初进故宫，说是干 6 个月，没想到干了一辈子。我如果说是北京大学毕业的，不如说是故宫大学毕业的。"

例（85）中前分句"你活着"客观上一定是真实的，因此，"与其"不可以换成"如果"。因为"如果"有假设的意思，而前分句一

---

① 邢福义：《汉语复句研究》，商务印书馆 2001 年版，第 157 页。

定是真实的, 这与假设不符, 因此不能替换。例 (87) 中前分句是 "我是北京大学毕业的", 前分句在客观上也是真实的, 因此"与其说"不能换成"如果说"。

通过上面的分析, 我们得出的结论是: 在关系词语共现问题上, "与其说 A, 不如说 B" 要比 "与其 A, 不如 B" 丰富。在关系词语的替换问题上, 它们的后一关系词语都可以变为"宁可", 前分句客观上一定为真的"与其"句和"与其说"句不可将前分句关系词语"与其""与其说"换成"如果"和"如果说"。

第四节 "与其 A,不如 B"和"与其说 A,不如说 B"的主语和关系词语

本节讨论"与其 A, 不如 B"和"与其说 A, 不如说 B"的主语和关系词语, 分两个部分进行研究: 主语和关系词语的位置; 主语和关系词语的紧缩性。

一 主语和关系词语的位置

(一)"与其 A, 不如 B"的主语和关系词语的位置

在"与其 A, 不如 B"句式中, 在前后分句主语相同和不同时, 其主语和关系词语的位置要求有很大的差别。

1. 主语不同"与其"句的主语和关系词语的位置

当 A、B 分句主语不同时, 主语和关系词语的位置要满足以下两个条件:

第一, 前后分句的主语绝对不可以省略, 必须同时出现。省略了任何一个分句的主语, 句子都不成立。例如:

(89) 有人反对列宁, 说列宁独裁, 列宁回答很干脆: "与其你独裁, 还不如我独裁好。"(林蕴晖《党史博览》)

(90) 与其你修水管, 不如我来修, 你一女的, 怎么能让你干这种活儿呢!(《人民日报》2000 年)

例（89）中前一分句的主语"你"和后一分句的主语"我"都不可以省略，否则，句子就不成立了。因为此时，主语就是前后分句强调的焦点，句子的重音也在主语上。例（90）也是如此。

只要有一个分句的主语没有出现，就不能看作主语不同的"与其"句。此时，不能添加新的主语。例如：

（91）与其弄虚作假，不如不做这笔生意。（王利芬、李翔《穿布鞋的马云》）

（92）＊与其弄虚作假，不如这笔生意不做。

第二，主语不同的"与其"句，前后分句的主语是对比焦点。两个作为对比焦点的主语必须放在各自关系词语的后面，比较：

与其你去西安出差，不如我去西安出差。
＊你与其去西安出差，不如我去西安出差。
＊与其你去西安出差，我不如去西安出差。

2. 主语相同"与其"句的主语和关系词语位置

前文已经指出，在"与其 A, 不如 B"中，当 A、B 主语相同时，要进入"与其……不如……"句式的语法框架，主语不能同时出现在前后分句中。因此，我们把主语相同"与其"句分为两种情况：第一，前后分句的主语都不出现。第二，主语只出现在前后分句的某一个分句中。分别讨论这两种情况下主语和关系词语的位置。

第一，当前后分句的主语都不出现时，通常无法补出主语，也无须补出主语，有时只能用表示泛指意义的"我们""你们""人们"等人称代词做主语，补不出具体主语。前一分句的关系词语"与其"常常可以省略。这种句子在现代汉语中往往用于以下三种语境：一是习语、惯用语等结构较固定的短语加上语气构成的句子。例如：

（93）与其焦急和等候，不如相约星期六。（湖南卫视《相

131

约星期六》广告语)

（94）心动不如行动。（吉林出版集团《心动不如行动》）

二是表达对某事物、某情况的看法。通常可以在整个句子前面加上"某某觉得""某某想""对待某某"等词语。例如：

（95）姚京露出甜蜜的微笑，说："我觉得与其高攀，不如低就来得可靠。"（王朔《人莫予毒》）

（96）对待友谊，与其诡诈欺骗，不如真诚相待。（许佳《我爱阳光》）

三是因为语境关系，承前省略了主语。通过上下文的提示，我们完全可以知道主语是谁，无须补出。例如：

（97）今天我去找叶珊了，这人水火不侵，盐酱不进，看样子我得在这条阴沟里翻船了，与其跟她耗下去，还不如赶紧找退路。（李潇《我爱男闺蜜》）

第二，当主语出现在前后分句的某一个分句中时，有两种情况：其一，主语出现在前分句里，此时，主语与关系词语的位置比较灵活，可以根据交际需要自由地使用。比较：

> 你与其读英文，还不如学做几样菜，将来容易讨你公婆同你姑少爷喜欢。
> 与其你读英文，还不如学做几样菜，将来容易讨你公婆同你姑少爷喜欢。

其二，主语出现在后分句里。主语与关系词语的位置需要满足两个条件：

首先，主语通常只能是"我""你""他"等人称代词。例如：

（98） 与其跳舞，我还不如唱歌给大家听。

（99） *与其跳舞，张云还不如唱歌给大家听。

其次，代词主语与关系词语的位置比较灵活，可以根据交际需要自由使用，多用于口语中。因为通常关系词语"不如"是紧接着前分句出现的，后分句的关系词语与前分句之间通常不会插入某个成分。如果插入的话，只出现在非正式的口语中。例如：

（100） 与其跳舞，我还不如唱歌给大家听。

（101） 与其跳舞，还不如我唱歌给大家听。

需要说明的一点是，当一个形容词或由多个形容词组成的联合短语做主语相同的"与其 A，不如 B"句式的谓语时，前后分句的主语可以都不出现，但只要句中出现了主语，主语就只能放在前一分句中，并且只能放在前一分句的关系词语"与其"前面。例如：

（102） 与其广阔而浮面，倒不如狭小而深入。

（103） 文章与其长而空，倒不如短而精。

（104） *与其长而空，文章倒不如短而精。

（105） *与其长而空，倒不如文章短而精。

（106） *与其文章长而空，倒不如短而精。

例（102）（103）中，前后分句的谓语都是由多个形容词组成的联合短语。例（102）中的前后分句都没有出现主语。例（103）则出现了主语，主语"文章"只能放在前一分句前面，即不能说"*与其长而空，文章倒不如短而精"，或"*与其长而空，倒不如文章短而精"。同时，主语"文章"只能放在"与其"前，也就是说"*与其文章长而空，倒不如短而精"不成立。

（二）"与其说 A，不如说 B"的主语和关系词语的位置

首先，无论主语相同还是不同，在"与其说 A，不如说 B"句式

133

中，"不如说"只能放在后分句主语的前面。比较：

> 与其说我是物理学家，不如说我是哲学家。
> *与其说我是物理学家，我不如说是哲学家。

这一点是任何类型的"与其说"句式都必须遵守的规则。因为"与其说 A，不如说 B"句式的后分句主语只能放在"不如说"之后，所以下面我们只讨论前分句主语和关系词语的位置。

在讨论"与其说 A，不如说 B"前分句主语和关系词语的位置时，我们把它分为主语不同和主语相同两类来看其主语与关系词语的位置问题。

1. 主语不同"与其"说句的主语和关系词语的位置

当主语不同时，"与其说 A，不如说 B"前后分句的主语必须共现，这一点与"与其 A，不如 B"相同。比较：

> 与其说树仁学院是钟期荣一手创办的，还不如说钟期荣是属于树仁学院的。
> *与其说是钟期荣一手创办的，还不如说钟期荣是属于树仁学院的。
> *与其说树仁学院是钟期荣一手创办的，还不如说是属于树仁学院的。

为了说明主语不同的"与其说 A，不如说 B"句式的主语和关系词语的位置问题，我们根据前后分句主语的关系，分三种类型来讨论它们的主语和关系词语的位置。

其一，前分句主语与后分句主语有领属、包含关系。例如：

（107）她风趣地说：与其说我有个家，不如说它更像个旅馆。（渡边淳一《失乐园》）

（108）与其说他在朗诵，不如说他的灵魂在震颤。（陈志泽

《情怀豪放的秦怜夏》)

例（107）中，前分句的主语"我"和后分句主语"家"具有领属关系，因为这个"家"是"我的家"。例（108）中，前分句主语"他"和后分句主语"灵魂"也具有领属关系。

其二，前分句主语与后分句主语有双向施受关系。例如：

（109）与其说我创造了音乐，不如说音乐创造了我。（《新华社》2004 年 10 月）

例（109）中，前分句的主语是"我"，从语义关系上看它属于施事，宾语是"音乐"，从语义关系上看它属于受事，而前分句的施事做了后分句的受事，前分句的受事做了后分句的施事，因此，该句的前后分句主语是一种双向的施受关系。

其三，前分句主语与后分句主语有对比、对立关系。例如：

（110）与其说云南队胜在实力上，不如说中信队已没了斗志。

例（110）中，根据句子提供的信息，我们知道前分句主语"云南队"和后分句主语"中信队"是对立关系。

表示领属、包含和双向施受关系的"与其说"句，前分句关系词语与主语的位置比较灵活，关系词语可以放在主语前，也可以放在主语后。例如：

（111）她风趣地说：与其说我有个家，不如说它更像个旅馆。

（112）她风趣地说：我与其说有个家，不如说它更像个旅馆。

（113）与其说我创造了音乐，不如说音乐创造了我。

（114）我与其说创造了音乐，不如说音乐创造了我。

例（111）（112）是领属、包含关系的"与其说"句，其关系词语可以放在主语前，也可以放在主语后。例（113）（114）是双向施受关系的"与其说"句，关系词语和主语的位置也很灵活。

表示对比、对立关系的"与其说"句，前分句的关系词语只能放在主语前。比较：

> 与其说云南队胜在实力上，不如说中信队已没了斗志。
> ＊云南队与其说胜在实力上，不如说中信队已没了斗志。

2. 主语相同"与其说"句的主语和关系词语的位置

当前分句主语放在关系词语后面时，后分句的主语可以出现，也可以不出现。例如：

（115）与其说他不善交际，不如说他害羞。（《人民日报》1998 年）

（116）与其说他不善交际，不如说害羞。

但是，当前分句主语放在关系词语前面时，后分句绝对不能出现主语，必须省略。例如：

> 小说与其说是文学，不如说是她的感情、灵魂与社会的一种交叉，一种对生活的介入。
> ＊小说与其说是文学，不如说小说是她的感情、灵魂与社会的一种交叉，一种对生活的介入。

二 主语和关系词语的紧缩性

（一）主语和关系词语的紧缩性

在"与其 A，不如 B"句式中，关系词语"与其"和"不如"

与各自分句的主语很少用逗号隔开，一般都会紧紧连在一起，主语和关系词语连接紧密。例如：

（117）你与其坐在这儿闲聊，还不如看会儿书。

（118）*你，与其坐在这儿闲聊，还不如看会儿书。

但在"与其说 A，不如说 B"句式中，关系词语"与其说""不如说"通常可以与各自分句的主语用逗号隔开。有的主语较长的"与其说"句，必须用逗号隔开。例如：

（119）发达国家刮起的"降息风"，与其说是为了救人，不如说是为了自保。（《人民日报》1998 年）

（120）这也许说明要保持歌剧艺术的吸引力，与其说要在唱上精雕细琢，不如说该研究它在当年受欢迎的诸多因素，并使之继续发挥出来。（庞钰洁《歌剧〈刘胡兰〉的艺术特征及其唱段分析》）

（二）构成紧缩句的能力

"与其 A，不如 B"句式通常可以去掉"不如"前面的逗号，构成紧缩句。例如：

（121）与其送礼不如送健康。

（122）与其临渊羡鱼不如退而结网。

而"与其说 A，不如说 B"句式在构成紧缩句方面要比"与其 A，不如 B"难。比较：

> 我想，当蔺惠芬终于重返舞台，与其说是医学创造抗癌奇迹，不如说是她对二胡的挚爱感动了死神。
>
> *我想，当蔺惠芬终于重返舞台与其说是医学创造抗癌奇迹不如说是她对二胡的挚爱感动了死神。

通过这个章节的分析,我们可以知道:"与其 A,不如 B"句式的主语和关系词语的位置比"与其说 A,不如说 B"严格得多。分主语相同和主语不同两种情况:在主语不同时,两句式的主语都不可以省略,与关系词语的位置也较为固定。在主语相同时,主语和关系词语的位置较为灵活。

第五节 "与其 A,不如 B"和"与其说 A,不如说 B"的结构特征

本节探讨"与其 A,不如 B"和"与其说 A;不如说 B"的结构特征。分两部分展开:一是内部结构特征,二是外部结构特征。

任何语法单位的结构特征都能从两方面进行研究:一是内部结构特征;二是外部结构特征。内部结构特征是向内看的,就是对某一语法单位进行切分后,各组成部分的结构特征。外部结构特征是向外看的,就是把某一语法单位当作整体,看其在更大的句法单位中充当句法成分的能力。本节就从这两方面入手,探讨"与其 A,不如 B"和"与其说 A,不如说 B"句式的结构特征。

一 内部结构特征

从"与其 A,不如 B"和"与其说 A,不如说 B"句式来看,根据其内部前后分句的结构是否一致,我们把"与其 A,不如 B"和"与其说 A,不如说 B"句式分为可比结构择优句和不可比结构择优句两类。

(一)可比结构和不可比结构

可比结构指的是复句的 A、B 分句,从句法结构和语法意义上来说,A 分句出现的结构成分和语义成分,B 分句也都出现了。也就是说,它们的结构和语义都是可比的。如"我喜欢你"和"你喜欢小红"这两个句子就属于可比结构。因为从结构上来说,它们都是由"主语 + 谓语 + 宾语"构成的。从语义上来看,它们都是由"施事 + 动作 + 受事"组成的。

不可比结构指的是复句的 A、B 分句从句法结构和语法意义上来说，A 分句出现的结构成分和语义成分，B 分句不一定都出现，也就是说，它们的结构和语义是不可比的，如"我喜欢你"和"我是老师"这两个句子属于不可比结构。因为虽然从结构上来说，"我喜欢你"和"我是老师"都是由"主语＋谓语＋宾语"构成的，但从语义上来看，"我喜欢你"是由"施事＋动作＋受事"组成的，而"我是老师"则是由"主体＋是＋性质"构成的，因此，它们属于不可比结构。

（二）可比结构择优句的结构特点

1. 核同质。即 A、B 分句的认知核[①]具有相同的性质，要么都是形容词要么都是动词。例如：

（123）与其和错的人苦苦纠缠，还不如和对的人勇敢在一起。（新浪微博）

（124）潘队长把这事交给了副队长老钱。对接待记者的这类采访他与其说是不重视，不如说是不擅长。（海岩《玉观音》）

例（123）中，A、B 分句的认知核都是动词，前分句的认知核是"纠缠"，后分句的认知核是"在"。例（124）中，A、B 分句的认知核都是判断动词"是"。

2. 有共同的结构层。即 A、B 分句中认知核所关涉的认知层相同。例如：

（125）小姐一头哭一头说："与其爸爸死，还不如（让）我寻个自尽罢！"（李宝嘉《官场现形记》）

（126）正视现实吧，与其说我们生活在一个生机勃勃的时代，不如说我们处在一个生存的时代，淘汰的时代。（马志明《亮剑精神》）

---

① 丁力：《语法》，三秦出版社 2012 年版，第 76 页。

例（125）中，A分句的认知核关涉的是施事"爸爸"，B分句的认知核关涉的是施事"我"，认知核所关涉的认知项是相同的。例（126）中，A分句的认知核"生活"关涉两个认知层，施事"我们"和时间"在一个生机勃勃的时代"。B分句的认知核"处"关涉两个认知层：一个是施事"我们"，一个是时间"在一个生存的时代"。

3. 核层同构①。即A、B分句作为一个句子，其组织结构具有共同的性质。例如：

（127）黄金荣觉得，与其死在海上，不如死在上海。（中新网《黄金荣的最后岁月》）

（128）有人说："鲁瑛这样的水平，放在领导岗位上与其说是爱护她，不如说是坑害她。"（李兴濂《"白字总编"笑话多》）

例（127）中，A、B分句的结构都是中补短语，例（128）中，A、B分句的结构都是动宾短语。

"与其A，不如B"和"与其说A，不如说B"句式的内部结构虽然都有可比结构和不可比结构两种类型，但从我们搜集的例句来看，在可比结构"与其A，不如B"句式中，做对比成分的多是前后分句的主语和谓语，宾语较少。而在可比结构"与其说A，不如说B"中，前后分句的宾语多做对比成分。

除了特征符合可比结构的句子外，剩下的句子都属于不可比结构。不可比结构的择优句从语表上看，没有什么明显的特点，但必须满足语里意义的要求。

二 外部结构特征

（一）"与其A，不如B"句式的组合

"与其A，不如B"在构成复句时，关系词语"与其"和"不如"往往是插在各自分句的主谓之间或主语之前，在篇章中作为一个

---

① 丁力：《现代汉语列项选择问研究》，三秦出版社2012年版，第106—110页。

整体的句子出现。但"与其 A，不如 B"句式也经常整体作为一个句法成分放在更大的句法结构中，做句子的宾语。这时，原来作为复句的"与其 A，不如 B"转化为复句形式，其格式通常为：S_大觉得/认为，（S_小）与其 A，不如 B，复句本身的主语成为小主语，通常可以省略。例如：

（129）大多数国家认为，与其设立新的机构，还不如采取措施全面地研究并改进现有的机构。（《人民日报》1998 年）

（130）康伟业想，与其这样不死不活，倒不如背水一战。（池莉《来来往往》）

例（129）中的大主语是"大多数国家"，小主语省略，整个"与其 A，不如 B"句式作为宾语降级为复句形式。例（130）也是如此，大主语是"康伟业"，小主语省略，整个复句形式做动词"想"的宾语。

S_大通常是"与其"句的选择者，这种类型的句子有引出"与其"句选择者的作用。比较：

（131）尼罗河国家与其继续争水，不如携手开发。

（132）尼罗河国家认为，与其继续争水，不如携手开发。

例（131）变为例（132）后，尼罗河国家由例（131）中的行动者变为例（132）中的选择者，语义发生了变化。

"与其 A，不如 B"句式在句子中还可以做定语。例如：

（133）这对于读死书的人们，确是一下当头棒，但为了与其探究不如跳舞，或者空暴跳，瞎牢骚的天才起见，却也是句值得介绍的金言。（鲁迅《读几本书》）

例（133）中，"与其探究不如跳舞"是复句形式，作定语，修饰中心语"天才"。

（二）"与其说 A，不如说 B"句式的组合

由于"与其说 A，不如说 B"句式结构紧凑性较差，大部分"与其说"句是在篇章中作为独立的句子出现的，但如果前后分句的主语和谓语都较为短小时，也可以做复句形式，在一个更大的句法结构中做宾语，其格式通常为：$S_大$ 觉得/认为，$S_小$ 与其说 A，不如说 B，复句本身的主语成为小主语。例如：

（134）许多评论家都认为，与其说它是小说不如说它是保安工作的写实。（《人民日报》1996 年）

（135）卞悟认为，中国社会问题之症结与其说在于不公平，不如说在于不公正。（新华网）

例（134）（135）中"与其说"句式都做"认为"的宾语，这两句"与其说"句式的结构都较为紧凑，句子也比较短小。

通过上文的研究，我们发现，"与其 A，不如 B"和"与其说 A，不如说 B"从组合规则来看，都可以分为可比结构和不可比结构两类，可比结构的特征包括核同质；共同的结构层；核层同构。从聚合规则来看，因为"与其说 A，不如说 B"句式的结构较为松散，所以，它作为复句形式充当句子成分的用例不多，在句子中只能做宾语，而"与其 A，不如 B"作为复句形式充当句子成分的用例很多，几乎所有"与其 A，不如 B"句式都可以做句子的宾语。除了做宾语外，还可以充当定语。

第二章 "与其 A,不如 B"和"与其说 A, 不如说 B"句式语里意义

本章从五个方面探讨"与其 A，不如 B"和"与其说 A，不如说 B"的语里意义：一是主语的语里意义，二是谓语的语里意义，三是关系词语添加和替换后与原句的语义区别，四是焦点，五是语义关系。

第一节 "与其 A,不如 B"和"与其说 A,不如说 B"主语的语里意义

本节分两部分讨论"与其 A，不如 B"和"与其说 A，不如说 B"主语的语里意义：一是主语的语义成分，二是主语的语里意义分类。

一 主语的语义成分

（一）"与其 A，不如 B"主语的语义成分

在"与其 A，不如 B"句式中，无论主语相同与否，主语大部分为指人名词或代词，很少用指物或指事件的名词做主语。例如：

（136）她已经疯了，顾不得这么多了，与其饿死，不如饱死。（百度贴吧）

（137）成功始于行动，与其躺着做梦，不如立即站起来行动。（［英］杰奥夫·汤普森《拖后腿的螃蟹》）

（二）"与其说 A，不如说 B"主语的语义成分

"与其说 A，不如说 B"的主语没有"与其 A，不如 B"的要求严格，可以是指人名词，也可以是指物名词，还可以是指事件的名词以及"这""那"等代词。例如：

（138）与其说郎平"运气"好，不如说她靠的是实力。（《人民日报》1996 年）

（139）MBA 与其说是一个学位，还不如说是一种素质的象征。（《人民日报》2000 年）

（140）西方议会制国家的元首都拥有最后的否决权。这与其说是赋予元首的权力，不如说是要求他具有独立作出判断的能力。（《读书》）

主语还可以是各种指人或指事件的短语、句子、复句格式，甚至是句群。有时主语承前省略，必须到前文中去寻找。因为主语在形式上很长，为了避免句子头重脚轻，主语不同的"与其说 A，不如说 B"不会出现这种情况。例如：

（141）其实，波斯皇帝一席话，也象《历史》中其他几段著名的对话一样，与其说是信史，不如说是史家个人思想的表白。（《读书》）

（142）无论是人口众多，资源贫乏，还是灾害频繁，起点低下，与其说是造成贫困的原因，不如说更是形成贫困的结果。（《作家文摘》1994 年）

例（141）的主语"波斯皇帝一席话"和"与其说是信史，不如说是史家个人思想的表白"中间还隔了一个句子"也象《历史》中其他几段著名的对话一样"。例（142）的主语是"无论是人口众多，资源贫乏，还是灾害频繁，起点低下"，这是一个复句形式做主语。

二 主语的语里意义分类

（一）"与其 A，不如 B" 句式主语的语里意义分类

从语里意义来看，在 "与其 A，不如 B" 句式中，充当主语的有三种情况：说话者、选择者和行动者。说话者就是说出 "与其 A，不如 B" 这句话的人。选择者是主观上择 B 弃 A 的人。行动者则是实际上做出选择的人，他可以选择 A 分句，也可以选择 B 分句，还可以 A、B 分句哪个都不选而选择其他。例如：

（143）不少用人单位对此也很开明，认为与其闲置浪费人才，倒不如放人一马，才是明智之举。（人民网，2014 年）

在此句中，说话者是说出这句话的人，这个人可能是作者，可能是编辑，总之是我们不确定的一个人。选择者是 "用人单位" "用人单位" 主观上进行了 "放人一马"（B）弃 "闲置浪费人才"（A）的选择。行动者也是 "用人单位"，它最后决定是选择 "放人一马"（B）还是 "闲置浪费人才"（A），我们不得而知。

通过对 "与其 A，不如 B" 句式的观察，我们发现，在所有指人名词充当主语的 "与其 A，不如 B" 中，主语一定是行动者。例如：

（144）与其这样，你还不如趁早和我结婚省事呢，我好名正言顺地照看你。（常罡《黑与白》）

在该句中，说话者是 "我"，选择者是 "我"，行动者是 "你"，而行动者 "你" 也是该句的主语。

指人名词做主语的 "与其 A，不如 B" 句式有两种句法结构。第一是 "S 与其 A，不如 B"，我们把它命名为 S1，第二是 "S 觉得/认为，与其 A，不如 B"，我们把它命名为 S2。S1 是 "与其 A，不如 B" 句式最基本的句法结构类型。S2 是由 S1 变化而来的。当主语由第一人称和第三人称充当时，S1 可以变成 S2；当第二人称充当主语时，

S1 不可以变为 S2。例如：

> 我与其四处流亡，不如战死。（第一人称 S1 句）
> 我觉得，与其四处流亡，不如战死。（第一人称 S2 句）
> 萨达姆与其流亡，不如战死。（第三人称 S1 句）
> 萨达姆觉得，与其流亡，不如战死。（第三人称 S2 句）
> 你与其挤公共汽车，不如走着去。（第二人称 S1 句）
> *你觉得，与其挤公共汽车，不如走着去。（第二人称 S2 句）

需要说明的一点是：在主语是第一人称的"与其"句中，说话者、选择者和行动者都是一致的。而在主语是第二人称或第三人称时，要么是说话者和选择者重合，要么是选择者和行动者重合，只有这两种情况。

（二）"与其说 A，不如说 B"句式的主语语里意义分类

"与其说 A，不如说 B"的主语可以由指人名词和指物、指事件的词和短语来充当。在指人名词充当主语时，根据语义关系主语只有两种情况：说话者和选择者，而且说话者就是选择者。在指人名词做主语时，无论主语是第一人称、第二人称还是第三人称，都只表示说话人对某事的态度、看法。例如：

（145）他感慨地说："当初进故宫，说是干 6 个月，没想到干了一辈子。我与其说是北京大学毕业的，不如说是故宫大学毕业的。"（《人民日报》1996 年）

（146）与其说你对待感情太过执着，倒不如说你是有点执迷不悟。（《读者文摘》2014 年）

（147）常听人说"球运"二字，没有人反对这种说法。但在排球场上，与其说郎平"运气"好，不如说她靠的是实力。（《人民日报》1996 年）

例（145）的主语是第一人称"我"，例（146）的主语是第二人

称"你",例（147）的主语是第三人称"她",虽然这三个例句的主语不同,但都表示说话人对某件事的看法。

在指物、指事件的词或短语做主语时,由于"与其说 A,不如说 B"句式的谓语多由"是"字来充当,因此,主语的语里意义只能参照"是"字后面的成分来划分。这一点我们将在本章第二节里予以说明,这里不再赘述。

通过上文的讨论,我们可以得出这样的结论:

"与其 A,不如 B"句式比"与其说 A,不如说 B"句式主语的语义更为丰富。

就指人主语来说,"与其 A,不如 B"句式的主语语义类型包括说话者、选择者和行动者三类,所有"与其"句的主语都是行动者。相对于"与其 A,不如 B"句式,"与其说 A,不如说 B"句式的主语语义较为单一。就指人主语来说,"与其说 A,不如说 B"句式的主语语义类型只包括说话者和选择者,而且说话者就是选择者。

第二节　"与其 A,不如 B"和"与其说 A, 不如说 B"谓语的语里意义

本节讨论"与其 A,不如 B"和"与其说 A,不如说 B"谓语的语里意义。这包括两个部分:谓语要求与主语和谓语的语义关系。

一　谓语要求

"与其 A,不如 B"句式对动词核有严格的要求。对于汉语的句子而言,动词核是句子的最主要成分,"与其"句的动词核必须是自主动词。马庆株在《自主动词与非自主动词》[①]一文中指出,自主动词从语义上说,是能表示有意识的或有心的动作行为的动词。有意识的动作行为指由动作发出者做主,主观决定,自由支配的动作行

[①]　马庆株:《汉语动词和动词性结构·一篇》,北京大学出版社 2005 年版,第 20—26 页。

为。其语义特征是［＋自主］、［＋动作］。自主动词的主语必须含有［＋动物］这一语义特征。因此，在"与其 A，不如 B"复句中，主语大部分为能够施动的指人名词。例如：

（148）与其这样，你还不如趁早和我结婚呢。我好名正言顺地照顾你。(常罡《黑与白》)

（149）我仔细一想，你爹的话也有点道理。你与其读英文，还不如学做几样菜，将来容易讨你公婆同你姑少爷喜欢。(巴金《春》)

但在"与其 A，不如 B"句式中，还存在大量主语没有［＋动物］语义的名词。例如：

（150）红薯与其蒸着吃，不如煮着吃。(美食天下网)

（151）这把刀与其用来割肉，不如留着削铅笔。(谢琳《小学生优秀作文》)

例（150）（151）的主语"红薯"和"刀"都是没有［＋动物］语义的指物名词。它们之所以可以做"与其"句的主语，是因为"自主义素指向有生命的施事主体，而施事主体不一定被选作话题，不一定占据主语的位置，也不一定出现在句子中"①。例（150）（151）就都属于有生命的施事主体没有出现在句子中，但这并不影响"与其"句谓语必须是自助动词的要求。

"与其说 A，不如说 B"句式的谓语与"与其 A，不如 B"完全相反，它的谓语要求由非自主动词充当。非自主动词表示无意识、无心的动作行为，即动作行为发出者不能自由支配的动作行为，也表示变化和属性。这种动词的语义特征是［－自主］、［变化］／［属性］。② "与其

---

① 马庆株：《汉语动词和动词性结构·一篇》，北京大学出版社 2005 年版，第 20 页。
② 同上书，第 26 页。

说"句中的谓语主要由典型的非自主动词"是"充当，还有不少由后一个字是"于"的非自主动词充当的例子。例如：

（152）赵新先认为，三九集团进军文化产业，与其说是跨行业发展，不如说是对健康产业的拓展。（《人民日报》1998 年）

（153）程德培的《小说本体思考录》的写成与其说是出于学术的研究，倒不如说是出于一个批评家的责任。（汪政、晓华《叙述：对小说的基本认识》）

（154）所以我认为，这本书的好处与其说在于资料的丰富，不如说在于作者那广泛的求知兴趣和自由的著书方式。（韦明铧《读书小札》）

但在我们搜集的例子中，也有很多谓语用自主动词充当的"与其说"句。例如：

（155）她那一袭在当时并不多见的披肩长发，与其说装饰了她的容貌，不如说表达了她桀骜不驯、热爱生活的性格。（唐灿《从毛泽东到"四大天王"》）

（156）李芙蓉最后的冒失与其说严重损害了他的健康，不如说给他的心理打击更大。

例（155）的谓语动词"装饰"和"表达"都是自主动词，但却出现在"与其说"句中，这似乎不符合其对谓语动词的要求，其实不然。马庆株认为：动词的体对自主义位有重大影响，自主动词在表示非完成义的将来动作和经常性动作的时候，强烈地表现出自主的语义特征，当后面加上表示完成的时体助词"了"来表示完成了的动作时，语义上就很难说它是自主的抑或是非自主的了。[1] 例（155）中，"装饰""表达"为了进入"与其说"句式，都要满足其非自主

---

① 马庆株：《汉语动词和动词性结构·一篇》，北京大学出版社 2005 年版，第 20 页。

动词的谓语要求，因此，它们都加了表示完成的时体动词"了"，变成了非自主动词。

但有一些"与其说 A，不如说 B"句式的谓语动词是自主动词，动词的后面也没有加表示完成的时体动词"了"来取消其自主性。这种句子的谓语往往是由"与其 A，不如 B"句式加"说"组成的，口语色彩较浓。在我们看来，仍然是"与其 A，不如 B"的口语体。例如：

（157）与其说你坐公交车去，不如说你走着去更好。（李影《读研在美国》）

（158）大多数国家认为，与其说设立新的机构，还不如说采取措施全面地研究并改进现有的机构。（新浪博客）

例（157）（158）中，去掉"说"字就是"与其"句，但加上"说"后，句子更口语化，甚至感到句子是不太符合规范的。

二 主语和谓语的语义关系

在"与其 A，不如 B"句式中，正因为"与其 A，不如 B"对动词的要求，决定了其主语的语义类型。丁力在《语法》一书中指出：静态实词的认知结构由认知核和认知项两个部分组成。其中认知核是静态实词中人们要理解和认识的静态实词词义本身，而认知项是人们在认识认知核的过程中建立起来的对相关事物或现象的概括认识，认知核和认知项之间存在着某种语义上的关系。① 以"与其 A，不如 B"的动词核为例，在造句之前，我们将调动大脑中储存的以前积累的静态实词，然后根据言者所要表达的意思确定用什么认知项来充当句子主语。

对于"与其 A，不如 B"句式来说，可以充当主语的语义成分有施事、受事、时间、处所、工具、与事、起点、终点、结果等。例如：

---

① 丁力：《语法》，三秦出版社 2005 年版，第 22—23 页。

（159）我与其送礼不如送健康。（施事主语）

（160）红薯与其蒸着吃，不如煮着吃。（受事主语）

（161）明天与其硬着头皮写作业，还不如痛痛快快出去玩儿呢。（时间主语）

（162）桌子上与其放花瓶，不如放点儿书。（地点主语）

（163）购物中心与其走着去，不如跑着去。（终点主语）

（164）毛衣与其自己打，不如机器织。（结果主语）

用图像表示：

施事
受事
时间
处所
工具 }关涉的主语认知项 + 静态动词认知核
与事
起点
终点
结果

如静态实词"送"所具有的给出义本身，就是该静态实词认知结构中的认知核，它所关涉的认知项有施事、受事、与事、时间、处所、方式等，因此，以"送"为认知项构成的"与其 A，不如 B"句式的主语就可以从中选择。如：

（165）我与其送礼不如送健康。（施事主语）

（166）礼物与其送给我，不如送给你。（受事主语）

（167）星期日与其送巧克力，不如送玫瑰花。（时间主语）

"与其 A 不如 B"的主语不可能由与事来承担，因为动词必须是自主动词的缘故，当"与事"占据主语的位置时，会立刻失去"与事"的语法意义，变成施事。如"我送你礼物"这句话，"我"是施

151

事,"礼物"是受事,"你"是"与事"。该句变换成"与其"句一共有以下三种形式:

(168)我与其送你礼物,不如送你祝福。(施事主语)

(169)礼物与其送你,不如送小红。(受事主语)

(170)＊你与其我送礼物,不如我送祝福。(与事主语)

当把与事"你"放在主语位置上,变成"＊你与其我送礼物,不如我送祝福"时,句子显然不成立。

"与其说 A,不如说 B"句式的主语和谓语没有"与其 A,不如 B"句式复杂,因为它的谓语大多数都是由"是"字组成的,所以,主语和谓语的语义关系可以是概念和定义的关系,可以是事物及其性质特征的关系,可以是事件和情况的关系等表示等同、归类、强调的关系。例如:

(171)与其说医学是一门自然科学,不如说是一门社会科学。(新浪微博)

(172)与其说她皮肤白,不如说是她的头发黑,衬托着感觉她的脸很白。(李影《读研在美国》)

(173)从梅赛德斯的发动机到法拉利赛车,从固特异的轮胎到壳牌燃油,与其说是赞助赛车,不如说是举行一年一度的产品巡回展。(《人民日报》1998 年)

例(171)的主语和谓语是概念(医学)和定义(一门自然科学/一门社会科学)的关系。例(172)的主语和谓语是事物(她)和特征(皮肤白/头发黑,衬托着感觉她的脸很白)的关系。例(173)的主语和谓语是事件(从梅赛德斯的发动机到法拉利赛车,从固特异的轮胎到壳牌燃油)和情况(赞助赛车/举行一年一度的产品巡回展)的关系。

通过这一节的分析,我们可以知道,"与其 A,不如 B"和"与其说 A,不如说 B"句式对谓语有各自的要求,它们互相补充,各司其职，分别为这两个不同的句式服务。

"与其 A，不如 B"句式的谓语只能使用表示［＋自主］、［＋动物］意义的自主动词，也因此其主语多数都由施事来充当。受事、时间、地点、方式等也可以充当"与其"句的主语，但用例较少，与事绝对不能充当"与其"句的主语。

"与其说 A，不如说 B"句式的谓语则绝大多数是由"是"字允当的，除了"是"以外，还有非自主动词充当的用例。其主语与谓语的关系可以是概念与定义的关系；事物及其性质特征的关系，或事件和情况的关系。其相应的主语语义也较为单一，通常是对主语性质、归类等的认识。

第三节　关系词语"不如"和"不如说"替换及添加后与原句的语义区别

本节主要分析关系词语"不如"和"不如说"替换和添加后与原句的语义区别。分两个部分讨论，一是"不如 B"和"不如说 B"替换后的语义区别，二是"不如 B"和"不如说 B"添加后的语义区别。

一　"不如 B"和"不如说 B"替换后的语义区别

（一）"不如 B"和"宁可 B"替换后的语义区别

1. 互换条件

（1）"与其 A，不如 B"的主语是第二人称时，不可换。比较：

（174）a. 与其这样，你不如趁早和我结婚省事呢。我好名正言顺地照看你。（常罡《黑与白》）

　　b. ＊与其这样，你宁可趁早和我结婚省事呢。我好名正言顺地照看你。

（2）"宁可"表忍让，即说话人认为，"A""B"都是不好的情况，但相比之下，"B"还好些，当"B"是绝对有利的情况时，不可换。例如：

（175）a. 这里，我想奉劝他们几句，如果想改变自己的社会形象，与其挥万金于吃喝和"搓麻"上，不如解囊于文化消费或赞助文化发展。（王蒙《初春回旋曲》）

b. *这里，我想奉劝他们几句，如果想改变自己的社会形象，与其挥万金于吃喝和"搓麻"上，宁可解囊于文化消费或赞助文化发展。

（3）当"B"项是中性情况（即可好可坏）或"B"项是有利情况时，"不如"换成"宁可"后，"B"项一定从中性情况或有利情况变为不利情况。比较：

（176）a. 与其找保人，不如去找赵乾。（樊祥之《上海新贵族》）

（B 分句为中性情况）

b. 与其找保人，我宁可去找赵乾。

（177）a. 与其没收压岁钱，不如用这五招引导小孩理财。（环球网）

（B 分句为有利情况）

b. 与其没收压岁钱，宁可用这五招引导小孩理财。

2. "不如"与"宁可"互换后的语义差别
（1）"宁可"比"不如"主观语气更为强烈。例如：

（178）与其用耍赖的欺诈手段取得暂时的虚假胜利，不如用阿 Q 的"精神胜利法"来自我解脱。（许念《对阿 Q 精神胜利法普遍存在的思考》）

（179）与其用耍赖的欺诈手段取得暂时的虚假胜利，宁可用阿 Q 的"精神胜利法"来自我解脱。

（2）"不如"换成"宁可"后，后分句的评说性成分"来得可靠""算了""得好"等要删除，因为"宁可"已经有很强的主观色彩，所以不需再加评说性成分了。比较：

（180）a. 与其向上级报告，不如向负责干部报告比较适当。（人民网）

b. ＊与其向上级报告，宁可向负责干部报告比较适当。

（3）在表示主观选择时，"宁可"和"与其"相比，有说话者虽然觉得不想选择后分句，但与前分句相比，还是选择后分句好的含义。在表示建议时，"宁可"和"与其"相比，不是直接建议，而是说话者说出自己的选择，间接隐含着对听话者的建议。例如：

（181）我倒觉得：与其多个马屁精，不如多个长舌妇。（新浪微博）

（182）我倒觉得：与其多个马屁精，宁可多个长舌妇。

（183）对待工作，你与其看得容易些，不如看得困难些。（晴宿《如何高效工作》）

（184）对待工作，与其看得容易些，我宁可看得困难些。

例（181）（182）表示主观选择，例（182）与例（181）相比，说话者虽然对前分句和后分句的选择都不喜欢，但相比之下还是认为后分句好一些。例（183）和例（184）都可以表示建议，例（183）是直接建议听话人选择后分句，而例（184）中，说话者是说出自己的选择，间接建议听话者选择后分句的。

（二）"不如说 B"和"宁可说 B"替换后的语义区别

1. 互换条件

（1）"与其说 A,不如说 B"的主语是第二人称代词时，不可以换。例如：

（185）a. 与其说你对待感情太过执着，不如说你是有点执迷不悟。（《读者文摘》2014 年）

b.？与其说你对待感情太过执着，宁可说你是有点执迷不悟。

（2）不论主语是第一人称、第二人称还是第三人称，"不如说"在换成"宁可说"时，通常"宁可说"的前面都需要加第一人称代词"我"，句子才更通顺自然。比较：

> 他感慨地说："当初进故宫，说是干 6 个月，没想到干了一辈子。与其说我是北京大学毕业的，不如说是故宫大学毕业的。"
>
> ？他感慨地说："当初进故宫，说是干 6 个月，没想到干了一辈子。与其说我是北京大学毕业的，宁可说是故宫大学毕业的。"
>
> 他感慨地说："当初进故宫，说是干 6 个月，没想到干了一辈子。与其说我是北京大学毕业的，我宁可说是故宫大学毕业的。"
>
> 与其说你对待感情太过执着，不如说你是有点执迷不悟。
> ？与其说你对待感情太过执着，宁可说你是有点执迷不悟。
> 与其说你对待感情太过执着，我宁可说你是有点执迷不悟。
> 常听人说"球运"二字，没有人反对这种说法。但在排球场上，与其说郎平"运气"好，不如说她靠的是实力。
> ？常听人说"球运"二字，没有人反对这种说法。但在排球场上，与其说郎平"运气"好，宁可说她靠的是实力。
> 常听人说"球运"二字，没有人反对这种说法。但在排球场上，与其说郎平"运气"好，我宁可说她靠的是实力。

2."不如说"和"宁可说"的语义区别

（1）"宁可说"的第一人称性更强。和前面的互换条件一样，在把"不如说"换成"宁可说"以后，加上第一人称代词"我"显得更自然。这一点可以很鲜明地反映出"宁可说"的第一人称性。

（2）"宁可说"比"与其说"有更强的消极意义，也就是说 B 分句也是说话者不愿意选择的说法。比较：

> 他收敛了笑容，颇有感触地说："我对话剧有着深厚的感情，与其说转行演小品，倒不如说是'逼上梁山'更确切"。
>
> 他收敛了笑容，颇有感触地说："我对话剧有着深厚的感情，与其说转行演小品，我宁可说是"逼上梁山"更确切。
>
> 路德维希的这本《歌德传》，与其说是传记，不如说是对于歌德的分析和研究。
>
> 路德维希的这本《歌德传》，与其说是传记，我宁可说是对于歌德的分析和研究。

二　"不如 B"和"不如说 B"添加后的语义区别

（一）添加"还"后的语义区别

"与其 A，不如 B"和"与其说 A，不如说 B"，在添加"还"以后与原句语义的细微区别是相同的，即 A、B 两种选择主语都已知道，在选择时，虽然 A、B 都不愿意选，但相比之下，还是选择了 B，有明显的抱怨口气。例如：

（186）a. 我们与其在这个单位不受重用，还不如下海自己干。（王晶《现代汉语》）

b. 与其说我是做事认真，还不如说是一根筋呢。（彪悍一只猫《再不努力就迟了》）

157

例（186）a 中，在说出这句话前，主语一定知道"在这个单位不受重用"和"下海自己干"两个选择，但都不太愿意选择，相比之下，认为选择"下海自己干"更好些，有无奈、抱怨的口气在里面。例（186）b 也是如此。

（二）添加"倒"后的语义区别

"与其A，不如B"和"与其说A，不如说B"在添加"倒"以后与原句语义的细微区别是一样的，即A、B两种选择主语只知其一，在言语过程中才想到了B，隐含着提出新想法的语义。例如：

> 甲：今天我们吃火锅还是吃烤肉？
> 乙：我觉得都不好，倒不如我们吃西餐吧。
>
> 丙：你是简书作者，这是多好的职业呀！
> 丁：与其说我是简书作者，倒不如说是穷书作者吧！

在上例中，乙提出的"吃西餐"不在甲给出的选择范围之内，是乙在言语过程中才想到并提出的新想法，当说话人（乙）这样表达时，没有把后分句作为考虑的焦点来关注。丙、丁的对话也是如此。

通过上文分析，我们认为："与其A，不如B"和"与其说A，不如说B"句式后分句的关系词语都可以替换为"宁可B"，在替换后，"宁可"的主观性要强于"不如"。两句式在后一关系词语之前，都可以加"还""倒""真"这三个副词。"倒"有提出新想法的意思，这个新想法是听话人所不知道的，而"还"则含有埋怨的口气，听话人对两个命题的好坏都清楚。"真"的后悔意味更强。

第四节 "与其A,不如B"和"与其说A,不如说B"的焦点

本节讨论"与其A，不如B"和"与其说A，不如说B"句式的

焦点, 分三部分进行: 一是焦点; 二是成分焦点和命题焦点; 三是成分焦点择优句和命题焦点择优句。

一 焦点

焦点指的是负载说话人特别关注和特别强调的语义信息的成分。[①]
例如:

（187）我′不可以走。
（188）我可以′不走。

例（187）中, 说话人特别强调的语义信息是"不可以", 焦点也是"不可以", 表达其他人不允许说话人发出"走"这个动作。例（188）中, 说话人特别强调的语义信息是"不走", 焦点也是"不走", 表达的是说话人主观上可以不让"走"这个动作发生。正是因为焦点不同, 两句话表达的意思也有很大的不同。

二 成分焦点和命题焦点

成分焦点[②]指在言语过程中, 负载说话人特别关注、特别强调的语义信息的是某个句法成分。例如:

（189）是谁偷吃的桃?
（190）难道只有我这么觉得吗?

例（189）中, 负载说话人特别关注、特别强调的语义信息的是"谁", "谁"在这个句子中做主语, 因此该句的焦点由主语充当, 属于成分焦点。例（190）也是如此。

命题焦点[③]指在言语过程中, 负载说话人特别关注、特别强调的

---

① 丁力:《现代汉语列项选择问研究》, 华中师范大学出版社 1998 年版, 第 96 页。
② 同上书, 第 100 页。
③ 同上。

语义信息的不是某个句法成分，而是整个命题。例如：

（191）我今天吃了一个面包。

（192）王丽上学去了。

例（191）中，如果人们只是描述一个行为，不强调任何一个句法成分时，这个句子中负载说话人特别关注语义信息的就是整个句子，这样的焦点就叫命题焦点。

三 成分焦点择优句和命题焦点择优句

根据句子关注焦点的不同，我们把"与其 A，不如 B"和"与其说 A，不如说 B"分为成分焦点择优句和命题焦点择优句。例如：

（193）与其你坐公交车去，不如我坐公交车去。（《冷笑话》）

（194）机关人认为：与其等着被精简，不如早下海、早锻炼、早受益。（张斌《彼岸》）

（195）与其说他聪明，不如说他勤勉。（励志一生网）

（196）这一切与其说是出于对郭沫若的爱情，不如说是一个旧式女子在恪守妇道。（桑逢康《郭沫若与他的三位夫人》）

例（193）（195）属于成分焦点择优句。所谓的成分焦点择优句指的是 A、B 分句的语义重点是句子的某个成分，可以是主语、谓语、状语、补语等。一般这类句子从语表形式上说，都属于可比结构的择优句，句子的重音在被强调的成分焦点上。如例（193）中，句子的语义焦点是主语"你"和"我"，因此，它属于成分焦点择优句，句子的重音放在两个被强调的主语上。

例（194）（196）属于命题焦点择优句。所谓的命题焦点择优句是指 A、B 分句的语义重点不是句子的某个成分，而是整个句子，整个命题。从语表形式上看，此类句子往往没有可比的结构，属于不可比结构择优句。句子的重音不在某一成分上。如例（194）中，A分句"等着被精简"和B分句"早下海、早锻炼、早受益"才是各分句所强调的重点，它是对两个命题的对比，因此，它属于命题焦点择优句，句子的重音也在全句上。

"与其A，不如B"和"与其说A，不如说B"句式虽然都有成分焦点，但从我们搜集的实例来看，"与其A，不如B"句式充当成分焦点的成分大多是主语、谓语，而"与其说A，不如说B"句式充当成分焦点的多为宾语。

第五节 "与其A,不如B"和"与其说A,不如说B"的语义关系

本节讨论"与其A，不如B"和"与其说A，不如说B"的语义关系。分三部分进行：第一，基本语义关系；第二，语义分类；第三，逻辑语义关系。

一 基本语义关系

邢福义认为：择优性和推断性是"与其A，不如B"和"与其说A，不如说B"句式的基本语义关系。就择优性来说，"与其"句式表明的是"弃p择q"的优选关系，而"与其说"句式是在说法的准确程度上的择优。这一点是毫无疑问的。邢福义认为："与其"句式实际上反映的是一个选言推理的推导过程，即：

大前提：或者p，或者q

小前提：p不好

结　论：因此，与其p不如q

这样的推理过程也同样适用于"与其说"句式，即：

大前提：或者说 p，或者说 q

小前提：说 p 不准确

结　论：因此，与其说 p 不如说 q①

但通过对例句的分析，我们认为："与其说"句式虽然存在这种推理过程，但其推理性减弱，对比铺垫性增强。例如：

（197）可这种希望，和《一无所有》里的希望相比，与其说是希望，不如说是抱怨。（《人民日报》1994 年）

（198）当熊熊燃烧的火炬照亮天空照亮大地之时，全场欢呼雀跃。这与其说是太阳神的伟力，不如说是亚洲人民勤劳勇敢、无所畏惧、不屈不挠的精神感动了造物主。（《人民日报》1998 年）

例（197）中，A 分句"与其说是希望"，虽然有推理性，也就是：

大前提：或者说希望，或者说抱怨

小前提：说希望不准确

结　论：与其说是希望不如说是抱怨

但根据上文语境，我们觉得，这里的 A 分句已经不是单纯表示出 A 分句不准确的含义。A 分句在这里的作用是承接上文。事实上，去掉 A 分句，句子变为"可这种希望，和《一无所有》里的希望相比，不如说是抱怨"，也说得通。但加上 A 分句，显得更连贯。例（198）中，说话者为了表达自己激动的心情，在 A、B 分句分别用了两个比喻。说话者在说这句话时，不一定认为 A 分句不准确，而是为了鲜明地突出 B 分句的说法，用 A 分句做对比而已。

"与其 A，不如 B"句式和"与其说 A，不如说 B"句式的基本

---

① 邢福义：《汉语复句研究》，商务印书馆 2001 年版，第 138—142 页。

语义关系都是择优性和推断性，但因为"与其说"句式属于言域，因此它的用法更加灵活，有的句子的对比性和铺垫性语义更为突出。

二 语义分类

（一）"与其 A，不如 B"句式的语义分类

择优性和推断性是"与其 A，不如 B"句式的基本语义，但根据"与其"句在篇章中的整体语义来看，我们可以将其分为两类：一是选择型"与其"句；二是建议型"与其"句。

选择型"与其"句指：在"与其 A，不如 B"中，如果选择者和行动者重合时，此类句型通常表示选择者的选择或说话者客观陈述选择者的选择，包括第一人称 S1 和 S2 句，第三人称 S2 句。例如：

（199）我们与其在这个单位不受重用，还不如下海自己干。（王晶《现代汉语》）

（200）我觉得，与其四处流亡，不如战死。（新浪微博）

（201）李云龙认为与其让部队冻得乱蹦乱跳，不如练练刺杀，既杀出一身汗，又提高了战斗素质。（都梁《亮剑》）

例（199）是表示选择者"我们"的选择，例（200）表示的是选择者"我"的选择，例（201）表示的是说话人客观地陈述选择者"李云龙"的选择。

建议型"与其"句指：在"与其 A，不如 B"中，如果说话者和选择者重合时，此类句型通常表示说话者对主语（行动者）的建议。包括第二人称 S1 句和第三人称 S1 句。例如：

（202）你与其坐在这儿闲聊，还不如看会儿书。（初中语文试卷题目）

（203）他与其这样辛苦打工挣钱，还不如伸手向父母要几个。（新东方在线）

例（202）中，说话者是我们不确定的某个人，选择者也是这个不确定的人，说话者与选择者重合，表示的是说话人对主语（行动者）"你"的建议。例（203）中，说话者是我们不确定的某个人，选择者也是这个不确定的人，说话者与选择者重合，表示的是说话人对主语（行动者）"他"的建议。

（二）"与其说 A，不如说 B"的语义分类

"与其说 A，不如说 B"的主语没有"与其 A，不如 B"复杂。它没有说话者、选择者和行动者的区分，但从语里意义角度来看，根据"与其说 A，不如说 B"各分句与客观真值情况是否有联系，我们把它分为两类：一是牵涉客观事实句；二是非牵涉客观事实句。

牵涉客观事实句指：在"与其说 A，不如说 B"句式中，前后分句都牵涉客观真值情况的复句。例如：

（204）总面积 66 平方公里的沉湖，历史上是湖北有名的"害湖"。与其说是湖，不如说是沼泽地更准确一些。（《人民日报》1996 年）

（205）对面的家奴园矮小简陋，与其说是家奴园，还不如说是一座监狱。（《新华社》2001 年 5 月）

例（204）中，前分句"与其说是湖"牵涉到了客观真值问题。因为"沉湖"客观上就是一个湖，因此其客观真值为 1。后分句"不如说是沼泽地"也有客观真值问题，因为"沉湖"客观上是沼泽地是虚假的，因此其客观真值为 0。例（205）中，家奴园就是家奴园，客观上不是监狱，因此前分句的真值情况为 1，后分句的真值情况为 0。

非牵涉事实句指的是：除了牵涉事实句以外的"与其"说句都是非牵涉事实句。这类句子的各分句都不知道它们的客观真值情况。例如：

（206）创新与其说是一个个体概念，不如说是一个集体概

念。(金海年《与其说是改革牛，不如说是预期牛》)

(207) 金融风险与其说在外部，不如说在内部更为恰当。
(《人民日报》1998 年)

例（206）中，前后分句的客观真值情况我们无从知晓，"创新
是一个个体概念"和"创新是一个集体概念"只是对概念的认识，
属于言域范畴。例（207）是对金融风险来源的判断，我们无法确定
其客观真值。

三 逻辑语义关系

(一) 逻辑语义关系

逻辑语义关系是一个相当复杂的概念，这里我们只取其中的两大
类关系：对立关系和一致关系。对立关系又包括矛盾关系、反对关系
和对义关系。一致关系包括同一关系、蕴含关系和隐含关系。

矛盾关系是指：在 A 真实的情况下，B 一定是虚假的；在 A 虚假
的情况下，B 一定是真实的。如生与死。

反对关系是指：在 A 真实的情况下，B 一定是虚假的；在 A 虚假
的情况下，B 可能是真实的，也可能是虚假的。如胖与瘦。

对义关系是指：在 A 真实的情况下，B 可能是真实的，也可能是
虚假的；在 A 虚假的情况下，B 同样可能是真实的，也可能是虚假
的。如学英文与学做几道菜。

同一关系是指：在 A 真实的情况下，B 一定是真实的；在 A 虚假
的情况下，B 一定是虚假的。如小王吃了苹果与苹果小王吃了。

蕴含关系是指：在 A 真实的情况下，B 一定是真实的；在 B 真实
的情况下，A 可能是真实的，也可能是虚假的。如汉中人与陕西人。

隐含关系是指：在 A 真实的情况下，B 很可能是真实的，但不必
然是真实的。如他是中国人和他是黑头发。

(二) "与其 A，不如 B" 中 A，B 分句的逻辑语义关系

在"与其 A，不如 B"中 A、B 分句只能表示不一致关系。邢福
义在《汉语复句研究》（2001）中指出：没有对比，无所选择的事

物，不能进入"与其 A，不如 B"句式。① 所以，一致关系中的同一关系、蕴含关系和隐含关系都不可进入该格式。但不一致关系的 A、B 分句可以进入该句式。如：

矛盾关系：与其活着，不如死了。

反对关系：与其胖点儿，不如瘦点儿。

对义关系：你与其学英文，还不如学做几样菜。

（三）"与其说 A，不如说 B"中 A、B 分句的逻辑语义关系

"与其说 A，不如说 B"中的 A、B 分句的语义关系不仅有不一致关系，还有一致关系，包括一致关系中的同一关系、蕴含关系以及不一致关系中的矛盾关系、反对关系和对义关系。如：

同一关系：与其说苹果小王吃了，不如说小王吃了苹果。

蕴含关系：与其说我是汉中人，不如说我是陕西人。

矛盾关系：与其说他死了，不如说他还活着。

反对关系：与其说他个高，不如说他个矮。

对义关系：与其说我怕赵小姐，不如说我怕赵小姐家的狗。

通过上文的分析，我们得出以下结论：就基本语义关系而言，"与其 A，不如 B"和"与其说 A，不如说 B"句式都有择优性和推断性，但属于言域范畴的"与其说 A，不如说 B"句式的对比性和铺垫性明显强于推断性。就语义分类来说，"与其 A，不如 B"句式可以分为选择型"与其"句和建议型"与其"句两类。"与其说 A，不如说 B"句式则可根据是否与客观真值情况有关，分为牵涉客观事实句和非牵涉客观事实句两类。就它们的逻辑语义关系来说，"与其 A，不如 B"句式中 A、B 分句的逻辑语义关系只能是不一致关系，而"与其说 A，不如说 B"句式则不仅可以是不一致关系，还可以是一致关系中的同一关系和蕴含关系。

---

① 邢福义：《汉语复句研究》，商务印书馆 2001 年版，第 138—142 页。

第三章 "与其 A，不如 B"和"与其说 A，不如说 B"的语用价值

本章主要从语用价值方面讨论"与其 A，不如 B"和"与其说 A，不如说 B"句式。分两个章节进行。第一节介绍"与其 A，不如 B"句式的语用价值，分两个部分：消极情感"与其"句和积极情感"与其"句。分别探讨两种"与其"句的不同心态特征，试图找出人们在不同语境下使用"与其"句的真正心态模式。第二节介绍"与其说 A，不如说 B"句式的语用价值。"与其说 A，不如说 B"表达的感情色彩更丰富，因为比喻等修辞手法也可以进入该句式中，可以反驳别人的观点，揭示事物本质等。根据前后分句是否牵涉客观真值情况，我们把"与其说 A，不如说 B"句式分为牵涉客观事实句和非牵涉客观事实句，并就这两种句式的心态特征和语用价值进行分析。

第一节 "与其 A，不如 B"句式的语用价值

"与其 A，不如 B"句式在不同的语境中具有不同的语用价值。总的来说包括两大类型：消极情感"与其"句；积极情感"与其"句。不管哪一种"与其"句，说话者在特定的语境中使用时，都有其特定的心态特征。心态特征①指的是说话者在特定语境中使用某一句式时所具有的一系列观念、认识等。正是不同语境下人们的不同心

---

① 丁力：《现代汉语列项选择问研究》，华中师范大学出版社 1998 年版，第 130—163 页。

态特征，导致虽然都使用了"与其 A，不如 B"这个句式，却表达出了不同的感情色彩。本节以信赖程度和意愿选择度为描写手段，从心态特征角度探讨"与其 A，不如 B"句式的不同语用价值。

为了便于说明，我们先介绍信赖程度和意愿选择度。

信赖程度是美国数学家 G. 波利亚[①]提出的概念，用来描述人们对命题的相信程度，用 P $\{X\}$ 刻画（X 表示任一命题），其值居于 $[0，1]$ 区间。比如，P $\{X\}$ = 0，表示人们认为 X 假；P $\{X\}$ = 0.5，表示人们不知道 X 是真是假；P $\{X\}$ = 1，表示人们认为 X 真；$0 < P\{X\} < 0.5$，表示人们认为成立的可能性小；$0.5 < P\{X\} < 1$，表示人们认为 X 成立的可能大。

意愿选择度用来描述人们对命题选择的可能性，用 P $[X]$ 刻画（X 表示任一命题），其值居于 $[0，1]$ 区间。P $[X]$ = 0，表示人们没有选择 X；P $[X]$ = 0.5，表示不知道是否选择了 X；P $[X]$ = 1，表示业已选择了 X；$0 < P[X] < 0.5$，表示人们选择 X 的可能性小；$0.5 < P[X] < 1$，表示人们选择 X 的可能性大。

一 消极情感"与其"句

消极情感"与其"句指的是：选择者（因为"与其 A，不如 B"句式的说话者不一定是用"与其"句表达自己选择的人，但选择者一定是用"与其"句表达选择的人，因此，这里我们用选择者这个概念）借用"与其 A，不如 B"句式表达愤怒、埋怨、嫉妒、咒骂等消极感情色彩。不管是哪种消极感情色彩，选择者的心态特征都是一样的。消极情感"与其"句的心态特征：

心态特征 1：选择者选择 B 分句的可能性很大。

心态特征 2：选择者推测行动者或一般人选择 A 分句的可能性很大，选择 B 分句的可能性很小。

心态特征 3：选择者知道 A 分句一定是真实发生的，B 分句一定

---

① G. 波利亚：《数学与似真推理》，杨讯文等译，福建人民出版社 1985 年版，第 165—167 页。

没有发生, 一定为假。

(一) 心态特征 1

消极情感 "与其" 句的基本心态特征就是心态特征 1, 即选择者选择 B 分句的可能性很大, 用意愿选择度表示为: $0.5 < P [B] < 1$。例如:

(208) 大伙儿都劝傻根, 六万块钱不是小数, 在高原得干上四五个年头。与其揣在身上冒着被贼偷去的风险, 不如花上六百块寄回家。可傻根想: 六百块啊! 在老家够买头驴了。再说, 狼都不咬俺, 这人会害俺? (赵本夫《天下无贼》)

(209) 这些都是生活中常发生的小事, 与其用感慨、牢骚来对待, 还不如自己上前去解决。(《人民日报》1995 年 10 月 27日)

例 (208) 中, 选择者 "大伙儿" 选择 B 分句 "花上六百块寄回家" 的可能性一定很大, 这是 "与其 A, 不如 B" 句式的基本含义, 用意愿选择度表示为: $0.5 < P [$花上六百块寄回家$] < 1$。例 (209) 也一样, 选择者选择 B 分句 "自己上前去解决" 的可能性很大, 用意愿选择度表示为: $0.5 < P [$自己上前去解决$] < 1$。

(二) 心态特征 2

心态特征 2 是心态特征 1 成立的前提条件和基础。正是因为选择者预先推测行动者或一般人选择 A 分句的可能性很大, 所以为了表达自己不同于行动者或大众的观点, 选择者就使用了 "与其 A, 不如 B" 句式。用意愿选择度表示为: $0.5 < P [A] \leqslant 1, 0 \leqslant P [B] < 0.5$。例如:

(210) 赵志敬哈哈大笑道: "尹师弟, 你的意中人在这里跟旁人干那无耻的勾当, 你与其杀我, 还不如杀他。" (金庸《神雕侠侣》)

(211) 程曦说: "可是我觉得, 如果我是霹雳贝贝, 与其试

图把自己的电力去掉，还不如去学如何把带电的优点发挥到极致，形成自己的特色。"（彩云雨田《我是女博我嫁谁》）

例（210）中，选择者赵志敬说话时的心态特征一定是先推测行动者尹师弟选择A分句"你杀我"的可能性很大，用意愿选择度表示为：0.5 < P［你杀我］< 1。行动者尹师弟选择B分句"你杀他"的可能性很小，用意愿选择度表示为：0 < P［你杀他］< 0.5。例（211）中，选择者程曦在说出这"与其"句之前，已经推测行动者或一般人都看过《霹雳贝贝》这部电影，都知道电影里"霹雳贝贝试图把自己的电力去掉"这一事实，所以他选择A分句的可能性很大，用意愿选择度表示为：0.5 < P［霹雳贝贝试图把自己的电力去掉］< 1，选择B分句的可能性很小，用意愿选择度表示为：0 < P［去学如何把带电的优点发挥到极致，形成自己的特色］< 0.5。

（三）心态特征3

心态特征3是消极情感"与其"句区别于积极情感"与其"句的典型心态特征。从客观真值情况来说，A分句一定是客观上真实发生的，用信赖程度表示为：P｛A｝= 1，而B分句在客观上一定没有真实发生，是虚假的，用信赖程度表示为：P｛B｝= 0。例如：

（212）6月10日，娱乐宝第二期开售。此次融资的五部电影依然是明星效应极强的各路明星主演或推荐的片子，而有第一期效果在先，第二期总投资额也达到了9200万元，远远超过第一期的3700万，但有人认为娱乐宝与其锦上添花送大片，还不如雪中送炭玩文艺来得实在呢。（网易新闻）

（213）你与其坐这儿聊天，还不如多看会儿书呢！（百度贴吧）

例（212）中，"娱乐宝锦上添花送大片"是已经发生的事实，是真实的，用信赖程度表示为P｛娱乐宝锦上添花送大片｝= 1，而娱乐宝实际上根本没有"雪中送炭玩文艺"，因此，"雪中送炭玩文艺"

在现实中是虚假的,用信赖程度表示为 P｛雪中送炭玩文艺｝= 0。这句话表达的是有的人对娱乐宝所做事情的批评。例（213）中,"你坐这儿聊天"一定是真实发生的,用信赖程度表示为 P｛你坐这儿聊天｝= 1,"你多看会儿书"一定没有发生,是虚假的,用信赖程度表示为 P｛你多看会儿书｝= 0。这句话表达了说话者对听话者所做事情的不满和埋怨之情。

心态特征 1—3 相互制约,相互作用。心态特征 1、2 是"与其"句形成的基本心态特征,心态特征 3 是"与其"句能够表达消极情感所必须具备的。因为选择者想选择的是 B 分句,而行动者客观上却选择了 A 分句,行动者没有按选择者的意愿办事,因此,选择者借用"与其"句来表达消极的感情色彩。

二 积极情感"与其"句

积极情感"与其"句指的是:选择者借用"与其"句来表达夸耀、赞扬等积极的感情色彩的句子。积极情感"与其"句的心态特征是:

心态特征 1:选择者选择 B 分句的可能性很大。

心态特征 2:选择者推测行动者或一般人选择 A 分句的可能性很大,选择 B 分句的可能性很小。

心态特征 3:选择者知道 A 分句一定没有发生,B 分句一定真实发生过。

积极情感"与其"句和消极情感"与其"句一样,它们有着相同的心态特征 1、2,这是因为心态特征 1、2 是任何"与其"句成立的必要条件,我们在消极情感"与其"句中已经说明,这里就不再赘述了。

心态特征 3 是"与其"句表达积极情感色彩的关键心态。从客观真值情况来说,A 分句一定没有真实发生,是虚假的,用信赖程度表示为:P｛A｝= 0,而 B 分句在客观上一定真实发生了,用信赖程度表示为:P｛B｝= 1。例如:

（214）姚京露出甜蜜的微笑，说："我觉得与其高攀，不如低就来得可靠。譬如我们那位，他能找上我够不易，够有福气啦。他只能感到满足，在他眼里，我就是天仙呀，要是我现在离开他，他一天也活不下去，非得想疯了。"（王朔《人莫予毒》）

（215）既要做那件事，就免不了人说，与其让人说，就不如自己说出来的干净，你觉得我这人痛快不痛快？（张恨水《金粉世家》）

例（214）中，根据语境，"姚京的丈夫"客观上一定选择的是"低就"，而选择"高攀"一定是虚假的，用信赖程度表示为：$P\{我低就\}=1$，$P\{我高攀\}=0$。这句话表达的是姚京对自己的夸耀。例（215）中，选择者选择"自己说出来"是真实发生的，而"让别人说"一定没有发生，用信赖程度表示为：$P\{自己说出来\}=1$，$P\{让别人说\}=0$。这句话表达的是选择者对自己的夸奖，她也希望别人夸她痛快。

积极情感"与其"句的心态特征1—3也是相互制约、相互作用的。因为选择者选择可能性很大的 B 命题在客观上也成了现实，选择者得偿所愿，因此，具有这类心态特征的"与其"句表达的是积极的感情色彩。

第二节 "与其说 A,不如说 B"的语用价值

"与其说 A，不如说 B"句式的语用价值比"与其 A，不如 B"句式更加丰富，其语用价值涉及了语用修辞的应用。前面我们已经说过，根据"与其说"句式各分句是否涉及客观真值情况，我们把"与其说"句式分为两类：牵涉客观事实句和非牵涉客观事实句。下面就对这两类"与其说"句的心态特征进行分析并说明其多种语用价值。

一 牵涉客观事实句

因为这类句子与前后分句的客观真值情况有关，所以我们还可以

把它进一步细分为两类:一是前真后假句,二是前假后真句。

(一) 前真后假句

前真后假句指的是在"与其说"句中,前分句的客观真值为 1,后分句的客观真值为 0 的句子。也就是说前分句是真实的,后分句是虚假的句子。用信赖程度表示为:P｛A｝=1,P｛B｝=0。

这类句子的心态特征是:

心态特征 1:说话者选择 B 分句的可能性很大。

心态特征 2:说话者推测听话人或一般人选择 A 分句的可能性很大,选择 B 分句的可能性很小。

心态特征 3:说话者知道客观上 A 分句是真实的,B 分句是虚假的。

1. 心态特征 1

心态特征 1 是"与其说"句式的基本心态特征,即择 B 弃 A,说话者选择 B 命题的可能性很大,用意愿选择度表示为:0.5 < P［B］< 1。例如:

(216) 与其说是母亲生养了我,不如说是土地——祖国哺育了我。(《人民日报》1998 年)

(217) 那按摩女的手与其说是按摩,不如说是抚摸和挑逗。(《作家文摘》1997 年)

例 (216) 中,说话者说出这一"与其说"句的目的就是要表达他愿意选择 B 分句,用意愿选择度表示为:0.5 < P［是土地——祖国哺育了我］< 1。例 (217) 也是如此,这句话想表达的是说话者更愿意选择 B 分句,用意愿选择度表示为:0.5 < P［那按摩女的手是抚摸和挑逗］< 1。

2. 心态特征 2

心态特征 2 是心态特征 1 成立的前提。因为说话者预先推测听话者或一般人选择 A 分句的可能性大,但自己却愿意选择 B 分句,为了表达与他人观点的不一致,他就选用了"与其说"句式,用意愿选择度表示为：$0.5 < P[A] < 1, 0 < P[B] < 0.5$。例如：

（218）这里的土地与其说是用锄耕出来的，不如说是那画笔画出来的。(洪汛涛《神笔马良》)

（219）对面的家奴园矮小简陋。与其说是家奴园，还不如说是一座监狱。(《新华社》2001年)

例（218）中，说话者在说出这句话之前，一定推测一般人根据常识选择"这里的土地是用锄耕出来的"可能性大，选择"这里的土地是那画笔画出来的"可能性小，用意愿选择度表示为：$0.5 < P[$这里的土地是用锄耕出来的$] < 1, 0 < P[$这里的土地是那画笔画出来的$] < 0.5$。例（219）中，说话者先推测一般人选择说"家奴园是家奴园"的可能性很大，但选择"家奴园是一座监狱"的可能性很小，用意愿选择度表示为：$0.5 < P[$家奴园是家奴园$] < 1, 0 < P[$家奴园是一座监狱$] < 0.5$，

3. 心态特征3

心态特征3是决定该类句式独特语用价值的心态。说话者知道客观上A分句是真实的，而B分句是虚假的，但他却愿意选择客观上虚假的B分句而不愿选择客观上真实的A分句，这种句子通常是用夸张的手法来突出事物的优点或缺点的。例如：

（220）这个吸尘器与其说是家用电器，不如说是把妇女从繁重的家务劳动中解救出来的女神。(新浪微博)

（221）他与其说是个人，不如说是个魔鬼。(远藤周作《海与毒药》)

例（220）中，"这个吸尘器是家用电器"一定是真实的，用信赖程度表示为 $P\{$这个吸尘器是家用电器$\} = 1$，但"吸尘器是把妇女从繁重的家务劳动中解救出来的女神"一定是虚假的，因为现实中，吸尘器不是女神，用信赖程度表示为 $P\{$吸尘器是把妇女从繁重的家

务劳动中解救出来的女神｝＝0。这句话是用夸张的手法赞扬吸尘器对妇女解放所做出的贡献。例（221）中，"他是个人"一定是真实的，用信赖程度表示为 P｛他是个人｝＝1，而"他是个魔鬼"一定是虚假的，用信赖程度表示为 P｛他是个魔鬼｝＝0。这句话主要是用比喻的手法表达他的恶劣品质，表现出对这个人进行批评的语用价值。

有时也可以用来表达无奈、自嘲的感情色彩。例如：

（222）他感慨地说："当初进故宫，说是干 6 个月，没想到干了一辈子。我与其说是北京大学毕业的，不如说是故宫大学毕业的。"（《人民日报》1998 年）

例（222）中，根据语境可以知道，"我是北京大学毕业的"一定是真实的，用信赖程度表示为 P｛我是北京大学毕业的｝＝1，而"我是故宫大学毕业的"一定是虚假的，因为根本不可能有故宫大学，用信赖程度表示为 P｛我是故宫大学毕业的｝＝0。此句主要表达的是主语对自己一个北大毕业生却在故宫干了一辈子，有些大材小用了，但也无能为力这种复杂心情，有自嘲，也有无奈。

(二) 前假后真句

前假后真句指的是在"与其说"句中，前分句的客观真值为 0，后分句的客观真值为 1 的句子。也就是说前分句是虚假的，后分句是真实的。用信赖程度表示为：P｛A｝＝0，P｛B｝＝1。

这类句子的心态特征是：

心态特征 1：说话者选择 B 分句的可能性很大。

心态特征 2：说话者推测听话人或一般人选择 A 分句的可能性很大，选择 B 分句的可能性很小。

心态特征 3：说话者知道客观上 A 命题是虚假的，B 命题是真实的。

前假后真句的心态特征 1、2 和前真后假句是相同的，这里不再赘述。

心态特征 3 是前假后真句独特的心态特征。说话者知道 A 分句是虚假的，B 分句是真实的，他愿意选择的也是客观上真实的 B 分句，说话者借用"与其说"句式进一步强调了 B 分句的真实性，有揭露事情本质的作用。例如：

（223）她与其说是拯救人类与水火的女神，不如说只是平凡的一个女人而已。（方芝《谭派掌门人——谭元寿》）

（224）养生专家张悟本把绿豆说成是可以救人性命的灵丹妙药。其实，与其说绿豆是神药，不如说它只是绿豆而已，并且物极必反，吃多了对人也有害处。（新快网《绿豆说神乎其神 活泥鳅害人不浅》）

例（223）中，根据常识我们知道，"她是拯救人类与水火的女神"一定不是真实的，用信赖程度表示为 P｛她是拯救人类与水火的女神｝= 0，"她是平凡的一个女人"一定是真实的，用信赖程度表示为 P｛她是平凡的一个女人｝= 1。这句话主要表达出揭露事物本质的语用效果。例（224）也是如此，客观上，"绿豆是神药"一定是虚假的，用信赖程度表示为 P｛绿豆是神药｝= 0，而"绿豆只是绿豆"一定是真实的，用信赖程度表示为 P｛绿豆只是绿豆｝= 1。这句话揭露事物本质的效果比上一句更为明显。

二 非牵涉客观事实句

非牵涉客观事实句没有客观真值情况，它有其独特的心态特征。这类句子的心态特征是：

心态特征 1：说话者选择 B 分句的可能性很大。

心态特征 2：说话者推测听话人或一般人选择 A 分句的可能性很大，选择 B 分句的可能性很小。

心态特征 3：说话者不知道客观上 A、B 分句的真假情况。

（一）心态特征 1

非牵涉客观事实句的心态特征 1 和其他句子一样，都是说话人选择 B 分句的可能性很大，用意愿选择度表示为：$0.5 < P[B] < 1$。

例如:

（225）墨西哥经济与比索的运行轨迹似乎在告诉我们：汇率与其说是经济活动的原因，不如说是结果更为恰当。(《人民网》2000 年)

（226）MBA 与其说是一个学位，还不如说是一种素质的象征。(《人民日报》2000 年)

例（225）中，说话者想表达的就是认为"汇率是经济活动的结果"，用意愿选择度表示为：$0.5 < P$［汇率是经济活动的结果］< 1。例（226）中，说话者选择认为"MBA 是一种素质的象征"的可能性很大，用意愿选择度表示为：$0.5 < P$［MBA 是一种素质的象征］< 1。

（二）心态特征 2 和心态特征 3

因为心态特征 3 是说话者不知道 A、B 分句的真假情况，所以心态特征 2 在这类"与其说"句中就起了关键性的作用。

首先，当 A 分句是上文语境提出的某人的观点或多数人普遍的观点，而 B 分句则提出说话者自己的观点时，"与其说 A，不如说 B"句式主要用于反驳别人的意见，前分句"与其说 A"有承接前文观点的作用。例如:

（227）常听人说"球运"二字，没有人反对这种说法。但在排球场上，与其说郎平"运气"好，不如说她靠的是实力。(《人民日报》1996 年)

（228）小可叫："郑海潮不是那种人！"惠娟毫不含糊："根据呢？——根据感觉！很多女人与其说被男人骗了，不如说是被自己的感觉骗了！"(王海鸰《新恋爱时代》)

例（227）中，根据语境，说话人推测多数人普遍愿意选择有"球运"这种说法，用意愿选择度表示为：$0.5 < P$［郎平"运气"好］< 1，客观上我们也不知道 A、B 分句的情况是不是真实的，用信

赖程度表示为：P｛郎平"运气"好｝＝0.5，P｛她靠的是实力｝＝
0.5。说话者为了反驳这种说法，提出自己的观点，就用了"与其说
A，不如说B"句式。例（228）中，惠娟推测大多数人愿意选择相
信，用意愿选择度表示为：0.5＜P［女人是被男人骗了］＜1，客观上
我们不知道A、B分句的情况是不是真实的，用信赖程度表示为：
P｛女人是被男人骗了｝＝0.5，P｛被自己的感觉骗了｝＝0.5。但说
话者惠娟认为"女人是被自己的感觉骗了"，她就是用"与其说"句
来反驳女儿和大多数人的观点的。

其次，当A分句是人们一眼就能看到的事物的表象或是事物本
身，而B分句则提出说话者自己对事物的深层次的认识时，说话者的
心态特征是：当说话者想要揭露自己看到的事物本质时，为了更鲜明
地摆出自己的观点，往往会把事物本身或事物的浅层概念放在前分
句，与后分句自己对事物的深刻认识形成对比。例如：

（229）喝拿铁的意大利人与其说他们喜欢意大利浓缩咖啡，
不如说喜欢牛奶。（百度百科）

（230）按摩女的手与其说是按摩，不如说是抚摸和挑逗。
（张雄《死灰复燃的黄色诱惑》）

例（229）中，说话人推测大多数人愿意选择A分句"意大利人
喜欢意大利浓缩咖啡"，因为从外表来看，我们都可以看到的事实是：
意大利人爱喝的是咖啡，用意愿选择度表示为：0.5＜P［意大利人喜
欢意大利浓缩咖啡］＜1，客观上我们不知道A、B分句的情况是不是
真实的，用信赖程度表示为：P｛意大利人喜欢意大利浓缩咖啡｝＝
0.5，P｛意大利人喜欢牛奶｝＝0.5。但B分句进一步说明了这样一
个事实：意大利人喝的咖啡看着是咖啡，其实主要成分是牛奶，有揭
露事物本质的作用。例（230）中，客观上我们不知道A、B分句的
情况是不是真实的，用信赖程度表示为：P｛按摩女的手是按摩｝＝
0.5，P｛按摩女的手是抚摸和挑逗｝＝0.5。说话人推测大部分人从
表面上看，都愿意选择按摩女的手一定是在按摩这种说法，用意愿选

择度表示为：$0.5 < P$［按摩女的手是按摩］< 1，但只有说话者知道事情的本质，因此，他用"与其说"句式来说出事情的真实情况。

最后，A、B 分句都可以使用比喻、拟人等修辞手法，在使用修辞手法时，说话者为了达到更强烈的对比效果，往往会把一般人更容易联想到的事物放在前分句，或者干脆把自己想到的某个修辞放在前分句，把更贴切的修辞手法放在后分句，以加强对比效果。如：

（231）当熊熊燃烧的火炬照亮天空照亮大地之时，全场欢呼雀跃。这与其说是太阳神的伟力，不如说是亚洲人民勤劳勇敢、无所畏惧、不屈不挠的精神感动了造物主。（《人民日报》1998 年）

（232）一位曾在江青身边工作的护士告诉我，与其说江青像个东宫皇后，不如说更像个女奴隶主。（方芝《谭派掌门人——谭元寿》）

例（231）中，前一分句"这是太阳神的伟力"，我们不知道这是不是真实的，用信赖程度表示为 P｛这是太阳神的伟力｝$= 0.5$，"这是亚洲人民勤劳勇敢、无所畏惧、不屈不挠的精神感动了造物主"也不知道是不是真实的，用信赖程度表示为 P｛这是亚洲人民勤劳勇敢、无所畏惧、不屈不挠的精神感动了造物主｝$= 0.5$，这句话本身使用了修辞手法，用前后分句的对比，表达了对熊熊燃烧的火炬照亮天空照亮大地之时的激动心情。例（232）中，前一分句"江青像个东宫皇后"，我们不知道这是不是真实的，用信赖程度表示为 P｛江青像个东宫皇后｝$= 0.5$，"更像个女奴隶主"也不知道是不是真实的，用信赖程度表示为 P｛更像个女奴隶主｝$= 0.5$，这句话本身也使用了比喻的修辞手法，用前后分句的对比，表达了对江青独裁的愤怒之情。

正是这些不同语境下的不同心态特征，才使"与其"句和"与其说"句有了如此丰富的语用价值。

结　语

　　本编的论题是关于"与其 A，不如 B"和"与其说 A，不如说 B"句式的比较研究。我们以邢福义提出的"小三角"作为理论基础，试图对择优推断句的这两类句型进行全面分析。语言学界对"与其 A，不如 B"的研究较为深入，但仅仅关注了其语里意义，对其语表形式和语用价值几乎很少涉及。对"与其说 A，不如说 B"句式的研究比较零散，因而对其进行成体系的研究就显得十分必要。本编对这两个句式从语表形式、语里意义和语用价值三方面进行对比，虽然有些结论还存在一些问题，但本编试图在自己的分类体系里尽可能地做到充分观察、充分描写、充分解释，力图深化对这一领域的认识，为择优推断句的发展做出实实在在的努力。

　　通过对"与其 A，不如 B"和"与其说 A，不如说 B"句式语表形式、语里意义和语用价值三个方面的探讨，我们得出了以下几方面的认识：

　　第一，在语表形式上，"与其说 A，不如说 B"扩大了"与其 A，不如 B"句式的使用范围。就主语来说，"与其 A，不如 B"的主语基本上是指人名词，主语都较为短小，而"与其说 A，不如说 B"的主语却多数为指物或指事件的短语、句子、复句甚至是句群。

　　就谓语来说，"与其说 A，不如说 B"的谓语要比"与其 A，不如 B"句式自由，两句式分别用不同的词来充当谓语动词，各司其职，共同为语言服务。"与其 A，不如 B"的谓语大部分是行为动词，是表示存在、变化、消失的动词，判断动词和形式动词都不能进入该结构，动词不能有时态、语态的变化，也不能受程度副词的修饰。

180

"与其说 A，不如说 B" 的谓语则正好相反，绝大部分的谓语动词用 "是" 字来充当，表示存在、变化、消失的动词，形式动词可以进入该结构，动词可以有时态、语态的变化，也可以受程度副词的修饰。

就关系词语来说，"与其 A，不如 B" 和 "与其说 A，不如说 B" 的关系词语在共现的问题上，"与其说 A，不如说 B" 要比 "与其 A，不如 B" 丰富。它们的后一关系词语都可以变为 "宁可"，也可以在前面加上 "还""倒" 两个词。前分句客观上是真实发生的，也就是真值为 1 的 "与其 A，不如 B" 和 "与其说 A，不如说 B" 都不可以换成 "如果 A，不如 B" 或 "如果说 A，不如说 B" 句式。

就主语和关系词语的位置来说，"与其 A，不如 B" 主语和关系词语的位置比 "与其说 A，不如说 B" 严格得多。分主语相同和主语不同两种情况。在主语不同时，两句式的主语都不可以省略，与关系词语的位置也较为固定。在主语相同时，主语和关系词语的位置较为灵活。

就结构特征来说，"与其 A，不如 B" 和 "与其说 A，不如说 B" 从组合规则来看，都可以分为可比结构和不可比结构两类，可比结构的特征包括核同质、共同的结构层、核层同构。从聚合规则来看，因为 "与其说 A，不如说 B" 结构较为松散，所以，它做复句形式在更大的句法结构中充当成分的用例不多，如果充当成分的话也只能做宾语。而 "与其 A，不如 B" 做复句形式的用例很多，除了做宾语外，还可以充当定语。

第二，在语里意义上，"与其 A，不如 B" 比 "与其说 A，不如说 B" 句式主语的语义更为丰富。"与其 A，不如 B" 表示的是对不同的两个行为动作进行的择优选择，而 "与其说 A，不如说 B" 表示的是对某种情况的主观态度或看法，可以是对相同事物从不同角度、侧面的看法。"与其说 A，不如说 B" 的前分句 "与其说 A" 的选择意味下降，对比意味增强。前分句的舍弃意味下降，更像是为了强调 B 分句的观点而进行的对比。

就指人主语来说，"与其 A，不如 B" 句式的主语语义类型包括说话者、选择者和行动者三类，所有 "与其" 句的主语都是行动者。

相对于"与其 A，不如 B"句式，"与其说 A，不如说 B"句式的主语语义较为单一。就指人主语来说，"与其说 A，不如说 B"句式的主语语义类型只包括说话者和选择者，而且说话者就是选择者。

就谓语来说，"与其 A，不如 B"和"与其说 A，不如说 B"句式对谓语有各自的要求，它们互相补充，各司其职，分别为这两个不同的句式服务。"与其 A，不如 B"句式的谓语只能使用表示［+自主］、［+动物］意义的自主动词，也因此其主语多数都由施事来充当。受事、时间、地点、方式等也可以充当"与其"句的主语，但用例较少，与事绝对不能充当"与其"句的主语。而"与其说 A，不如说 B"句式的谓语则绝大多数是由"是"字充当的，因此，其相应的主语语义也较为单一，通常是对主语性质、归类等的认识。

就关系词语的替换来说，"与其 A，不如 B"和"与其说 A，不如说 B"句式后分句的关系词语都可以替换为"宁可 B"，替换后，"宁可"的主观性要强于"不如"。两句式的后一关系词语之前，都可以加"还""倒""真"这三个副词。"倒"有提出新想法的意义，这个新想法是听话人所不知道的，而"还"则含有埋怨的口气，听话人对两个命题的好坏都很清楚。

就语句焦点来说，"与其 A，不如 B"和"与其说 A，不如说 B"句式根据句子所关注焦点的不同，都可以分为两类，即成分焦点择优句和命题焦点择优句。

就语义关系来说，"与其 A，不如 B"句式的基本语义关系为择优性和推断性，而在"与其说 A，不如说 B"句式的基本语义关系里，推断性减弱，对比性、铺垫性增强。从语义角度，我们把"与其 A，不如 B"句式分为两类：建议型"与其"句和选择型"与其"句。建议型"与其"句的说话者和选择者相同，但与行动者不同，所以往往是说话者对行动者的建议。选择型"与其"句由于说话者和行动者重合，因此往往表示说话者的选择或说话者客观陈述选择者的选择。根据 A、B 分句的客观真值情况，我们把"与其说 A，不如说 B"分为牵涉客观事实句和非牵涉客观事实句两类。牵涉客观事实句是 A、B 分句都有客观真值的句子。非牵涉客观事实句是 A、B 分句都和客观真值无关的句子。就 A、B 分句的逻辑语义关系来说，"与其 A，不如 B"中 A、B 分句的逻辑语义关系只能是不一致关系，而"与其说 A，不如说 B"句式不仅可以是不一致关系，还可以是一致关系中的同一关系和蕴含关系。

第三，在语用价值上，"与其说"句的语用效果更多地表现为修辞手法上的夸张、比喻、对比。而"与其 A，不如 B"句式的语用价值则侧重于表达一种积极或消极的个人感情色彩。沈家煊在《复句三域"行、知、言"》一文中指出，属于言域的复句，其关联词语后面往往可以加"说"字，有时必须加"说"字。这类句子大多是隐喻，按照"认知语言学"的观点，隐喻是两个概念域之间的投射。隐喻的规律是：在投射过程中两个概念域内部成分之间的关系保持对应。言域复句的语义关系可以不顺应事理或一般的逻辑。因此，我们也就不难理解"与其说 A，不如说 B"比"与其 A，不如 B"句式所表达的感情色彩更丰富了。

这里还需要说明的一点是，"与其 A，不如 B"还有一种特殊的句式类型："与其"＋"说"类。从我们对"与其 A，不如 B"和"与其说 A，不如说 B"句式的变换分析中，我们得出了以下结论：

第一，在绝大部分的"与其 A，不如 B"句式中，前分句都可以加"说"，在加"说"后，口语色彩较重，"说"在这里起缓和语气的作用，相当于一个停顿，读得较轻。但后分句通常不能加"说"，加上后句子会显得啰嗦。比较：

> 与其无意识地失去，不如有意识地放弃。(《华夏时报》)
> 与其说无意识地失去，不如有意识地放弃。
> ＊与其无意识地失去，不如说有意识地放弃。

第二，有一些"与其 A，不如 B"句式的前后分句都不可以加"说"，主要是因为前后分句较为整齐，前分句加"说"字后会显得句子不对称。比较：

> 与其培优，不如陪伴。(《武汉晨报》)
>
> *与其说培优，不如陪伴。
>
> *与其培优，不如说陪伴。

第三，大部分"与其说 A，不如说 B"句式都不能去掉"说"，变为"与其"句。少部分可以去掉"说"字的句子，在去掉"说"字后，句子的意义也发生了变化，评注性消失，变成了表示建议性的句子。比较：

> 这与其说是海信的特色倒不如说是周厚健的特点。
>
> （中国环境网）
>
> *这与其是海信的特色倒不如是周厚健的特点。
>
> 他与其说靠天赋成功，不如说是靠勤奋成功的。
>
> 他与其靠天赋，不如靠勤奋。

总之，"与其 A，不如 B"句式在先秦就已经出现了，而"与其说 A，不如说 B"句式在近代以前的语料里没有用例，在现代小说和散文中才开始大量使用。根据语言的经济原则，同样是择优推断句，"与其 A，不如 B"和"与其说 A，不如说 B"都能够在语言中保留下来并大量使用，是因为它们分别承担了不同的职能，具体事物的择优选择用"与其"句，较抽象的观点等则使用"与其说"句。它们各司其职，共同为语言服务。

参考文献

一　专著

北京大学中文系：《现代汉语虚词例释》，商务印书馆 1993 年版。

陈垂成、黎运汉：《新编现代汉语》，高等教育出版社 1989 年版。

陈亚川、郑懿德：《吕叔湘〈汉语语法分析问题〉助读》，语文出版社 2000 年版。

陈昌来：《现代汉语三维语法论》，学林出版社 2005 年版。

丁力：《现代汉语列项选择问研究》，华中师范大学出版社 1998 年版。

丁力：《语法》，三秦出版社 2005 年版。

丁力：《汉语语法问题研究》，三秦出版社 2012 年版。

G. 波利亚：《数学与似真推理》，杨讯文等译，福建人民出版社 1985 年版。

高名凯：《汉语语法论》，商务印书馆 1986 年版。

胡吉成：《现代汉语基础》，北京大学出版社 2006 年版。

黄伯荣、廖序东：《现代汉语》，高等教育出版社 2007 年版。

何文彬：《现代汉语"是"字强调句研究》，中国社会科学出版社 2012 年版。

吕叔湘：《中国文法要略》，商务印书馆 1942 年版。

厉善铎：《现代汉语正误辨析手册》，北京工业大学出版社 1996 年版。

吕叔湘：《现代汉语八百词》，商务印书馆 2013 年版。

陆俭明：《现代汉语语法研究教程》，北京大学出版社 2005 年版。

刘雪芹：《现代汉语重动句研究》，学林出版社 2012 年版。

马真：《简明实用汉语语法教程》，北京大学出版社 1997 年版。

马真：《现代汉语虚词研究方法论》，商务印书馆 2004 年版。

马庆株：《汉语动词和动词性结构·一篇》，北京大学出版社 2005 年版。

沈家煊：《现代汉语语法的功能、语用、认知研究》，商务印书馆 2005 年版。

沈家煊：《认知与汉语语法研究》，商务印书馆 2006 年版。

邵敬敏：《汉语语法趣说》，暨南大学出版社 2011 年版。

石毓智：《语法的认知语义基础》，江西教育出版社 2000 年版。

王力：《中国现代语法》，商务印书馆 1985 年版。

王缃：《复句句群篇章》，陕西人民出版社 1985 年版。

王维贤：《现代汉语复句新解》，华东师范大学出版社 1994 年版。

吴卸耀：《现代汉语存现句》，学林出版社 2006 年版。

邢福义：《复句与关系词语》，黑龙江人民出版社 1985 年版。

邢福义：《语法问题发掘集》，湖北教育出版社 1992 年版。

邢福义：《汉语语法学》，东北师范大学出版社 1997 年版。

邢福义：《汉语复句研究》，商务印书馆 2001 年版。

邢福义：《汉语语法三百问》，商务印书馆 2002 年版。

周礼全：《逻辑——正确思维和成功交际的理论》，人民出版社 1994 年版。

张谊生：《现代汉语虚词》，华东师范大学出版社 2000 年版。

张斌：《汉语语法学》，上海教育出版社 2003 年版。

张斌：《简明现代汉语》，复旦大学出版社 2008 年版。

周有斌：《现代汉语选择范畴研究》，广西师范大学出版社 2004 年版。

二 学术期刊

贝新桢：《取舍句的逻辑结构》，《逻辑与语言学习》1986 年第 6 期。

陈恪清：《与其说……倒不如说……的多种英译法》，《大学英语》2002 年第 2 期。

丁力：《复句三分系统分类的心理依据》，《汉语学报》2006 年第 3 期。

丁力：《汉语主谓句中的非向核性句法成分》，《陕西理工学院学报》2008 年第 1 期。

丁力：《列项选择问中的三种管控现象》，《汉语学报》2005 年第 2 期。

丁力：《主观否定选择问的语用价值》，《汉语学报》2008 年第 3 期。

范开泰：《省略、隐含、暗示》，《语言教学与研究》1990 年第 2 期。

高顺全：《"与其 p 不如 q"格式试析》，《南开语言学刊》2004 年第 4 期。

韩滨：《现代汉语选择复句研究综述》，《语文学刊》2011 年第 9 期。

李晋霞、刘云：《从"如果"与"如果说"的差异看"说"的传信义》，《语言科学》2003 年第 5 期。

李会荣：《与其 p 不如 q 格式的语义关系新探》，《语文研究》2008 年第 4 期。

李会荣、陈昌来：《"与其 p 宁可 q"格式的逻辑基础及语义内涵》，《暨南大学华文学院学报》2009 年第 3 期。

罗进军、尹蔚：《有标假设复句的语用价值特征》，《汉语学习》2011 年第 2 期。

吕玲：《再论"宁可""与其"句式的语义特征》，《安徽文学》2011 年第 9 期。

沈家煊：《"有界"与"无界"》，《中国语文》1995 年第 5 期。

沈家煊：《我国的语用学研究》，《外语教学与研究》1996 年第 1 期。

沈家煊：《语言的主观性和主观化》，《外语教学与研究》2001 年第 7 期。

沈家煊:《复句三域"行""知""言"》,《中国语文》2003 年第 3 期。

邵敬敏:《建立以语义特征为标志的汉语复句教学新系统刍议》,《世界汉语教学》2007 年第 4 期。

宋晖:《现代汉语中的"与其 p 宁可 q"复句格式刍议》,《语言与翻译》2009 年第 1 期。

王兴:《选言推理的语言表达》,《逻辑与语言学习》1982 年第 12 期。

王维贤:《句法分析的三个平面和深层结构》,《语文研究》1991 年第 4 期。

王维贤:《逻辑与语法》,《杭州师范学院学报》1995 年第 1 期。

王天佑:《取舍句优选级次的认知分析》,《和田师范专科学校学报》2007 年第 1 期。

王天佑:《汉语取舍句的预设问题》,《伊犁师范学院学报》2007 年第 2 期。

王天佑:《汉语取舍句的口气问题》,《语文学刊》2007 年第 9 期。

王天佑:《"与其"句式历时演变的规律及诱因》,《延安大学学报》2010 年第 2 期。

王天佑:《"与其 p 不如 q"句式在语篇中的信息传递功能》,《陕西教育学院学报》2010 年第 4 期。

王红旗:《"是"字句的话语功能》,《语文研究》2010 年第 3 期。

邢福义:《略论复句与推理》,《华中师范大学学报》1977 年第 4 期。

邢福义:《选择问的句群形式》,《汉语学习》1993 年第 6 期。

邢福义:《现代汉语复句问题之研究》,《黄冈师专学报》1994 年第 2 期。

邢福义:《现代汉语语法研究的"小三角"和"三平面"》,《华中师范大学学报》1994 年第 2 期。

邢福义：《说"句管控"》，《方言》2001 年第 2 期。

徐春阳：《递进句式的语义、语用考察》，《浙江树人大学学报》2001 年第 9 期。

原明军：《非自主动词的分类补议》，《中国语文》1998 年第 4 期。

杨江：《"与其"句式的语义分析》，《湘潭师范学院学报》2006 年第 6 期。

尹蔚：《有标选择复句语用价值探察》，《汉语学报》2013 年第 3 期。

周有斌、邵敬敏：《"宁可"格式研究及其方法论意义》，《语言教学与研究》2003 年第 5 期。

周有斌：《可转换成"宁可 B，也不 A"的"与其 A，不如 B"的类型及其他》，《语言研究》2004 年第 4 期。

张宝胜：《"宁可"复句的语义特征》，《语言研究》2007 年第 1 期。

庄小保：《"与其 p 宁 q"句式的语义分析》，《语文天地》2013 年第 15 期。

三　学位论文

韩启振：《现代汉语让步条件句认知研究》，华中科技大学，2012 年。

吕为光：《现代汉语中由"说"构成的插入语研究》，南开大学，2012 年。

田源：《汉语"说"类动词研究》，华中师范大学，2007 年。

王彦杰：《"宁可"句式的语义选择原则及其语篇否定功能》，北京语言文化大学，2002 年。

王小彬：《复句的预设和复句研究》，福建师范大学，2004 年。

姚双云：《复句关系标记的搭配研究与相关解释》，华中师范大学，2006 年。

尹蔚:《多维视域下的有标选择复句研究》,华中师范大学,2008 年。

于静丽:《"X 说"的语法化与主观性研究》,华中师范大学,2009 年。

郑建娇:《选择复句的对外汉语教学研究》,福建师范大学,2013 年。

第三编

"因为 A，所以 B"与"既然 A，那么 B"句式比较研究

马婧伟

作者简介: 马婧伟 (1989.12—)，女，山西太原人，陕西理工大学 2012 级汉语言文字学专业研究生，师从丁力教授，研究方向为现代汉语语法。读研期间，发表学术论文 3 篇:《"既然 A，那么 B"句式认知层面剖析》《"与其 A，不如 B"句式认知层面剖析》《李清照〈武陵春〉词与西林春〈水调歌头〉之比较》。现就职于山西省农村信用社。

绪　　论

一　研究对象

从 20 世纪 80 年代起，学术界对于因果复句的研究已然硕果累累。能够表现因果关系的复句，在日常生活和文学作品里的例子不胜枚举。在语言学方面，因果复句的研究一直是现代汉语语法研究的一项重要内容。本编选取"因为 A，所以 B"句式和"既然 A，那么 B"句式，是因为先前的大多数研究成果着眼于这两个句式的关系词语、复句类型和分句移位等方面，而从"小三角"理论这个角度来比较研究这两个句式，则鲜有人触及。

邢福义的《汉语复句研究》对这两种句式的描述是："因为 A，所以 B"表示说明性因果关系，是因果句的代表句式①；"既然 A，那么 B"是推断句式，表示推断性因果关系②。从"小三角"理论的角度来观察，一个语法单位既然可以存在于语言系统中，用于语言交流，那么必然有该语法单位在语用价值上的根据，否则就会被淘汰。语法的研究应该回答所要研究的语法单位的实用价值和语用效应，只有这样才能对语法事实获得更加深刻的认识。

二　研究现状

"因为 A，所以 B"句式和"既然 A，那么 B"句式归属因果复句，因果复句的研究一直以来都受到了学者们的普遍关注，关于因果

---

① 邢福义：《汉语复句研究》，商务印书馆 2001 年版，第 57 页。
② 同上书，第 70 页。

复句的研究成果颇丰,学者通过不同的角度、不同的层面对因果复句进行了探讨和研究。在专著方面,1944 年,吕叔湘在《中国文法要略》第二十一章"释因·纪效"中粗略地列举了古代汉语和现代汉语中能够表达因果关系的几种句式;1985 年,王力在《中国现代语法》中将复合句分为等立句和主从句,并分析说明主从句可以表达因果关系。在现代汉语学界,邢福义对因果复句的研究成果斐然。2001年,他在《汉语复句研究》一书中指出:"排除现实性和假设性、说明性和推断性、已然性和期盼性等等差异,甲乙两事之间只要存在因与果相互顺承的关系,都是广义因果关系。"① 他将因果句、条件句、推断句、目的句和假设句等全部归入因果类复句,并分别对这些句式进行了深入细致的研究,得到了学术界的认可,并为我们进行复句研究提供了理论支持和实践指导;本编在语里意义的研究方面涉及认知层面的分析,2012 年,丁力在《汉语语法问题研究》第一章"复句问题"中具体分析了"'不但 A 而且 B'递进句的认知层面",讨论了"不但 A 而且 B"递进句在大脑思维两种不同认知层面所具有的不同理解与认识,为复句认知层面的研究提供了新的借鉴。

在论文方面,2008 年,郭继懋在《"因为所以"句和"既然那么"句的差异》中提出这两种句式在对因果关系的识解方式、原因的信息性质以及结果的语义内容等方面存在着差异;2011 年,张熙昌、张亚茹在《"因为"因果句探析》中探讨了"因为"因果句中因果正序与因果倒序的各种不同形式及其所表达的语法意义。其他对因果复句认知层面进行研究的论文有王天佑《"与其 A 不如 B"的语义及认知分析》,牛保义的《英语因果复句的认知语法研究》,操凤玲的《英语因果复句的分类及其认知研究》等。尽管因果句的重要性已为大家所知,但以"因为 A,所以 B"句式和"既然 A,那么 B"句式为研究对象,对这两种句式进行比较研究的专著和硕博论文却非常少见,更多的是对其中一种句式进行的独立研究。

对"因为 A,所以 B"句式和"既然 A,那么 B"句式已经开始

---

① 邢福义:《汉语复句研究》,商务印书馆 2001 年版,第 40 页。

尝试进行真正系统化的研究，在理论和方法上都趋向多样化。一些语言学研究者开始参考西方认知语言学的研究方法以及英语因果复句的研究成果，大力开展对汉语因果复句的探索和研究。2011 年，廖巧云、孟利君在《因果构式研究的整体性认知语用框架：HCPM》中，基于认知语用学和认知语言学相关理论，构建了分析因果构式运作机理的 HCPM。

三 研究意义

"因为 A，所以 B"句式和"既然 A，那么 B"句式是我们在生活中常常遇到的，也是经常使用的复句，通过"小三角"理论来研究因果复句，有助于我们对这两种复句的全面把握。

从理论上说，通过"小三角"理论来研究这两种复句，既有助于我们对汉语复句语表、语里、语值理解的加深，也丰富了因果复句的研究内容，同时补充说明了因果复句的特点和规律，促进了因果复句的研究工作。

从应用上说，通过"小三角"理论来研究这两种复句，为以后的汉语教学提供了更加科学严谨的依据和参考。同时，可以积极引导学生在学习过程中对因果复句的正确使用，从而使得因果复句的使用更加科学化和规范化。

四 研究方案

本编主要根据北京大学现代汉语语料库的语料，对"因为 A，所以 B"和"既然 A，那么 B"句式进行系统分析比较。在定量、定性统计分析的基础上，对现有语料进行细致的分类描写，把所选语料与认知层面的研究观念结合起来，是本编所坚持的。

使用文本细读法，通过整理、鉴别、搜集和研究已有的文献资料，形成对语言事实的科学认识。本编参阅了大量因果复句研究的文献资料，并对其进行细致的梳理、分析、归纳，其结果将为本编研究提供重要的理论支撑。

采用了归纳论证的方法，归纳论证是一种由特殊到一般的研究方法。它通过许多分论点或者特殊的事例，总结出它们共同的特点，以此得出一般性的结论和论证。本编通过对几种因果复句例句进行具体的分析描述来归纳出因果复句在认知层面的普遍规律。

借鉴引进法，把 G. 波利亚在《数学与似真推理》中提出的信赖程度方法引入语言研究，通过分析 A、B 分句在主观推测层面和客观反映层面成立的可能性大小，来准确把握这两种复句的认知层面，并在此基础上进行深入研究。本编在语里意义的研究方面涉及认知层面的分析。

本编思路统一。在各个章节中，都围绕这两种复句的异同展开研究，以保证研究内容和研究层次上的统一性。

五 拟解决的关键问题及创新之处

本编主要对"因为 A，所以 B"和"既然 A，那么 B"句式进行比较分析，所要解决的关键问题是：首先，找出这两种句式在语表形式上的异同。其次，找出这两种句式在语里意义方面的异同。最后，考察它们在语用价值上的差异。

本编在前人对于复句研究的基础上，从"小三角"理论出发，对"因为 A，所以 B"和"既然 A，那么 B"句式进行全面系统的研究。同时，在语里意义的研究方面，建立了现代汉语因果复句与认知层面研究的整体框架，较为细致地研究了这两种因果复句的认知层面，并把 G. 波利亚在《数学与似真推理》中提出的信赖程度方法运用到语言研究中，深入揭示这两种句式与认知层面的内在联系。

"因为 A，所以 B"和"既然 A，那么 B"句式是一个内涵丰富的研究议题，在汉语研究中虽然也取得了丰富的成果，但是它们很少涉及两种句式的比较分析。因此，对这两种句式的比较研究具有广阔的前景和重要的价值。同时，从认知层面对这两种句式进行的研究也是对现有语法研究的一个重要补充。

第一章　语表形式

　　"小三角"的第一个角是"语表形式"，简称"语表"，在与"里""值"相对而言时进一步简称为"表"①。语表形式，就是指显露在外的可见的形式。本章主要研究"因为 A，所以 B"和"既然 A，那么 B"句式的几种语言形式，讨论"因为 A，所以 B"和"既然 A，那么 B"这两个句式在语表形式上的差异。

第一节　"因为 A，所以 B"的五种语言形式

　　依据 A、B 分句的位次以及关联词的使用情况，以"因为 A，所以 B"为典型句式的说明性因果复句可分为五种不同类型："因为 A，所以 B""因为 A，B""A，所以 B""B，因为 A""之所以 B，是因为 A"。下面分别对这五种语言形式进行分析讨论。

一　因为 A，所以 B

　　"因为 A，所以 B"是说明性因果复句的典型形式，当关联词"因为"和"所以"同时存在时，它所强调的是前后所说的事是因果关系，说明性因果复句中的关联词"因为"和"所以"常常同时存在。例如：

　　（1）因为柜台展示的是珠宝，所以我们在台上必须配合以优

---

① 邢福义：《汉语语法学》，东北师范大学出版社 1996 年版，第 439 页。

美的手动作和身体动作让每件珠宝的美丽更加的引人注目。

（2）<u>因为</u>这里的温泉对风湿、关节炎具有神奇的疗效，<u>所以</u>该疗养院一直久负盛名。

例（1）由关联词"因为"所引导的原因分句首先阐述原因"柜台展示的是珠宝"，继而由"所以"分句阐述"我们在台上必须配合以优美的手动作和身体动作让每件珠宝的美丽更加的引人注目"这样的结果。

例（2）中"这里的温泉对风湿、关节炎具有神奇的疗效"是原因，"该疗养院一直久负盛名"是结果。

二 因为 A，B

说明性因果复句有时在复句中只出现关联词"因为"，而没有关联词"所以"，这是源于句子所要强调的重点不同。当只有前一分句出现关联词"因为"时，说明该句重在说明事情发生的背景以及原因。

（3）<u>因为</u>她害怕再过像从前那种朝不保夕的穷苦日子，这让她一直下不了决心。

（4）<u>因为</u>链球和铅球的起源不同，它们发展成了两个不同的体育项目。

例（3）所强调的是"她害怕再过像从前那种朝不保夕的穷苦日子"这一原因分句，重在说明让她一直下不了决心的原因，故句中只出现了关联词"因为"。

例（4）要突出的是"链球和铅球的起源不同"这个重要原因，才导致"它们发展成了两个不同的体育项目"，所以保留了关联词"因为"。

三 A，所以 B

说明性因果复句有时在复句中只出现关联词"所以"，而没有关

联词"因为",这也是因为句子所强调的重点不同。当只有主句出现关联词"所以"时,说明该句重在说明结果。例如:

(5) 他来之前就抱着无所谓的态度,<u>所以</u>在比赛的整个过程中很轻松,发挥得也非常不错。

(6) 蛇的耳朵有的只是内耳和听骨,<u>所以</u>蛇不能够听到空气传播的声音,它只能听到地面震动的声音,我们所说的"打草惊蛇"就是这个道理。

例(5)中原因分句"他来之前就抱着无所谓的态度"没有用关联词来引导,而结果分句则由关联词"所以"来引导,语意上突出表达"在比赛的整个过程中很轻松,发挥得也非常不错"这样的结果。

例(6)中仅出现了关联词"所以",意在强调结果分句"蛇不能够听到空气传播的声音,它只能听到地面震动的声音,我们所说的'打草惊蛇'就是这个道理"。

四 B,因为 A

说明性因果复句在一般情况下是先说明原因,后说明结果,但有时也可以先阐述结果,后说明原因。前者所表达的内容是由原因产生结果,后者所阐述的内容是由结果追寻原因。"B,因为 A"句式就是前一分句首先说明结果,后一分句继而阐述原因。例如:

(7) 其实受这件事影响最大的就是我们乐队,<u>因为</u>小五是我们乐队的一员。

(8) 这个充满了现代感的巨型舞台深深地吸引了现场歌迷们,<u>因为</u>这在首体之前的演出里是前所未见的。

例(7)首先阐述的是结果"其实受这件事影响最大的就是我们乐队",继而阐述原因"小五是我们乐队的一员"。

例（8）由结果"这个充满了现代感的巨型舞台深深地吸引了现场歌迷们"追溯原因"在首体之前的演出里是前所未见的"。

五 之所以 B，是因为 A

说明性因果复句句式还存在"之所以 B，是因为 A"的语言形式，这种句式是前一分句首先说明结果，后一分句继而阐述原因。例如：

（9）<u>之所以</u>我会那么吃惊，<u>是因为</u>没想到会在上海遇见他，更没想到他来上海是为了找我。

（10）<u>之所以</u>球形闪电能飞驰起来，<u>是因为</u>它的密度接近于空气的密度，能随着周围空气的运动而运动。

例（9）由关联词"之所以"引导结果分句"我会那么吃惊"在前，由关联词"是因为"引导的原因分句"没想到会在上海遇见他，更没想到他来上海是为了找我"在后，前一分句说明吃惊这一结果，后一分句阐述让我吃惊的原因。

例（10）由关联词"之所以"引导结果分句"球形闪电能飞驰起来"首先说明结果，接着由关联词"是因为"引导的原因分句"它的密度接近于空气的密度，能随着周围空气的运动而运动"阐述结果。

第二节 "既然 A,那么 B"的三种语言形式

依据关联词的使用情况，以"既然 A，那么 B"为典型句式的推论性因果复句可分为三种不同类型："既然 A，那么 B""既然 A，就 B""既然 A，B"。下面分别对这三种语言形式进行分析讨论。

一 既然 A，那么 B

前一分句"既然 A"首先提出某种理由或依据，然后正句"那么

B"在前一分句的基础上推出某种结论。例如：

（11）<u>既然</u>市场是贩卖假药和生产假药的动力之源，<u>那么</u>只有从市场这里入手，才能高效地制止假药在市场上的肆虐。

（12）<u>既然</u>城隍神是封建主义社会地方官吏的集合与化身，<u>那么</u>封建社会官吏的流弊也必然会在他身上有所体现。

例（11）中"市场是贩卖假药和生产假药的动力之源"，有了这个依据，推出了解决问题的方法，即从市场入手，以此来彻底解决假药的制造和贩卖问题。

例（12）中"既然"引导的原因分句陈述的是"城隍神是封建主义的产物"这一客观事实，"那么"引导的结果分句由此推出"封建社会官吏的流弊也必然会在他身上有所体现"。

二　既然 A，就 B

经常跟"既然"分句呼应的关联词，除了"那么"还有"就"。"既然 A，就 B"也是推断句式的代表性标志。

（13）<u>既然</u>谁也想每天都吃到最新鲜的蛋糕，<u>就</u>注定了蛋糕房里的活计一整年都没有停歇。

（14）<u>既然</u>西班牙军队已经从伊拉克撤回，<u>就</u>肯定不会因为需要和美国政府缓解关系而重新返回伊拉克。

例（13）中原因分句由关联词"既然"引导，表达的是大家都想吃到新鲜的蛋糕，结果分句由关联词"就"引导，推出面包房需要一整年不停歇地工作这一结论。

例（14）中原因分句表达了西班牙军队已从伊拉克撤回的现实情况，由此推出"肯定不会因为需要和美国政府缓解关系而重新返回伊拉克"这样的结果。

三 既然 A，B

有时例句中会出现主句关联词"那么"或"就"省略的情况，例如：

（15）既然中国围棋"半支最强队"都可以战胜主力倾巢而出的韩国队，那么我们还有什么理由甘居人后，还有什么理由妄自菲薄，不去争取更大更多的胜利。

（16）既然中间阶层的某些浮动的集团能够不断以新换旧，就可以推断中间阶层不可能很快在现代资本主义社会中被完全消灭。

例（15）可以省略关联词"那么"，变为"既然中国围棋'半支最强队'都可以战胜主力倾巢而出的韩国队，我们还有什么理由甘居人后，还有什么理由妄自菲薄，不去争取更大更多的胜利"。

例（16）可以省略关联词"就"，变为"既然中间阶层的某些浮动的集团能够不断以新换旧，可以推断中间阶层不可能很快在现代资本主义社会中被完全消灭。"

第三节 "因为 A,所以 B"和"既然 A,那么 B"语表形式的差异

研究"因为 A，所以 B"和"既然 A，那么 B"在语表形式上所存在的差异，我们可以通过分析 A、B 分句的位置以及关联词省略和替换来观察。

一 A、B 分句是否可以倒序

通过上文对"因为 A，所以 B"五种语言形式的分析阐述，可以看出在该复句句式中，A 分句和 B 分句可以随着关联词位置的移动而发生变换。"因为 A，所以 B""因为 A，B""A，所以 B"这三种语

言形式通过 A、B 分句的倒序可以变换成"B，因为 A"和"之所以 B，是因为 A"。例如：

（17）因为他早就想看看老北京的胡同，感受一下老北京人的日常生活，所以选择北京作为旅游第一站。

→他之所以选择北京作为旅游第一站，是因为他早就想看看老北京的胡同，感受一下老北京人的日常生活。

而在"既然 A，那么 B"句式中，只有 A 分句在前，B 分句在后的情况，A、B 分句一般不能互换位置，否则会出现语义不够顺畅的问题。

（18）既然咪咪是在遗传工程设计院里"诞生"的，那么它一定知道去设计院的路径。

→? 那么它一定知道去设计院的路径，既然咪咪是在遗传工程设计院里"诞生"的。

例（18）中 A 分句和 B 分句就不能互换位置，否则语义不够顺畅。

二 关联词的省略和替换

在"因为 A，所以 B"句式中，只要出现"因为"或"所以"中的一个关联词，该句式就是成立的。也就是说，在"因为"出现的情况下，"所以"可以省略；在"所以"出现的情况下，"因为"也可以省略。然而"既然 A，那么 B"句式则不同，该句式中"既然"分句的关联词不能出现省略的情况，只有"那么"句式的关联词可以出现省略的情况，即上文提到的"既然 A，B"句式。

（19）因为他原是国民党军队的一个营长，所以当地群众和他的部下背地还是称他张营长。

（20）既然矛盾双方的转化是有条件的，那么我们在分析和解决矛盾时，就必须注意它的条件性。

例（19）中，关联词"因为"和"所以"只要出现一个，该句式就是成立的。如保留关联词"因为"：因为他原是国民党军队的一个营长，当地群众和他的部下背地还是称他张营长。如保留关联词"所以"：他原是国民党军队的一个营长，所以当地群众和他的部下背地还是称他张营长。

例（20）中省略关联词"那么"也是成立的。既然矛盾双方的转化是有条件的，我们在分析和解决矛盾时，就必须注意它的条件性。

在关联词替换的问题上，"因为 A，所以 B"可以用"之所以 B，是因为 A"来替换。"既然 A，那么 B"主句中的关联词"那么"可以用"就"来替换，实现语言表达的多样性。

（21）因为无产阶级是世界上最大公无私的，他们所代表的阶级利益与广大劳动群众的利益是统一的，所以根本就用不着遮掩他们政党的真实面貌。

（22）价值认识既然是对客体满足主体需要的意义问题的回答，那么不能排除它的主观性。

例（21）可以用"之所以 B，是因为 A"来替换：之所以用不着掩示他们政党的真实面貌，是因为无产阶级是世界上最大公无私的，他们所代表的阶级利益与广大劳动群众的利益是相互统一的。

例（22）可以用"就"来替换：价值认识既然是对客体满足主体需要的意义问题的回答，就不能排除它的主观性。

第二章　语里意义

　　"小三角"的第二个角是"语里意义"，简称"语里"，在与"表""值"相对而言时可进一步简称"里"①。语里意义是指隐含在内的、不可见的关系或内容。本章主要研究"因为 A，所以 B"和"既然 A，那么 B"中 A、B 分句的逻辑关系、两组句式的认知层面剖析以及"因为 A，所以 B"和"既然 A，那么 B"这两个句式在语里意义上的差异。

第一节　"因为 A,所以 B"和"既然 A,那么 B"中 A、B 分句的逻辑关系

一　"因为 A，所以 B"中 A、B 分句的逻辑关系

　　语言学界认为，"因为 A，所以 B"表示说明性的因果关系，属于说明性因果复句。说明性因果复句是指对客观存在的因果关系加以解释说明。原因分句陈述某一情况作为前提背景，结果分句表示这种前提背景所导致的结果；原因分句首先说明原因，结果分句继而说明结果。根据原因和结果位置的不同，我们将"因为 A，所以 B"句式的逻辑关系分为由因到果，即按照时间顺序，因在前，果在后的自然语序；由果溯因，即果在前，因在后的非自然语序。

　　（一）由因到果

　　原因在前、结果在后的因果正序复句完全符合时间先后顺序的原

---

① 邢福义：《汉语语法学》，东北师范大学出版社 1996 年版，第 440 页。

则，结果总是会产生于原因之后，该句式侧重于时间顺序与语义的连接性。例如：

（23）<u>因为</u>村民们迷信风水，<u>所以</u>都不敢上山砍伐树木。

（24）<u>因为</u>情况非常复杂，<u>所以</u>不能基于对事故的原因做出最后的结论。

例（23）所要表达的是：在村民相信风水的这个大前提背景下，他们不敢上山砍树这样的结果，符合普遍的因果逻辑关系。例（24）所要陈述的是：情况非常复杂这样的原因，导致不能基于事故的原因做出最后的结论，原因在前、结果在后。

（二）由果溯因

由果溯因的逻辑关系违反了前因后果的自然语序，该特殊语序往往是为了某种特定目的而采用的。语序所产生的变化使得句子所表达的意义有所不同，因果倒序较因果正序而言，有着很强的解释性。先果后因的表达方式能够让听话者接受句中所说的结果，增强说话人的说服力。例如：

（25）<u>之所以</u>人们爱鸟，<u>是因为</u>鸟能给生活带来无限生机。

（26）<u>之所以</u>文景时期获得巨大的成就，<u>是因为</u>景帝和文帝都坚持了提出的与民休息的政策。

例（25）首先阐述的是爱鸟这一结果，紧接着说明为什么爱鸟，是因为鸟能给生活带来无限生机。这种先果后因的表达方式，是为了突出强调爱鸟的原因。例（26）将"景帝和文帝都坚持了提出的与民休息的政策"。这一原因分句置于结果分句之后，亦是为了突出强调"与民休息的政策"的重要性。

二 "既然 A，那么 B"中 A、B 分句的逻辑关系

通过对 500 个"既然 A，那么 B"句式的分析统计，从语义角度

看，根据 A、B 分句之间的逻辑关系，发现二者之间不仅存在因果关系，一部分句式的 A、B 分句间还存在间接对立关系。所以我们对"既然 A，那么 B"中 A、B 分句间的逻辑关系分两部分讨论：因果关系和间接对立关系。

（一）因果关系

语法学界一般认为，"既然 A，那么 B"归属推论因果复句。推论因果复句是以一定的事理或事实作为理由或者根据而推出一种结论或预测一种结果。例如：

（27）既然大熊猫能活到今天，那么居于同一动物群的巨猿也有可能残存下来。

（28）既然人类社会存在等级划分，那么鬼魂世界也必然会有与之相适应的制度。

例（27）由大熊猫能活到今天这一既成事实，推出巨猿同大熊猫一样属于同一动物群，因此有可能残存下来的结论。例（28）首先提出人类社会是由等级划分的，有了这个依据，再推出在鬼魂的世界亦应同理，会有相应的等级制度存在。

（二）间接对立关系

通过对例子的考察我们发现，当"既然 A，那么 B"句式中的 B 分句为疑问句时，A、B 两个分句之间的逻辑语义关系具有对立性。此时的"既然 A，那么 B"句式不再表达因果关系，而是反映 A 分句与 B 分句间的间接矛盾关系和间接对立关系。例如：

（29）既然说国家没有钱，那么城里的小轿车为啥越买越高级？

（30）既然复关早已深入人心，条件亦已完全成熟，那么为什么我们总是被拦在关外而难入其门？

例（29）中"既然"所引导的原因分句首先提出国家现在经济是比较萧条的这一状况，可以推出句中隐含意义¬B 分句"城市生活水平理应会下降，城里的小轿车不会越买越高级"，但是结果分句却出现小轿车越买越高级的现象，由此得出 A、¬B 分句是因果关系，但 B、¬B 分句却是明显的对立关系，继而推出 A、B 分句为间接对立关系。例（30）中原因分句阐述了"复关早已深入人心，条件亦已完全成熟"这一客观事实，由此应该推出句中隐含意义¬B 分句"我们应该推开大门，进入关内"，可是结果分句表达的却是"我们总是被拦在关外而难入其门"，由此可见，A、¬B 分句是因果关系，但 B、¬B 分句却是明显的对立关系，继而推出 A、B 分句为间接对立关系。

第二节　两组句式的认知层面剖析

本节着眼于从认知层面来讨论"既然 A，那么 B"和"因为 A，所以 B"句式，为了便于理解，有必要先介绍一下认知层面。认知层面是指人们对客观现象或客观事物的概括认识以及对这种概括认识的主观判定。它体现在两个不同的关系之中：一种是客观事理关系，另一种是主观判定关系。这两种关系又可以通过信赖程度加以描述。

一　"因为 A，所以 B"句式认知层面剖析
（一）句式分类

"因为 A，所以 B"是因果关系中的一种基本格式，该句式表示说明性因果关系，是因果复句的代表句式。在这个句式中"因为"表示原因，"所以"表示结果。"因为 A，所以 B"句式一般表示已然的因果关系，即就已实现的事来述说因果，不过，这不是绝对的，有时并非如此。例如：

（31）因为她披着纱巾，所以看不清她的脸。

（32）因为学生有这种不正确的观念，所以应该开一门思想教育课。

（33）因为下午要下雨，所以他把雨伞装包里了。

（34）<u>因为</u>要下雨了，<u>所以</u>河水会上涨的。

例（31）中，A 分句"她披着纱巾"是对客观事实的陈述，B 分句"看不清她的脸"是对已然现象的陈述。像例（31）这样，A、B 分句都表示已然事实的"因为 A，所以 B"复句句式是最常见的一种复句格式。但是例（32）（33）（34）却有所不同。比如例（32）中，A 分句"学生有这种不正确的观念"已成为事实，B 分句"应该开一门思想教育课"只是提出一种建议，尚未成为事实。例（33）中，A 分句"下午要下雨"有明显的时间表示词"下午"，说明该事件还没有发生，是未然的。B 分句"他把雨伞装包里了"陈述的是已然完成的动作行为。例（34）中，A 分句"要下雨了"和 B 分句"河水会上涨的"所陈述的内容都是对将要发生的事件的预测，都是未然的。

通过分析"因为 A，所以 B"中 A、B 分句是不是已然的事实，可以把以上四个例句分为四种类型：其一，原因已然，结果已然。其二，原因已然，结果未然。其三，原因未然，结果已然。其四，原因未然，结果未然。上文对"因为 A，所以 B"句式进行了分类，下面就该句式的四种类型进行认知层面的分析。

（二）主观推测层面

主观推测层面是大脑思维中的一个认知层面，该层面所反映的认识不是客观现实情况在大脑中的直接反映，而是人们根据自己的生活经验、背景知识等对客观现实情况所进行的一种主观猜测或判断①。在"因为 A，所以 B"因果复句中，主观推测层面所反映的认识是如果前一分句 A 成立，那么后一分句 B 成立或成立的可能性大，即 $0.5 < P\{B/A\} \leqslant 1$。

1. 原因已然，结果已然

（35）<u>因为</u>李涛用英文大声地演说，其中夹杂着说了好多次中国共产党，这被法国巡捕听去了，<u>所以</u>就有了后来那一场

---

① 丁力：《汉语语法问题研究》，三秦出版社 2012 年版，第 44 页。

风波。

（36）<u>因为</u>斯大林同志和毛泽东同志都重视具体研究，而拒绝只靠抽象的公式来讨论问题，<u>所以</u>他们就成为创造性的马克思主义者，而彻底地战败了教条主义和公式主义。

例（35）中的原因分句"李涛用英文大声地演说，其中夹杂着说了好多次中国共产党，这被法国巡捕听去了"和结果分句"就有了后来那一场风波"都是已然的事实。基于法国当时对共产党打压制裁的形势，因而若 A 分句"李涛用英文大声地演说，其中夹杂着说了好多次中国共产党，这被法国巡捕听去了"成立的可能性大的话，那么可能导致 B 分句"就有了后来那一场风波"这种情况的发生。根据人们对事情的理解，可以分析得出，若前一分句"李涛用英文大声地演说，其中夹杂着说了好几次中国共产党，这被法国巡捕听去了"成立，那么后一分句"就有了后来那一场风波"成立的可能性大，即 $0.5 < P$ ｛就有了后来那一场风波/李涛用英文大声地演说，其中夹杂着说了好多次中国共产党，这被法国巡捕听去了｝≤ 1。例（36）中的原因分句"斯大林同志和毛泽东同志都重视具体研究，而拒绝只靠抽象的公式来讨论问题"和结果分句"他们就成为创造性的马克思主义者，而彻底地战败了教条主义和公式主义"同样都是已然的事实。依据人们的背景常识，可以分析得出，若前一分句"斯大林同志和毛泽东同志都重视具体研究，而拒绝只靠抽象的公式来讨论问题"成立，那么后一分句"他们就成为创造性的马克思主义者，而彻底地战败了教条主义和公式主义"成立的可能性大，即 $0.5 < P$ ｛他们就成为创造性的马克思主义者，而彻底地战败了教条主义和公式主义/斯大林同志和毛泽东同志都重视具体研究，而拒绝只靠抽象的公式来讨论问题｝≤ 1。

2. 原因已然，结果未然

（37）<u>因为</u>纯金制品太软，非常容易变形，<u>所以</u>我们不打算采用纯度很高的金。

例（37）中，原因分句"纯金制品太软，非常容易变形"是一种客观事理，是已然事理。结果分句"我们不打算采用纯度很高的金"是对未来是否用高纯度金的预测，是否采用不得而知，是未然的。如果 A 分句"纯金制品太软，非常容易变形"这种情况成立，那么"我们不打算采用纯度很高的金"而采用纯度低硬度大的金的可能性就大。即 $0.5 < P\{$我们不打算采用纯度很高的金/纯金制品太软，非常容易变形$\} \leqslant 1$。

3. 原因未然，结果已然

（38）<u>因为</u>全球金融危机很可能会对我国经济造成巨大损失，<u>所以</u>国家提前制定了防范的措施。

例（38）由未然的原因"全球金融危机很可能会对我国经济造成巨大损失"引出已然的结果"国家提前制定了防范的措施"。结合人们的背景知识可以推出，"金融危机很可能会对我国经济造成巨大损失"这一情况如果成立，那么"国家提前制定了防范的措施"成立的可能性就大，即 $0.5 < P\{$国家提前制定了防范的措施/金融危机可能会对我国经济造成巨大损失$\} \leqslant 1$。

4. 原因未然，结果未然

（39）<u>因为</u>《新婚姻法》马上就要出台了，<u>所以</u>你还是不要离婚了。

例（39）由未然的原因"《新婚姻法》马上就要出台了"引出已然的结果"你还是不要离婚了"。根据人们对《新婚姻法》的认识，"《新婚姻法》马上就要出台了"这一情况如果成立，那么"你还是不要离婚了"成立的可能性就大，即 $0.5 < P\{$你还是不要离婚了/《新婚姻法》马上就要出台了$\} \leqslant 1$。

（三）客观反映层面

客观反映层面是大脑思维中不同于主观推测层面的另一认知层

面,该层面所反映的认识不是人们依据自己的生活经验、背景知识等对客观现实情况所进行的一种主观猜测或判断,而是客观现实情况在大脑中的直接反映①。"因为 A,所以 B"句式在客观反映层面,说话人认为,前一分句 A 成立,那么后一分句 B 成立,即 P {B/A} =1。

1. 原因已然,结果已然

在"因为 A,所以 B"句式中,原因分句 A 所反映的客观现实情况为真,结果分句 B 所反映的客观现实情况也为真,且 A、B 分句所陈述的内容都是已然的事实,客观反映层面所反映的认识是 P {B/A} =1,前一分句 A 成立,那么后一分句 B 成立。例如:

（40）<u>因为</u>这个王宫结构特别复杂、通道曲折迷离,<u>所以</u>被称为克里特迷宫。

（41）<u>因为</u>动物的生活习性各不相同,<u>所以</u>捕捉它们的方法也各不相同。

从客观反映层面这个角度来分析,例（40）中 A 分句"这个王宫结构特别复杂、通道曲折迷离"和 B 分句"被称为克里特迷宫"都是客观现实在人脑中的直接反映,是已然的事实,不存在主观的猜测和判断。它所反映的认识是 P {被称为克里特迷宫/这个王宫结构特别复杂、通道曲折迷离} =1。例（41）同理,若前一分句"动物的生活习性各不相同"成立,那么后一分句"捕捉它们的方法也各不相同"就成立,即 P {捕捉它们的方法也各不相同/动物的生活习性各不相同} =1。

2. 原因已然,结果未然

在"因为 A,所以 B"句式中,前一分句 A 所反映的客观现实情况是真实存在的,后一分句 B 所反映的客观现实情况是未然发生的,但说话人由前一分句 A 预测后一分句 B 为真,即 P {B/A} =1,若前一分句 A 成立,那么预测后一分句 B 成立。

---

① 丁力:《汉语语法问题研究》,三秦出版社 2012 年版,第 47 页。

（42）<u>因为</u>这个彩票的中奖率很高，<u>所以</u>大家都准备去试试。

例（42）中，原因分句"这个彩票的中奖率很高"是对客观现实的直接反映，结果分句"大家都准备去试试"是对客观现实的预测，还未实现。说话人认为在前一分句"这个彩票的中奖率很高"为真的情况下，后一分句"大家都准备去试试"也是真的，即 P｛大家都准备去试试/这个彩票的中奖率很高｝=1。

3. 原因未然，结果已然

在"因为 A，所以 B"句式中，前一分句 A 所反映的客观现实情况是还未发生的，后一分句 B 所反映的客观现实情况是真实的，但说话人在假设前一分句 A 为真的情况下得出后一分句 B 为真，即 P｛B/A｝=1，若前一分句 A 所表达的内容成立，那么预测后一分句 B 所表达的内容也是成立的。

（43）<u>因为</u>人群中可能会出现恐怖分子，<u>所以</u>部队一早就做好了准备。

例（43）中，原因分句"人群中可能会出现恐怖分子"是对客观现实的猜测，尚未实现，结果分句"部队一早就做好了准备"是对客观现实的直接反映。说话人认为，在假设前一分句"人群中可能会出现恐怖分子"为真的情况下，后一分句"部队一早就做好了准备"是真的，即 P｛部队一早就做好了准备/人群中可能会出现恐怖分子｝=1。

4. 原因未然，结果未然

在"因为 A，所以 B"句式中，原因分句 A 所反映的客观现实情况是未然发生的，结果分句 B 反映的客观现实情况也是未然发生的，但说话人在假设前一分句 A 为真的情况下推测后一分句 B 为真，即 P｛B/A｝=1。

（44）<u>因为</u>即将采用新创的文字和其他种种良好的教育工具，<u>所以</u>应该会收到显著的效果。

例（44）中原因分句"即将采用新创的文字和其他种种良好的教育工具"和结果分句"应该会收到显著的效果"都是对未然发生的事情的预测，反映的客观现实情况是还未发生的，所以原因分句和结果分句所反映的客观现实情况都不一定是真的，但是说话人假设前一分句"即将采用新创的文字和其他种种良好的教育工具"为真，进而推测后一分句"应该会收到显著的效果"亦为真。

二 "既然 A，那么 B"认知层面剖析

（一）"既然 A，那么 B"句式的分类

在语言学界，"既然 A，那么 B"一般被认为是推论因果复句。推论因果复句是以一定的事理或事实作为理由或根据，推出一种结论或预测一种结果。这类句子的特点是：前一分句 A 一般是已经证实或实现了的事情，后一分句 B 是根据前一分句 A 的结果来推断，是否能成为事实还有待于实践。从语义角度讲，根据 B 分句的句类，将 B 分句分为疑问句$_1$、疑问句$_2$、反问句和陈述句。

这里首先需要对疑问句$_1$和疑问句$_2$加以解释说明。疑问句$_1$是指前一分句与后一分句之间并没有明显的因果关系，甚至二者之间是有矛盾的，前一分句表述某一事实的存在是已知的事实，后一分句表述还存在另一矛盾的事实，就此提问。疑问句$_2$是指前一分句表述某个事实存在是已知信息，后一分句在这一事实基础上，提出一相关联的问题。下面我们通过举例，对"既然 A，那么 B"句式的四种分类进行分析。例如：

（45）既然人死了，没有灵魂了，那为什么有的同学说，他确实看见了死去的亲人，或听见了死去的亲人的声音呢？

（46）既然电流可以产生磁场，那利用磁场是不是可以产生出电流呢？

（47）既然特别军事法庭对日本战犯的审判已然落下帷幕，那难道他们还能看不清等待自己的是什么命运吗？

（48）既然山西以煤炭为中心，那么与煤炭资源相关的开发，

我们都要研究。

例（45）中，在"既然"分句陈述了一个客观事实"人死了，没有灵魂了"，但是后一分句用问句的形式进行提问"为什么有的同学说，他确实看见了死去的亲人，或听见了死去的亲人的声音呢"。这样在引起读者的短暂思考后，再对提问进行解答。前一分句和后一分句之间并没有明显的因果关系，只是表述一个客观已知的事实，该句为疑问句。例（46）中的推理过程可以这样理解：电流可以产生磁场，由此联想到可以用磁场来产生电流。但是与例（45）不同，分句所提出的问题能否成为现实，还不能确定。例（47）中的"既然"分句陈述了"特别军事法庭对日本战犯的审判已然落下帷幕"这样一个事实。后一分句用反问句的形式表达自己的观点：他们肯定已经看清楚了等待自己的将是什么样的命运。说话人用否定的形式表达了肯定的语气，该句式为反问句。例（48）由前一分句A"山西以煤炭为中心"推出主句B"与煤炭资源相关的开发，我们都要研究"，主句结论的得出是基于前一分句所提供的信息，是对客观事实的陈述，该句为陈述句。

由上面一组例句可以看出，在"既然A，那么B"句式中，A分句都是已然的客观事实，是陈述句，而B分句可以是疑问句、反问句或陈述句。所以以B分句为着眼点，根据B分句是疑问句、反问句还是陈述句，本章将"既然A，那么B"句式分为四类：B分句为疑问句$_1$、B分句为疑问句$_2$、B分句为反问句和B分句为陈述句，从这四大类对该句式进行认知层面的分析。

（二）主观推测层面

在"既然A，那么B"因果复句中，当B分句为疑问句$_1$时，该句式的主观推测层面所反映的认识是：原因分句A成立，那么结果分句B成立的可能性小，即$0 < P\{B/A\} \leq 0.5$。当B分句为疑问句$_2$时，该句式的主观推测层面所反映的认识是：若前一分句A成立，那么后一分句B成立的可能性大，即$0.5 < P\{B/A\} \leq 1$。当B分句为反问句时，该句式在主观推测层面所反映的认识是：原因分句A成

立,那么结果分句 B 成立的可能性大,即 $0.5 < P\{B/A\} \leqslant 1$。当 B 分句为陈述句时,该句式在主观推测层面所反映的认识是:若前一分句 A 成立,那么后一分句 B 成立的可能性大,即 $0.5 < P\{B/A\} \leqslant 1$。

1. 当 B 分句为疑问句₁时

前一分句与后一分句之间并没有明显的因果关系,甚至二者之间是有矛盾的,前一分句表述某一事实的存在是已知的事实,后一分句表述还存在另一矛盾的事实,就此提问,疑问句₁一般用疑问代词"为什么"来表明疑点,一般为特指问句,常带语气词"呢、啊"等。例如:

(49)<u>既然</u>云雾能给旅游景点增添美丽的景色,<u>那</u>为什么仍要进行驱云散雾的研究呢?

(50)<u>既然</u>物体是由一个个分子组成的,而且每个分子都在不停地运动着,<u>那么</u>,为什么固体不会分散成一个一个的分子,而且能保持一定的体积和形状呢?

(51)<u>既然</u>一国两制,香港已经回归祖国,<u>那</u>为什么看香港电视还受限制?

例(49)中,按常识判断,根据 A 分句,既然云雾能给游览胜地增添优美的景色,推出隐含意义¬B 分句"会想办法保留云雾",但是现在却在做驱散云雾的研究,由此得出 A、¬B 分句是因果关系,但 B、¬B 分句却是明显的对立关系,继而推出 A、B 分句为间接对立关系,二者存在不一致关系。人们根据自己的生活经验和对事情的理解,可以分析得出,若 A 分句"云雾能给旅游景点增添美丽的景色"成立,那么隐含的¬B 分句"会想办法保留云雾"成立的可能性大,即 $0.5 < P\{¬B/A\} \leqslant 1$。由此推出 $0 < P\{B/A\} \leqslant 0.5$,即 $0 < P\{为什么仍要进行驱云散雾的研究/云雾能给游游景点增添美丽的景色\} \leqslant 0.5$。再分析例(50),物体是由分子组成的且分子是不停地运动着的,这是客观事实,但是固体不会分散成一个一个的分子,而是能保持一定的体积和形状。这与前分句所述情况相互矛盾,是不相符

合的。前一分句强调的是一个已然的事实，与此同时，后一分句强调的也是事实，二者之间存在着不一致关系。若前一分句"物体是由一个个分子组成的，而且每个分子都在不停地运动着"成立，那么后一分句"固体不会分散成一个一个的分子，而且能保持一定的体积和形状"成立的可能性就会小，即 $0 < P$｛为什么固体不会分散成一个一个的分子，而且能保持一定的体积和形状/物体是由一个个分子组成的，而且每个分子都在不停地运动着｝$\leqslant 0.5$。例（51）同理，香港已经回归祖国并且实施一国两制，这是一个事实。但是，看香港电视还受限制，这两者之间是相互矛盾的。从主观推测层面分析得出，若前一分句"一国两制，香港已经回归祖国"成立，那么后一分句看香港电视受限制的客观事实成立的可能性就会小，即 $0 < P$｛为什么看香港电视还受限制/一国两制，香港已经回归祖国｝$\leqslant 0.5$。

2. 当 B 分句为疑问句$_2$时

前一分句表述某个事实存在是已知信息，后一分句在这一事实基础上提出一相关联的问题。疑问句$_2$由谓语中的肯定形式和否定形式并列的格式构成，一般为正反问句，常带语气词"呢、啊"等。例如：

（52）既然做功和热传递对物体热能的改变是相同的，那么功和热量之间是否有一定的数量转换关系呢？

（53）既然引力与惯性力都是没有施力者的力，那是不是可以把惯性力看成是引力？

分析例（52），做功和热传递对改变物体的热能是等效的，这是一个已经观察到的客观事实，据此，推测功和热量之间可能存在着数量关系，以疑问的形式提出这一推测。在主观推测层面，说话人认为，前一分句"做功和热传递对物体热能的改变是相同的"成立，那么后一分句推出功和热量之间可能有一定的数量关系，这一推测成立的可能性大。即 $0.5 < P$｛功和热量之间是否有一定的数量转换关系呢/做功和热传递对物体热能的改变是相同的｝$\leqslant 1$。例（53）也是一

个科学的思维过程,描述了从"既然"复句的客观事实到后一分句的内容之间的联想:首先陈述引力和惯性力都是没有施力者的力这一客观事实,由此联想到把惯性力看成引力。说话人认为,前一分句"引力与惯性力都是没有施力者的力"成立,那么后一分句推出也可以把惯性力看成是引力,这一推测成立的可能性大。即 $0.5 < P\{$是不是可以把惯性力看成是引力/引力与惯性力都是没有施力者的力$\} \leq 1$。

3. 当 B 分句为反问句时

反问句也叫反诘疑问句,它是"无疑而问",也就是说,说话人并不是真的发问,只是用疑问句的形式委婉地表达自己对某件事情的看法,在语气上有反驳的意味。

（54）既然外国名牌企业一直依靠它们的经济实力,购买合并中国企业,占有中国市场,那我们国家的名牌企业为什么不凭借无限的国内市场条件来发展和壮大自己?

（55）既然二毛厂已经形成二十几个分厂的企业群体,为什么不更名搞集团公司?

例（54）中的"既然"分句承认了这样一个事实:外国名牌企业一直依靠它们的经济实力,购买合并中国企业,占有中国市场。后一分句则用反问句的形式来表达自己的观点:我们国家的名牌企业应该凭借无限的国内市场条件来发展和壮大自己。说话人用反问句的形式表达我们应该凭借广阔的国内市场条件来发展和壮大自己这一观点,用否定的形式表达了肯定的意思。可以分析得出,若前一分句"外国名牌企业一直依靠它们的经济实力,购买合并中国企业,占有中国市场"成立,那么后一分句"我们国家的名牌企业为什么不凭借无限的国内市场条件来发展和壮大自己"成立的可能性大,即 $0.5 < P\{$我们国家的名牌企业为什么不凭借无限的国内市场条件来发展和壮大自己/外国名牌企业一直依靠它们的经济实力,购买合并中国企业,占有中国市场$\} \leq 1$。例（55）中,二毛厂已经形成二十几个分厂的企业群体,这是一个已定的事实,但是却没有搞集团公司。说话人用反问

句的形式表示出应该发展集团公司的观点。在主观推测层面所反映的认识是，前一分句"二毛厂已经形成二十几个分厂的企业群体"成立，那么后一分句"为什么不更名搞集团公司"，即 $0.5 < P$ ｛为什么不更名搞集团公司/二毛厂已经形成二十几个分厂的企业群体｝$\leqslant 1$。

4. 当 B 分句为陈述句时

陈述句是指陈述一个事实，或者阐述说话人自己的看法。它包括肯定句和否定句两种句式。例如：

（56）既然他问了，那我就告诉他了。

（57）既然睡也睡不着，那就找点儿其他事情做。

以上两个例子，后一分句都是对前一分句的承接，整句是对某种客观现象或客观事物进行阐述或是以一定的事实或事理作为理由或根据，以此预测一种结果或推出一种结论。例（56）中，人们根据对事情的理解和自己的生活经验，可以分析得出，若前一分句"他问了"成立，那么后一分句"我就告诉他了"成立的可能性大，即 $0.5 < P$ ｛我就告诉他了/他问了｝$\leqslant 1$。再分析例（57），若前一分句"睡也睡不着"成立，那么后一分句"就找点儿其他事情做"成立的可能性就会大，即 $0.5 < P$ ｛就找点儿其他事情做/睡也睡不着｝$\leqslant 1$。

（三）客观反映层面

"既然 A，那么 B"句式在客观反映层面的认识，依然通过对 B 分句的四种分类——疑问句$_1$、疑问句$_2$、反问句和陈述句，对"既然 A，那么 B"句式进行分析。

1. 当 B 分句为疑问句$_1$时

当 B 分句为疑问句$_1$时，该句式的客观反映层面所反映的认识是：前一分句 A 成立，后一分句 B 也成立，但前一分句与后一分句之间并没有明显的因果关系，甚至二者之间是矛盾的，即 P ｛A｝$= 1$，P ｛B｝$= 1$。例如：

（58）既然历历在目，看得见，接触得到，那为什么又说是

"空"呢?

（59）<u>既然</u>可以放得下,<u>那</u>为什么会有萦绕于怀的烦恼而不去修行呢?

例（58）中,前一分句"历历在目,看得见,接触得到",与后一分句所表达的意思——说是"空"的,是相互矛盾的。就客观反映层面分析,前一分句所表述的"历历在目,看得见,接触得到"是已知的事实,后一分句表述的"为什么又说是'空'呢"是还存在另一矛盾的事实。如此看来,前一分句和后一分句都是对客观事实的陈述,由此分析得出,前一分句"历历在目,看得见,接触得到"是成立的,后一分句"为什么又说是'空'呢"也是成立的,但是前后分句不存在因果联系,即 P {历历在目,看得见,接触得到} $=1$,P {为什么又说是"空"呢} $=1$。例（59）中,前一分句"可以放得下",与后一分句所表达的意思——有萦绕于怀的烦恼而不去修行,是相互矛盾的。就客观反映层面分析,前一分句所表述的"可以放得下"是已知的事实,后一分句表述的"为什么会有萦绕于怀的烦恼而不去修行呢"是还存在另一矛盾的事实。如此看来,前一分句和后一分句都是对客观事实的陈述,由此分析得出,前一分句"可以放得下"是成立的,后一分句"为什么会有萦绕于怀的烦恼而不去修行呢"也是成立的,但是前后分句不存在因果联系,即 P {可以放得下} $=1$,P {为什么会有萦绕于怀的烦恼而不去修行呢} $=1$。

2. 当 B 分句为疑问句$_2$时

当 B 分句为疑问句$_2$时,该句式的客观反映层面所反映的认识是:原因分句 A 成立,结果分句 B 成立的可能性是不确定的,即 P {B/A} $=0.5$。

（60）引力在广义相对论中是虚构的力,<u>既然</u>引力与惯性力都是没有施力者的力,<u>那</u>是不是可以把惯性力看成是引力?

（61）<u>既然</u>国家不再保证他们的创作无条件地被采用,<u>那么</u>是否应当允许他们的艺术成果寻找另一途径体现价值。

例（60）中，"既然"分句表达了"引力与惯性力都是没有施力者的力"，主句便提出是否可以把惯性力看成是引力这样的设想。当然，这样的设想能否成为现实，还有待考证，所以在前一分句"引力与惯性力都是没有施力者的力"成立的情况下，后一分句"是不是可以把惯性力看成是引力"成立的可能性大小是不确定的，即 P ｛是不是可以把惯性力看成是引力/引力和惯性力都是没有施力者的力｝= 0.5。例（61）中，前一分句阐述了"国家不再保证他们的创作无条件地被采用"这一事实，主句便提出"是否应当允许他们的艺术成果寻找另一途径体现价值"这样的假想。当然，这样的假想能否成为现实，我们无从得知，所以在前一分句"国家不再保证他们的创作无条件地被采用"成立的情况下，后一分句"是否应当允许他们的艺术成果寻找另一途径体现价值"成立的可能性大小是不确定的，即 P ｛是否应当允许他们的艺术成果寻找另一途径体现价值/国家不再保证他们的创作无条件地被采用｝= 0.5。

3. 当 B 分句为反问句时

当 B 分句为反问句时，该句式的客观反映层面所反映的认识是：前一分句 A 成立，那么后一分句 B 成立，即 P ｛B/A｝= 1。

（62）<u>既然</u>庙里的磬儿可以由于远处的钟声引起共振而发声，又可以用锉刀把磬儿锉个豁口，破坏这种共振，我们为什么不利用一下这里的电磁波发射频率呢？

（63）<u>既然</u>不能指望我们的读者都有较高的文化水准，<u>那么</u>为什么不能因势利导，让健康的或至少是无害的通俗读物去占领图书市场？

例（62）的意思是："庙里的磬儿可以由于远处的钟声引起共振而发声，又可以用锉刀把磬儿锉个豁口，破坏这种共振"这个现象是已然的事实，是成立的，那我们就完全可以利用一下这里的电磁波发射频率。说话人由前一分句是真实的，推断后一分句亦为真实的，前一分句"庙里的磬儿可以由于远处的钟声引起共振而发声，又可以用锉刀把磬儿锉个豁口,破坏这种共振"成立,那么推断后一分句"为什么不利用一下这里的电磁波发射频率呢"成立,即P{为什么不利用一下这里的电磁波发射频率呢/庙里的磬儿可以由于远处的钟声引起共振而发声,又可以用锉刀把磬儿锉个豁口,破坏这种共振}=1。例(63)中"不能指望我们的读者都有较高的文化水准",这是客观事实,用"为什么不能因势利导,让健康的或至少是无害的通俗读物去占领图书市场"这一反问的形式表达出应该让健康的或至少是无害的通俗读物去占领图书市场,以此表达说话人的想法和意见。前一分句"不能指望我们的读者都有较高的文化水准"成立,那么推断后一分句"为什么不能因势利导,让健康的或至少是无害的通俗读物去占领图书市场"成立,即P{为什么不能因势利导,让健康的或至少是无害的通俗读物去占领图书市场/不能指望我们的读者都有较高的文化水准}=1。

4. 当B分句为陈述句时

当B分句为陈述句时,"既然A,那么B"句式在客观反映层面的认识是,说话人认为,前一分句A成立,那么后一分句B成立,即P{B/A}=1。其中,根据B分句所反映的事实是已然事实还是未然推断,分两种情况对句子进行分析讨论。

1)当B分句为陈述句且为已然事实时

在"既然A,那么B"句式中,前一分句A所反映的客观现实情况为真,后一分句B所反映的客观现实情况也为真,且后一分句B所表达的内容已经是客观存在的,该句式在客观反映层面所反映的认识是P{B/A}=1,前一分句A成立,那么后一分句B成立。因为前一分句和后一分句都是已然的客观现象,可得出P{A}=1,P{B}=1。例如:

(64)既然一半以上的粮食都卖给了苏联,那苏联控制着古巴的经济命脉也不足为奇。

(65)既然网开一面他们都不走,那就只好不客气,把他们全部围住。

从客观反映层面分析，例（64）中前一分句"一半以上的粮食都卖给了苏联"是对客观现实的陈述，后一分句"苏联控制着古巴的经济命脉也不足为奇"是对客观现实的说明，前一分句和后一分句所表述的内容都是已然的事实，客观反映层面所反映的认识是 P｛苏联控制着古巴的经济命脉也不足为奇/一半以上的粮食都卖给了苏联｝=1，前一分句"一半以上的粮食都卖给了苏联"成立，那么后一分句"苏联控制着古巴的经济命脉也不足为奇"成立。因为前一分句和后一分句都是已然的客观现象，可得出 P｛一半以上的粮食都卖给了苏联｝=1，P｛苏联控制着古巴的经济命脉也不足为奇｝=1。例（65）中前一分句"网开一面他们都不走"和后一分句"只好不客气，把他们全部围住"都是客观现实情况在说话人大脑中的直接反映，而不存在主观的猜测或判断。实际情形就是："网开一面他们都不走"是真实的，"只好不客气，把他们全部围住"也是真实的，即 P｛网开一面他们都不走｝=1，P｛只好不客气，把他们全部围住｝=1。

2）当 B 分句为陈述句且为未然推断时

在"既然 A，那么 B"句式中，前一分句 A 所反映的客观现实情况为真，后一分句 B 所反映的客观现实情况是未然发生的，但说话人由前一分句 A 推断后一分句 B 为真，即 P｛B/A｝=1，前一分句 A 成立，那么推断后一分句 B 成立。但是，若分别对 A、B 分句进行分析，根据 A、B 分句中谓语动词所产生的结果是否已经实现，得出 P｛A｝=1，P｛B｝=0.5。例如：

（66）既然他们都不去了，那你也别去了。

（67）既然他那么爱好音乐，那就从音乐方面去打动他。

例（66）中前一分句"他们都不去了"是一种既定的事实，而后一分句"你也别去了"是说话人提出的意见或建议，听话人最终去还是没去，我们无从知晓，故后一分句所反映的客观现实情况不一定是真的，但是由前一分句可推出说话人所表达的意思是对客观现实的推断,即 P{你也别去了/他们都不去了}=1。"既然"分句肯定是既定的事实,但就单独讨论 B 分句"你也别去了",该分句是否已经实现以及实现的可能性大小是不确定的,即 P{他们都不去了}=1,P{你也别去了}=0.5。例(67)中前一分句首先对客观现实进行阐述"他那么爱好音乐",继而后一分句提出意见,建议"从音乐方面去打动他",B 分句所反映的客观现实情况是未然的,所以 B 分句反映的客观现实情况不一定是真实的,但是由前一分句"他那么爱好音乐"可推出说话人所要表达的是对客观现实的推断,即 P{从音乐方面去打动他/他那么爱好音乐}=1。"既然"分句肯定是既定的事实,但就单独讨论 B 分句"就从音乐方面去打动他",该分句是否已经实现以及实现的可能性大小是不确定的,即 P{他那么爱好音乐}=1,P{就从音乐方面去打动他}=0.5。

第三节 "因为 A,所以 B"和"既然 A, 那么 B"语里意义的差异

通过前两部分对"因为 A,所以 B"句式和"既然 A,那么 B"句式语里意义方面的分析,我们可以发现这两组句式之间存在以下几方面的差异。

首先,根据本章第一部分的分析,可以看出"因为 A,所以 B"表示说明性因果关系,该句式 A、B 分句间的逻辑关系分为由因到果和由果溯因。而"既然 A,那么 B"句式中 A、B 分句间的逻辑关系,有的是因果关系,有的是对立关系。

其次,在第二部分对"因为 A,所以 B"句式和"既然 A,那么 B"句式认知层面的剖析中,这两组句式在主观推测层面和客观反映层面所具有的认知是不同的。"因为 A,所以 B"句式在主观推测层面的认知是:$0.5 < P\{B/A\} \leq 1$,而"既然 A,那么 B"句式在主观推测层面的认知分为四种情况:当 B 分句为疑问句$_1$时,$0 < P\{B/A\} \leq 0.5$;当 B 分句为疑问句$_2$时,$0.5 < P\{B/A\} \leq 1$;当 B 分句为反问句时,$0.5 < P\{B/A\} \leq 1$;当 B 分句为陈述句时,$0.5 < P\{B/$

A｝≤1。"因为 A，所以 B"句式在客观反映层面的认识是：P｛B/A｝=1，"既然 A，那么 B"句式在客观反映层面的认识依然分为四种情况：当 B 分句为疑问句$_1$时，P｛A｝=1，P｛B｝=1；当 B 分句为疑问句$_2$时，P｛B/A｝=0.5；当 B 分句为反问句时，P｛B/A｝=1；当 B 分句为陈述句时，P｛B/A｝=1。

最后，在对"因为 A，所以 B"和"既然 A，那么 B"举例分析的过程中，我们发现，"因为 A，所以 B"句式的关联词"因为"前常常可出现"就是""正是""不是"等，用来表示对原因分句的不同限定意义，而"既然 A，那么 B"句式则不能被限定。例如：

（68）就是<u>因为</u>我们党经过艰苦斗争的反复锤炼和理论的创造，形成并不断地丰富和发展了毛泽东思想，<u>所以</u>能够得到人民的拥护和成为领导中国革命和建设事业的核心力量。

（69）正是<u>因为</u>有流通中的价值消耗，<u>所以</u>才有商品价格的提高。

（70）不是<u>因为</u>我是学习委员，<u>所以</u>才特别地讨好。

（71）＊就是<u>既然</u>你是劳动模范，<u>那么</u>你就应该起到模范带头作用。

（72）＊正是<u>既然</u>这次考试的成绩不好，<u>就</u>应该努力冲刺，争取下一次考出好成绩。

（73）＊不是<u>既然</u>他们已经取消了整个项目，<u>那么</u>一切额外努力便毫无价值了。

第三章　语用价值

"小三角"的第三个角是"语用价值"，简称为"语值"，在与"表""里"相对而言时进一步简称为"值"。[①]"小三角"的语用价值，重视的是在比较中考究所研究对象的语用效应，并且回答它到底有何语言运用价值的问题。

研究"因为 A，所以 B"和"既然 A，那么 B"句式，在对其语表形式、语里意义验证的基础上，有必要对其进行语用价值的考察。

第一节　"因为 A，所以 B"句式的语用价值

与"既然 A，那么 B"句式相比，"因为 A，所以 B"句式的因果逻辑性相对较强，它强调的是一种语义上的承接，其语用价值主要体现在如下几个方面。

第一，强调时间的先后顺序。例如：

（74）因为漂亮的妻子结婚前有过情人，所以婚后丈夫对她处处不放心。

例（74）"因为"分句"妻子结婚前有过情人"是旧信息，而"所以"分句"婚后丈夫对她处处不放心"表达的是新信息，强调在"妻子结婚前有过情人"的前提下，丈夫对她产生不放心的心态。

---

① 邢福义：《汉语语法学》，东北师范大学出版社 1996 年版，第 442 页。

226

"既然 A，那么 B"句式归属推论因果复句，是以 A 分句作为根据或理由，预测一种结果或推出一种结论，所以在表达上也强调时间先后。例如：

（75）<u>既然</u>现在人们接受了女副主祭，<u>那么</u>不久也便能实现妇女授圣。

第二，用关联词的重复来加强语势。

"因为 A，所以 B"句式的原因分句常借助关联词语的重复使用，以此达到加强语势的目的，从而突出原因。例如：

（76）<u>因为</u>群众路线是我国刑法的巨大力量的源泉，<u>因为</u>群众路线是为了谁、依靠谁的关乎革命的根本问题，<u>所以</u>在政法工作中要不要群众路线是社会主义和资本主义两条道路的斗争问题。

从表达效果看，连续使用两个原因分句，其优势是：首先，突出了中心语"群众路线"的重要性；第二，形成排比性的句式，以此增强语势；第三，就是要加强"原因"的表达，把不同的原因都一一强调出来。而"既然 A，那么 B"句式则很少用关联词的重复来加强语势。

第三，语序颠倒，重在补充说明。

"B，因为 A"和"之所以 B，是因为 A"这种先果后因的语序，是为了突出强调结果分句表达主体的地位，一改通常偏句在前，正句在后的语序，先说正句，而后把原因作为补充部分说出，因果倒序在表达效果上具有较强的解释性。例如：

（77）<u>之所以</u>杰弗逊、华盛顿举行反英革命游行，<u>是因为</u>英国人剥削压制美国人，而不是什么所谓的美国人口过剩。

全句的表意重心不在前一分句，而在后一分句，后一分句"英国人剥削压制美国人，而不是什么所谓的美国人口过剩"是对前一分句的补充。这类句子改变了常规"因为 A，所以 B"复句那种先偏后正、前因后果的组合顺序，形成正句和偏句的倒装，以此强调导致事件结果的原因。"既然 A，那么 B"句式在表达上则没有这种效果。

第二节 "既然 A，那么 B"句式的语用价值

从语用价值的视角分析，"既然 B，那么 B"与"因为 A，所以 B"相比，前者因为语境的不同而产生不同的表达效果，主要体现在以下几个方面：

第一，表示不满语气。"既然 A，那么 B"中的 B 分句一般用疑问句和反问句来表达不满的语气，例如：

> （78）既然我们能够辨别什么是合法的，什么是违法的，那右派为什么说我们是"无标准"、"无法衡量"的呢？
>
> （79）庄景生委婉地批评了这位负责人，说："既然有最后一次，必然有前面若干次，为什么不弄清楚，总结总结，让全体党员和干部从中吸取教训？"

使用"既然"可以表达说话人的思想感情或是生气或是无奈。如例（78）中，B 分句为疑问句，在"既然"前陈述了"我们能够辨别什么是合法的，什么是违法的"，但右派却说我们"无标准""无法衡量"。用"既然"强调了分句 A 所述事实的客观存在，是不以说话人的主观意志为转移的，而 B 分句表述在 A 分句客观现实的条件下，又存在着与其相矛盾的客观事实，以此表达说话人不满的情绪。"因为 A，所以 B"中 A、B 分句的逻辑关系不存在对立，所以例（78）中的关系词不能用"因为""所以"替换。

再如，例（79）表达的意思是"既然有最后一次，必然有前面若干次，就应该弄清楚，总结总结，让全体党员和干部从中吸取教

训"，但是，负责人却没有做好自己的工作。这里用"既然"可以加强质问的语气，如果使用"因为"就不能达到这种效果。

第二，表示积极语气。"既然A，那么B"可以表达乐观、积极的思想，如果把该句式的关系词改为"因为"是直接陈述，显得语气平淡，说话人积极的情绪不能得到充分的表达。例如：

（80）既然我们钻得进来，就一定有其他旅客把我们发现救出去。

例（80）"既然"分句中说话人陈述"我们钻得进来"这一客观事实，后一分句出现了"一定"这个标志性词语，直接表现出说话人充满信心、积极乐观的心态。

第三，表示消极语气。"既然A，那么B"不仅可以表达积极思想，还可以表达沮丧、悲观、低沉的消极情绪。"因为"偏重于客观陈述，"既然"偏重于主观的推断，所以用"因为"不能充分表达说话人消极无奈的情绪。例如：

（81）既然你否认，那我们就不必再说下去了。

例（81）中前一分句"你否认"已经是客观事实，后一分句说话人提到"不必再说下去了"，显然能够看出说话人消极无奈的心理，已经放弃不会继续说下去了。

结　语

通过对"因为 A，所以 B"和"既然 A，那么 B"句式的比较分析，我们可以得出以下结论：

在语表形式方面，"因为 A，所以 B"句式有五种语言形式，A 分句和 B 分句可以随着关联词位置的移动而发生变换。并且在该分句中，只要出现"因为"或"所以"中的一个关联词，该句式就是成立的。"既然 A，那么 B"句式有三种语言形式，A、B 分句不能互换位置，该句式主句中的关联词"那么"可以用"就"来替换。

在语里意义方面，"因为 A，所以 B"句式中的 A、B 分句的因果逻辑关系可以分为由因到果和由果溯因；"既然 A，那么 B"句式 A、B 分句的逻辑关系有因果关系也有间接对立关系。在认知层面上，两组句式在主观推测层面和客观反映层面所具有的认知是不同的；"因为 A，所以 B"句式的关联词"因为"前常常可出现"就是""不是""正是"等，用来表示对原因分句的不同限定意义。而"既然 A，那么 B"句式不能被限定。

在语用价值方面，"因为 A，所以 B"句式不仅在表达上强调时间先后顺序，而且可以用关系词的重复来加强语势，还可以通过语序的颠倒，起到补充说明的作用。而"既然 A，那么 B"句式可以表达不满语气、积极语气以及消极语气。这两组句式在语用价值上也存在着差异。

参考文献

一　专著

丁力：《语法》，三秦出版社 2005 年版。

丁力：《汉语语法问题研究》，三秦出版社 2012 年版。

范晓：《汉语的句子类型》，书海出版社 1998 年版。

［美］G. 波利亚：《数学与似真推理》，福建人民出版社 1985 年版。

黄成稳：《复句》，人民教育出版社 1990 年版。

贾彦德：《汉语语义学》，北京大学出版社 1999 年版。

黎锦熙、刘世儒：《汉语语法教材》，商务印书馆 1962 年版。

吕叔湘：《中国文法要略》，商务印书馆 1982 年版。

刘振铎：《现代汉语复句》，天津人民出版社 1986 年版。

吕冀平：《汉语语法基础》，商务印书馆 2000 年版。

邵敬敏：《现代汉语通论》，上海教育出版社 2007 年版。

石安石：《语义论》，商务印书馆 1993 年版。

王维贤：《现代汉语复句新解》，华东师范大学出版社 1994 年版。

王寅：《认知语言学》，上海外语教育出版社 2007 年版。

邢福义：《汉语复句研究》，商务印书馆 2001 年版。

邢福义：《汉语语法三百问》，商务印书馆 2009 年版。

邢福义：《现代汉语语法修辞专题》，高等教育出版社 2002 年版。

熊学亮：《语言使用中的推理》，上海外语教育出版社 2007 年版。

张斌：《新编现代汉语》，复旦大学出版社 2008 年版。

邹崇礼：《逻辑、语言和信息——逻辑语法研究》，人民出版社

2002 年版。

二 期刊

储泽祥、陶伏平:《汉语因果复句的关联标记模式与联系项居中原则》,《中国语文》2008 年第 5 期。

董福升:《留学生汉语因果类复句偏误分析》,《文学教育》2011 年第 2 期。

郭继懋:《"因为所以"句和"既然那么"句的差异》,《汉语学习》2008 年第 3 期。

华萍:《关于"既然 p，就 q"句式》,《语文教学与研究》1985 年第 1 期。

黄文龙:《"既然 p，就 q"句质疑》,《贵州师范大学学报》1998 年第 4 期。

姜涛:《"既然"的语法化过程》,《语文学刊》2010 年第 13 期。

李晋霞:《论"由于"与"因为"的差异》,《世界汉语教学》2011 年第 4 期。

李晋霞、刘云:《"由于"与"既然"的主观性差异》,《中国语文》2004 年第 2 期。

黎明、邹哲承:《"既然"与"所以"连用浅说》,《内蒙古教育学院学报》1996 年第 1 期。

荣丽华:《汉语因果复句分类系统构拟》,《语言应用研究》2011 年第 9 期。

荣丽华:《汉语因果复句研究综述》,《长春师范学院学报》2011 年第 9 期。

沈家煊:《复句三域"行、知、言"》,《中国语文》2003 年第 3 期。

沈家煊:《语言的"主观性"和"主观化"》,《外语教学研究》2001 年第 4 期。

第四编

"才"句探析

杨 梦

作者简介：杨梦（1989.07—　），女，湖北荆州人，陕西理工大学2014级汉语言文字学专业硕士研究生，师从丁力教授，研究方向为现代汉语语法。读研期间，发表学术论文3篇：《现代汉语"明明"的探析》《主观否定句探析》《"才$_1$"句探析》，主持陕西理工大学研究生创新基金项目1项。现在从事语文教育培训工作。

绪　　论

现代汉语副词"才"是多功能副词，在日常交际中使用频率高，语法意义丰富，用法较为灵活，对其进行细致研究是非常必要的。但现有的词典对"才"没有统一的解释，学者对其也没有统一的认识，而且在日渐兴起的对外汉语零基础教学中，涉及副词"才"的教学还存在理论上的突破，这些问题都迫切需要对副词"才"进行系统的解释并用成果来指导教学实践。因此本编尝试对副词"才"以及"才"字句进行探析。

一　研究现状

自 20 世纪 50 年代开始，学界对于副词"才"的研究就没有停止过，而且一直是热点问题。研究的著作成果可谓汗牛充栋，学者们尝试从不同的角度对其进行研究，研究现状大致可总结为三个方面。

（一）对比研究

学者认为，"才"和"就"具有相同的句法和语义特征，因此常将两者进行对比研究。王还对"就"和"才"的语义进行解释，认为"才"可以表数量、时间、条件，还有限定义，表示动作完成之意，虽分类有些粗糙，但其细致的分析开启了对副词"才"的研究热潮[①]；白梅丽首先从语义增值和减值的角度对"才"和"就"进行了对比分析，认为两者的语义具有一致性[②]；其后，陈小荷又用"主

[①]　王还：《"就"与"才"》，《语文学习》1956 年第 12 期，第 35 页。

[②]　白梅丽：《现代汉语中"就"与"才"的语义分析》，《中国语文》1987 年第 5 期，第 70—78 页。

观量"即主观大量和主观小量来说明这种增减关系，研究了副词"才""就"和"都"的对立情况①；周守晋进一步研究认为，"才""就"表达的主观量涉及"起点化"和"终点化"的语义问题②。

在阐述产生意义、用法差别的原因方面，张旭（1999）认为，"才"和"就"属于估价副词，都是用来表示实际语境对预设语境的估价③；陈立民认为，"就"和"才"的语义特征是表示实际偏离预期④；王群认为，"就"和"才"语义变化表现出双重性和不平衡性⑤，常亮认为，"就"和"才"都是以词汇的等级含义为语义基础的，其中，当出现的目标在序列中高于人们的期望值时就用"才"⑥；金立鑫认为，"就"和"才"之间存在着主观量语义以及时体的不同，其中"才"表示的是量前高后低的对比，并且结果高于预期⑦。在认知方面，张东华对"就"和"才"进行了认知分析和比较，认为"才"是有标记的用法，其语义主要是限制性，并运用"有界"和"无界"尝试对"才"进行认知分析⑧。在语义指向问题上，黄立军使用主观量研究两者语义前指和后指的区别，认为"才"属于句中标记词，是期待上的负向词⑨；蒋静忠用焦点解释两者语义后指的区别，根据焦点的选择语义理论分析认为，"才"有两个语义功能：

① 陈小荷：《主观量问题初探——兼谈副词"就"、"才"、"都"》，《世界汉语教学》1994 年第 4 期，第 18—23 页。

② 周守晋：《"主观量"的语义信息特征与"就""才"的语义》，《北京大学学报》2004 年第 3 期，第 121—131 页。

③ 张旭：《估价副词"就"和"才"的语用过程分析》，《天津师范大学学报》（社会科学版）1999 年第 2 期，第 70—77 页。

④ 陈立民：《也说"就"和"才"》，《当代语言学》2005 年第 1 期，第 16—34 页。

⑤ 王群：《试论"才"和"就"语义变化的双向性和不平衡性》，《语言科学》2005年第 6 期，第 26 页。

⑥ 常亮：《从序列角度看"就""才"句》，《安徽文学》2008 年第 1 期，第 149—150 页。

⑦ 金立鑫：《"就"和"才"主观量对比研究》，《语言科学》2014 年第 2 期，第140—153 页。

⑧ 张东华：《"就"和"才"的认知比较研究》，上海师范大学，2004 年。

⑨ 黄立军：《现代汉语中"就"和"才"的语义再分析——兼与沈家煊商榷》，《贵州教育学院学报》2007 年第 1 期，第 88—92 页。

一个是引出等级序列，另一个是肯定焦点及其蕴含选项，否定其他选项①。

除了"才"和"就"的对比分析外，还有"才"和其他副词的对比研究，史金生对表时间副词的"就""再""才"在"T 就/再/才 VP"句式的语义和语法方面进行了比较，认为这三者处于一个均衡的系统，用列举式的方法进行了分析，认为时间副词"才"不能用来表示意愿，可以表示表述、已然、未然等情况②；刘立诚对表示限定义的"才"和"只"进行了比较分析，认为两者在语法意义、语义指向上都不相同，而且在两者连用时"才 + 只"属于优势语序③；杨磊对表示语气副词的"可"与"才"在语境义、分布组合和语用方面进行了对比研究，认为两者存在区别，其中"才"在表否定时带有反感的意味，表肯定时有排他性，而且常出现在复句中，不能单独出现④。

（二）搭配研究

学者们对"才"与其他成分的搭配研究也很深入，如通过对比"就"与"才"的不同，研究"才"与句尾"了"的搭配规律，还有关联词与"才"的搭配使用特点等。

关于"才"和"了"的搭配研究，岳中奇对"才/就"与"了"的多种固定搭配进行了研究，认为是否能接"了"跟句子的体时态有关系，句尾能接"了"的"才"字句表达的是达到了绝对体的要求，反之就是没有达到要求⑤；金立鑫进一步研究认为，"才"的最简格式表示的是已经实现的短时义，本身就与动态助词"了"产生

---

① 蒋静忠：《焦点敏感算子"才"和"就"后指的语义差异》，《语言研究》2010 年第 4 期，第 50 页。

② 史金生：《时间副词"就""再""才"的语义、语法分析》，《逻辑与语言学习》1993 年第 3 期，第 43—46 页。

③ 刘立诚、柳英绿：《表限量的"才"与"只"及"才""只"语序的一种解释》，《枣庄学院学报》2008 年第 25（1）期，第 99—105 页。

④ 杨磊：《语气副词"可₂"与"才₃"的对比研究》，学位论文，吉林大学，2014 年。

⑤ 岳中奇：《"才""就"句中"了"的对立分布与体意义的表述》，《语文研究》2000 年第 3 期，第 27 页。

矛盾，因此"才"字句排斥与"了"搭配①；何瑾（2014）借用构式理论，认为表示时间评价义的"才/就"与"了"是从进程到评价的模式，并且分析了该模式的原型和变形，尝试阐述"才/就"字句的语用动因和产生机制②。

关于关联词和"才"的搭配，大多数学者的研究集中于对"只有"和"才"的搭配上。其中有主要关注这种固定搭配形成之后所表达的逻辑关系的，邢福义最早质疑"只有 A，才 B"表示唯一条件这种说法的正确性；吕正春认为，在研究"只有 A，才 B"时，应该区别该搭配在逻辑语言和自然语言里的不同，并归纳出当"只有 A，才 B"的语义属于"只有 A，才是 B"时，表达的是充分必要条件的假说判断；当"只有 A，才 B"的语义属于"只有 A，才能 B"时，表达的是必要条件的假说判断③；有专门关注"只有 A，才 B"在连接单句时的语义特征的，郭潮认为，不能简单地根据表面的形式将这种情况归为单句，根据深层的语义和语用情况，"只有 A，才 B"在单句中运用时不仅有强调作用，还增加了逻辑意义④；成文根据对外汉语教学常出现的偏误，将"才"后面可能出现的动词情况进行了分类和细致描述，并在此基础上总结出"只有 A，才 B"句式表示假设性和可能性的两种特征⑤。

还有其他的搭配研究，如关于"才 X，就 Y"句式的研究，贾冬梅对其语义和语用的成因进程进行了研究，认为这一句式是由于"才"和"就"的语法化和主观化产生的，句式对于量级成分非常敏感，可以表示递增和递减两种语义，在情感运用上是以出乎意料为基

---

① 金立鑫：《关于"就"和"才"若干问题的解释》，《语言教学与研究》2015 年第 6 期，第 35—44 页。

② 何瑾：《"就"和"才"进程——评价构式的认知修辞分析》，《当代修辞学》2014 年第 3 期，第 40 页。

③ 吕正春：《"只有……才"句式表达何种假言判断》，《齐齐哈尔师范学院学报》1983 年第 4 期，第 19 页。

④ 郭潮：《对"只有 A，才 B"的再认识》，《汉语学习》1986 年第 3 期，第 25—27 页。

⑤ 成文：《"只有……才"的使用情况调查分析及教学建议》，《首都师范大学学报》2013 年增刊，第 13 页。

础的，既可以表示积极情感，也可以表示消极的情感①；关于数量结构与"才"的搭配问题，胡建刚在主观量的基础上，提出了主观量度的观点，认为量度标记词"才"涉及主观量的量化等级中的主观差量，因此与数量结构有三种句式搭配方式："数量结构＋才""数量结构＋了＋才"以及"才＋数量结构"②。

（三）单独研究

关于副词"才"的单独使用，学者们也从不同的角度进行了研究总结。

在历时演变过程的研究中，张谊生主要关注"才"和"纔"的通假字之间的演变关系，以及近代汉语中"才"的一些特殊用法③；张明莹根据大量古典文献中的例句总结出"才"的语义发展过程，认为"才"首先由名词演变成副词，再按照减值强调义、初始义、表限定义、增值强调义的出现顺序演变而来④。

关于"才"的轻重音问题，钟华根据焦点关联理论，发现"才"在负载焦点重音与不负载时的语义和语用并不相同，当重音在"才"前时，表达时间晚、难度大、范围小，表示必要条件；重音在"才"上时，表达时间特别短，或者夸张和赞叹的语气；重音在"才"后时，表示的是数量少，起强调、深化语气的作用，以此认为焦点关联理论可以弥补语义指向研究的不足⑤。杨亦鸣等人首次尝试用实验语音学来考察"才"轻重音的不同表现，认为在分析副词的轻重时，需要考虑与之相关的句法成分的读音问题，但因为条件有限，所以得出的结论还不能说明其他问题⑥。

---

① 贾冬梅：《"才 X 就 Y"句式探究》，学位论文，暨南大学，2005 年。
② 胡建刚：《主观量度和"才""都""了₂"的句法匹配模式分析》，《世界汉语教学》2007 年第 1 期，第 72—82 页。
③ 张谊生：《"才"与"纔"》，《辞书研究》1992 年第 3 期，第 134—136 页。
④ 张明莹：《副词"才"的语义发展脉络》，《云梦学刊》2007 年第 6 期，第 130—134 页。
⑤ 钟华：《"才"重读与非重读时语义、语用功能差异》，《安徽农业大学学报》（社会科学版）2009 年第 2 期，第 46—50 页。
⑥ 杨亦鸣、徐以中：《"就"与"才"的歧义及相关语音问题研究》，《语言研究》2010 年第 1 期，第 59 页。

有仅对"才"的个别意义进行研究的成果，如只研究"才"的短时义，沈敏（2008）认为，"才"表示短时义时分为单纯和情态短时义，"才"表示单纯短时义时不与预期相关，而且"才"的短时义分为三个层级，最底层表示的是已然义，核心义表示的是时间间隔短，再一个层级表示的就是比预期的时间晚①。齐沪扬、李文浩运用突显度和主观化理论，对沈敏的结论做出了解释，认为副词"才"表短时义的不同类型，与"才"在句中的突显度有关。当"才"字句处于前景时，表达的是比预期时间晚；当"才"字句处于背景时，表达的是单纯时间义②。还有学者只研究"才"的语气义，张艳认为，语气副词"才"属于边缘性语气副词，在句法分析中处于固定的位置，且常出现在复句中，在语义上的核心义是表示强调，在语用上能够凸显话题、表明预设③。

针对"才"的整体意义认识，学者们做出了尝试，史锡尧尝试用语法三个层面来全面了解"才"，但实际的认识也只是关于"才"的语义的认识，举例也只针对部分事实，认为"才"的意义表示单纯短时义、限定义、相对的劣态势，还有条件义，而没有关注到不同位置出现的时间和数量对"才"语义的影响，在列举"才"的语用功能时，他混淆了语义和语用的概念，只是列举了"才"字句中一些固定格式的意义④。邵敬敏从语义与句法之间的制约关系着手，根据观察"才"各种语义类型的出现频率，首次提出"才"字句的格式，并以此来研究各类语义的深层联系，认为"才"的核心意义是表示说话人对客观事实是否符合预想的一种主观看法，他强调固定格式的

---

① 沈敏：《多功能副词"才"表短时义的相关问题考察》，《语言科学》2008年第4期，第359—366页。

② 齐沪扬、李文浩：《突显度、主观化与短时义副词"才"》，《语言教育与研究》2009年第5期，第23页。

③ 张艳：《现代汉语"才₃"的多角度考察》，学位论文，吉林大学，2009年。

④ 史锡尧：《副词"才"的语法组合功能、语义、语用考察》，《烟台大学学报》1990年第2期，第88页。

重要性，同时也要关注研究对象的初始义和发展而来的核心义①。张谊生首次明确地将"才"的意义分为基本义和引申义，它的基本语法意义是强调说话人对陈述的事态在时间、数量、范围等方面的主观评价，这种评价有"减值"和"增值"两种相反的倾向；还存在两个引申义，一个是强调排他性的逻辑关系，还有一个是强调申辩性的语气和口气②。易正中也试图对"才"的意义进行说明，但不过是对邵敬敏和张谊生的观点进行了综合，没有实质性的进展③。

关于"才"还有其他方面的研究，如关于"才"的语法化进程，徐凤兰总结前人的研究结论，将"才"的名词、形容词到副词的演变过程都梳理了一遍，重点对副词中的意义变化进行了总结，具有一定的参考价值，但其认为主观化是由语气副词虚化而来的观点需要进一步的佐证④。易正中提出"才"是一个表特例的语法标记，"才"的语法化进程就是从表示事物之间客观规律的关系演变成表示事物之间的逻辑关系⑤。在语用方面，石慧从情感运用、表义焦点、语境还有"才"的一些特殊用法上，发现"才"字句可以表达积极和消极的情感，而且在不同的语境中有不同的表现⑥。

纵观副词"才"的研究轨迹，可以看出学者们是在将其与其他副词进行比较时发现"才"的特点的，然后逐渐展开对"才"的特性研究。在不断研究的过程中，有对"才"的单类语义和语用进行研究的，有对一些固定搭配的特征描述，也有通过语言的三个层面来分析理解的，还有借用西方语法研究理论如主观量、层级理论、量级理

---

① 邵敬敏：《从"才"看语义与句法的相互制约关系》，《汉语学习》1997年第3期，第3—7页。

② 张谊生：《现代汉语副词"才"的句式与搭配》，《汉语学习》1996年第3期，第10—15页。

③ 易正中：《副词"才"的基本义与义项划分》，《江西师范大学学报》（哲学社会科学版）2009年第6期，第67—70页。

④ 徐凤兰：《"就"和"才"的语法化》，学位论文，东北师范大学，2009年。

⑤ 易正中：《副词"才"的认知分析》，《南开语言学刊》2013年第2期，第30—35页。

⑥ 石慧：《副词"才"的组合关系及语用特征》，学位论文，重庆师范大学，2009年。

论等来研究语义的产生机制，这些研究成果表明学者们对于"才"的认识越来越深入具体，已从语言事实的描写说明发展到对语言现象的解释。但就研究现状而言，只有少数学者试图全面系统地认识"才"，我们认为，尽管对比研究能揭示出副词"才"的一些特性，但是这种研究方法无法全面揭示副词自身的个性特征，因此对于"才"的全面研究任重而道远。

二 研究对象

在研究现状中，有的学者对时间副词"才"进行了研究，有的对语气副词"才"进行了对比研究，还有对固定搭配中的"才"加以研究，但很少有学者对"才"进行全面的分类和详细描述。本编主要针对现代汉语中的副词"才"进行全面研究，旨在将"才"作为一个完整的研究对象，试图做到详细描写"才"的类别特征，通过类别之间的详细对比，预期得出的结论能指导教学实践。

本编将"才"分为三类来研究，在分类上参考了张谊生的三分法，认为"才"有一个基本义，两个引申义，这三类"才"的意义演变过程是"才"语法化的过程。本编在张谊生的分类基础上，从各个方面对三类"才"字句进行了详细而深刻的描写，试图对张谊生分类所遗留的问题进行清理，并尝试对研究中关于"才"的一些常见问题做出解释。本编归纳的三类"才"既有个性也有共性，这里只是举例，下文予以详细说明。

第一类是对时点、时段、数量进行评价的"才"，记作"才$_1$"。如：

    （1）晚间闭门读书，三更才肯上床。（刘绍棠《狼烟》）

    （2）到香港才五天，她已经想回家了。（陈染《无处告别》）

    （3）老何见他说："小林，不要打不起精神，像我，可四十五岁才入党！"（刘震云《单位》）

第二类是与连词搭配表示逻辑意义的"才"，记作"才$_2$"，如：

（4）你只有和她结为秦晋，才可以想往春秋五霸、战国七雄的辉煌。（柳建伟《突出重围》）

（5）实话告你，就因为当了你爸爸，我才这么越活越不实在。（王朔《我是你爸爸》）

第三类是表示语气的"才"，记作"才₃"，如：

（6）她才不会将自己设定成一个倒霉女人专等白马王子来搭救！（席绢《女作家的爱情冒险》）

（7）"龟儿子，你才瞎了狗眼！"（罗广斌、杨益言《红岩》）

本编分为四个部分，从语表、语里、语值切入分析，前三部分是分别描述，第一部分介绍"才₁"句的语表、语里、语值，第二部分介绍"才₂"句的语表、语里、语值，第三部分介绍"才₃"句的语表、语里、语值，第四部分是归纳比较，对三种"才"字句进行比较分析。

本编对"才"字句的探析，不包括对"才"表示单纯时间义的研究，而是重点分析三类"才"字句。下面简单介绍一下"才"表单纯时间义的研究。在《汉语大字典》中，"才"的本义是"草木之初"，即其本义表示单纯时间意义。沈敏提出"才"在现代汉语中表单纯义的句法分布条件：一是两件事情紧接着发生，在固定搭配"才……就"中用于前一小句；二是"才 VP"做定语①。齐沪扬等人借用认知语言学的"突显度"，解释"才"之所以表现出单纯的短时义，是因为"才"处于背景地位时，语言成分不易主观化②。本编认为，若能将"才"的三种类型研究清楚，表单纯时间义的"才"就能清晰地呈现出来。

---

① 沈敏：《多功能副词"才"表短时义的相关问题考察》，《语言科学》2008 年第 4 期，第 359—366 页。

② 齐沪扬、李文浩：《突显度、主观化与短时义副词"才"》，《语言教育与研究》2009 年第 5 期，第 24 页。

三 研究方法

本编以邢福义的"小三角"理论为指导，对三类"才"字句在语表形式、语里内容以及语用形式方面进行考察。

每个部分都采取了描写与解释相结合的方法，对每一种形式的产生和值得注意的问题进行了详细的描写和解释，如对传统观点提出质疑后，能结合例句进行解释说明，对提出的新概念，结合例句进行了细致阐述。

对容易混淆或形式相同的部分采用了对比分析法。对比分析能在细节处加深对结论的认识，本编在每章中都有对比分析，如第一章对"才₁"句式中的前段和后段的对比分析；全编在描写了三类"才"字句之后，最后进行比较分析。

在语义部分，除了传统的解释语法意义或者语义指向问题的研究之外，本编还采用认知和心理分析相结合的方法，在语句表达的思维层面进行研究，对内心世界的认知与现实之间的差异，以及主体与客体之间的意愿区别，结合信赖程度进行了定性的研究。

四 创新之处

在研究方法上，虽然之前关于"才"的研究内容很多，但是没有学者采用邢福义的"小三角"理论对其进行全方位的研究。本编借用该理论从语表、语里、语值三个方面，对"才"以及"才"字句的特点进行深入了解。

在进行认知层面分析时，本编借用美国数学家 G. 波利亚提出的信赖理论，对思维层面进行定性探讨，这让我们能够清晰地认识"才"字句所产生的内在心理过程。

五 语料来源

本编的语料来源于 CCL 语料库①、语料库在线②、华中师范大学

---

① http：//ccl. pku. edu. cn：8080/ccl_ corpus/.

② http：//www. cncorpus. org/.

语言与语言教育研究中心的语料库①。需要指出的是，在文中 CCL 是"北大语料库"的简称。华中师范大学语言与语言教育研究中心的语料库中有以下几种检索；一是以《长江日报》和《人民日报》为主的复句语料库，这个语料库收有 658447 标复句，约 44395000 字，文中为了方便起见，将其简称为"复句语料库"；二是包含了 40 余位作家的几十部当代小说，共有 657136 余句的当代小说语料库，文中为了方便起见，将其简称为"当代小说语料库"。

---

① http：//ccl. pku. edu. cn：8080/ccl_ corpus/.

第一章 “才₁”句

本章从“才₁”句的语表形式、语里内容、语用价值三个方面来考察“才₁”所在的句法环境，并结合具体的例子详细描写“才₁”所表现的个性特点。

第一节 “才₁”句的语表形式

语表形式是指显露在外的可见形式[①]，经研究大量例句，可以总结出“才₁”句的格式为：$(X_1) + S + (X_1) + 才_1 + Y_1$。其中 S 是主语，$X_1$ 是“才₁”句前面除主语外的加载成分，Y_1 是“才₁”句后面的部分。以“才₁”句为中心，把“才₁”句前面的部分“$(X_1) + (S) + (X_1)$”称为“前段”，“才₁”句后面的部分 Y_1 称为“后段”。在描写“才₁”句的结构特征时，从“才₁”句的前段和后段的结构特征，以及前段和后段的对比区别几个方面来进行。

一 前段：$(X_1) + S + (X_1)$

前段由主语 S 和加载成分 X_1 组成，主要考察 X_1 由什么结构来充当及各自的特征，并分析主语 S 和加载成分 X_1 之间的联系。

（一）加载成分：X_1

“才₁”句的 X_1 可由名词性结构、谓词性结构、加词性结构充当，

---

① 邢福义：《语法研究中“两个三角”的验证》，《华中师范大学学报》（人文社会科学版）2005 年第 5 期，第 38 页。

还可由小句充当。

1. X_1 由名词性结构充当

X_1 中的名词性结构有三种：一是时间词；二是数量词；三是代词。

1）时间词

X_1 中的时间词有两种形式：一种是时间名词。

（8）今天才晓得他们的眼光，全同外面的那伙人一模一样。（鲁迅《呐喊》）

（9）最后才到午宴上去。（张洁《世界上最疼我的那个人去了》）

另一种是由数词和时间单位名词组成的时间词。

（10）市长十一点才上班。（李英儒《野火春风斗古城》）

（11）二十多年才当了个县委书记，这本身就证明混得不好。（刘震云《故乡天下黄花》）

当"才₁"句出现在疑问句中时，用"何时（什么时候）/几时"来代替时间词。

（12）金童，你何时才能吃东西呢？（莫言《丰乳肥臀》）

（13）几时才能割禾？（欧阳山《三家巷》）

2）数量词

X_1 中的数量词是由数词和量词组成的结构。

（14）他十几岁才去上小学。（陈世旭《将军镇》）

（15）三十万才能买一个卫生间。（语料库在线）

3）代词

"才₁"句中的指示代词常为"这（时）"，指代的是时间，表"现在、此时"之意。

（16）瑞丰这才出来，向常二爷行礼打招呼。（老舍《四世同堂》）

（17）司马库这才止住嚎叫，浑身瑟缩着。（莫言《丰乳肥臀》）

2. X₁由谓词性结构充当

X₁是谓词性结构时，主要是述补短语。

（18）瑞宣愣了一会儿才说："那有什么法子呢！国破，家就必亡啊！"（老舍《四世同堂》）

（19）三姐费了很大劲儿才把那鸟背回家。（莫言《丰乳肥臀》）

X₁中的谓词性成分不能为单个动词，后面常需要加"了"，然后再接补语，表示动作的完结和终止。

3. X₁由加词性结构①充当

X₁中加词性结构主要是介宾短语。

（20）在花玻璃四分五裂之后，一声清脆的爆炸声才在钟楼上响起。（莫言《丰乳肥臀》）

（21）到黑门上生出许多麻点的时候，才听得有人来开门。（鲁迅《呐喊》）

在介宾结构中，常见的有时间副词"一直"和"到……的时候"

---

① "加词性成分"采用《现代汉语》黄廖本上短语功能类的叫法。

组合，成为"直到……才₁"的固定搭配。例如：

（22）直到第二天上班，他的心情才恢复平静。（周而复《上海的早晨》）

（23）直到这时，我才知道了怕。（冯苓植《雪驹》）

4. X₁由小句充当

X₁由小句充当是一种比较特殊的情况，就是X₁形式上是主谓形式加上语调构成小句模式，但意义上表达的是时间点，一般都可以加上"当……的时候"，变成介宾结构。

（24）你死了，我才想起你的珍贵。（莫言《丰乳肥臀》）

（25）苏小姐那面电话挂上，鸿渐才想起他在礼貌上该取消今天的晚饭，改期请客的。（钱锺书《围城》）

例（24）中，"你死了"加上"当……的时候"变成"当你死了的时候"做后面句子的时间状语，句子意义不变；例（25）中，"苏小姐那面电话挂上"加上"当……的时候"变成"当苏小姐那面电话挂上的时候"，做后面句子的时间状语，句子意义不变。

X₁除了上面所描述的情况之外，有时也可不出现，这与后面Y₁的成分有关系，在下面介绍X₁和Y₁的关系时再进行详细讲解。

（二）S与X₁

S与X₁的关系，可以从两点来认识：一是分析两者的相对位置，二是区别两者的充当成分。

1. S与X₁的相对位置

S与X₁的位置不是固定的，X₁的位置相对于S可前可后。X₁所处的位置不同，在句中充当的句子成分也不同。

1）X₁+S

当X₁放在S前面时，X₁一般为介宾结构或者是成分过长，X₁在句子中常做状语；

（26）后来得到司马凤、司马凰的死讯时，他混沌的脑子里才闪开了一条细细的缝隙，似乎明白了许多事情。（莫言《丰乳肥臀》）

2）S + X₁

当 X₁ 放在 S 后面，一般为动补结构时，X₁ 在句子中常做谓语。

（27）他轻嗽了好几下，才说出话来。（老舍《四世同堂》）

但当动补中的补语为时量时，表示时间的意义比较明显，常放在 S 前面。

（28）看了半天，他才明白那是一本《大学衍义》。（老舍《四世同堂》）

2. S 与 X₁ 的成分比较

在"才₁"句中，虽然充当主语 S 与 X₁ 的成分差别比较明显，但是当时间名词出现在"才₁"句之前时，仍需特别注意。因为时间词比较特殊，既可以做主语，也可以做定语或者状语，此时我们要注意区分"才₁"句中的主语 S 和 X₁ 成分。例如：

（29）下午四点钟才能给你回复。

我们认为，例（29）是一个省略主语的句子，"下午四点钟"是加载成分 X₁，主语是"给你回复"的那个人。在"才₁"句中，X₁ 成分往往包含着时间名词，在省略主语的句子中，我们要注意分析。

二 后段：Y₁

后段 Y₁ 是"才₁"句中必不可缺的成分，可以由名词性结构、谓词性结构来充当，也可由小句来充当。

（一）Y_1 由名词性结构充当

充当 Y_1 的名词性结构可以是时间词、数量词，还可以是一些实词。

1. 时间词

Y_1 由时间词充当时，可以是时点，也可以是时段。

（30）吃完水果，才九点钟。（钱锺书《围城》）

（31）司马粮道："才半个小时。"（莫言《丰乳肥臀》）

2. 数量词

Y_1 由数量词充当时，常见的是表示价格和年龄的数量结构。

（32）当时汉家小皇帝刘婴才两岁。（语料库在线）

（33）2000 年时，房子一平方米才一千元。（语料库在线）

数量词也可以由"几 + 量词"构成。

（34）一斤豆腐才值几个钱？（刘震云《一地鸡毛》）

（35）一吨水才几分钱，何必干这个？ （刘震云《一地鸡毛》）

3. 实词

Y_1 可以由一些实词充当，但此时的"才₁"句意义不能自足，常出现在对话中。

（36）问：你当了十年公务员，现在是什么职务了？
答：才处长。

例句中的"才处长"是因为出现在对话中才能成立，否则无法单独成句。

251

有时也可以出现在前分句中，后分句往往有"就"与之对比，例如：

（37）才处长，就这么无视纪律，那要是当个局长还得了？

祝东平根据邢福义对"名词语＋了"结构的认识，认为"才₁＋名词语"与之类似，能进入这个句式的名词语有两种情况：一种情况如时间词、数量名词等，本身具有明显的顺序性或时间推移性，还有一种情况如上面所说的一些实词，本身并不具有顺序性或时间推移性，但它所表示的事物在某种特定条件下能进入某个排序中，比如例句中的"处长"，虽然本身不具备顺序性或时间推移性，但能进入公务员职务层级序列中，因此可以进入"才₁＋名词语"的格式中①。

（二）Y₁由谓词性结构充当

Y₁可以为单个动词；

（38）快四点了报才来。（魏润身《挠攘》）
（39）娘，你们怎么这么晚才到！（莫言《丰乳肥臀》）

也可以为动宾短语。

（40）鸿渐在小咖啡馆里呆坐到这时候才回家。（钱锺书《围城》）
（41）爬一天高房架子，才挣个五毛钱。（梁斌《红旗谱》）

也可能是状中短语。

（42）阿Q胡里胡涂的想了一通，这才断断续续的说。（鲁

---

① 祝东平：《副词"才"主观量表达的语义基础》，《吉林大学社会科学学报》2007年第2期，第139—143页。

迅《呐喊》）

（43）人们回望，直到听到她突然发出了嚎啕声，才把目光分散了。（莫言《丰乳肥臀》）

（三）Y₁由小句充当

当Y₁由小句充当时，小句往往在"知道、明白、懂得、记得、发现"等具有 ［＋获得］ 性质类的动词后面充当从句。

（44）走近小树林，我们才发现，这里隐藏着一个炮兵阵地。（莫言《丰乳肥臀》）

（45）柔嘉才明白她们俩来调查自己陪嫁的。（钱锺书《围城》）

三 X₁与Y₁

"才₁" 句中的X₁和Y₁比较特殊，需要进行比较来认识，可以从两者的构成成分之间的比较，以及表示时间和数量的成分之间的比较两方面来认识。

（一）构成成分比较

"才₁" 句中的X₁和Y₁的构成成分有相同点，也有不同点，表现在以下几点上：

1. 当都由名词性结构充当时，相同点是X₁和Y₁都会出现时间词和数量词；不同点是X₁可以为代词，Y₁不可以，而Y₁有时候可以由一些实词充当，X₁却不可以。

2. 当都由谓词性结构充当时，X₁和Y₁都可以为述补结构；Y₁还可以为单个动词，可以为动宾结构，还可以为状中结构，在X₁中不可以。

3. X₁可以为介宾结构，Y₁不可以。

4. X₁和Y₁都可以由小句形式充当，但X₁中的小句都可以加上"当……的时候"变成介宾结构，Y₁中的小句一般做"知道、发现、懂得"等获得类动词的从句。

（二）表时间和数量的成分比较

在 X_1 和 Y_1 中，常出现表时间和表数量的成分，但存在差异。可以从组成的成分、修饰表时间和表数量的成分两个方面来比较认识。

1. 组成成分不同

X_1 和 Y_1 中都可以出现时间成分和数量成分，其中表数量的成分没有什么区别，但是表时间的成分却有很大的区别，表时间的成分可分为表时点和表时段两类来讨论。

1) 时点

X_1 中的时点成分既可以是时间名词，也可以是时间结构。时点的时间结构有两种常见的表现方式：一种是由"（直到）……时（候）"来表示时间点，另一种是由动作状态来表示时间点。

（46）直到天快亮时，她才浅浅地睡着。（百合《哭泣的色彩》）

（47）看着他，我才明白，人的身高，基本上由双腿决定。（莫言《丰乳肥臀》）

在例（47）中，"看着他"是动作描述，但是加上"直到……时"之后，意义不发生改变。汉语中常常用动作状态来表示时间点，也是由时间的特性决定的，时间是永恒运动的，而纯表示时间的名词是固定有限的，用运动的事物或动作完成的状态直接描述时间点是比较方便和经济的。

相比而言，Y_1 中的时点常由时间名词构成，不会有 X_1 中如此复杂的成分。

2) 时段①

时段用来回答时间的长短。X_1 中时段出现的形式有两种：一种是由数词加时间名词构成的时段直接充当成分，例如：

---

① "时段"和"时量"的提法都有学者在使用，没有统一的规定。这里我们认为两种说法都可以，这与其本身的特点有关系，但为了保证本编上下的连贯性，暂将其称为"时段"。

（48）三小时才赶到"得瑞兰"。（莫怀戚《陪都旧事》）

（49）这里一般都是 3 个月以上才提升。（郁秀《花季雨季》）

另一种是由动词加时间副词"一会儿、半天、一阵"等做补语构成的时段，例如：

（50）过了一会，才说："那你……去吧。"（路遥《人生》）

（51）愣了半天，他才看出来，他是立在护国寺街上的一家鲜花厂的门口。（老舍《四世同堂》）

相比而言，Y_1 中的时段常由时间名词构成，不会出现 X_1 中如此复杂的成分。

2. 修饰成分不同

在 X_1 和 Y_1 中，修饰表时间和表数量的成分存在区别。

当 X_1 中出现表时间和表数量的成分时，前面的修饰成分常常是一些言多的成分。

（52）我背着左眼仅存一点光感的母亲，用了整整五个小时，才拐弯抹角地，在茂腔剧团演员宿舍后边那条被化学染料厂泄出来的污水浸紫了的小胡同里，找到了重新恢复的教堂。（莫言《丰乳肥臀》）

（53）老人咽了好几口气，才说出来。（老舍《四世同堂》）

例（52）中，"五个小时"前面用了"整整"来修饰，是表示时间多；例（53）中，"几口气"前面用"好"来修饰，是表示咽气时咽了很多口气。

当 Y_1 中出现表时间和表数量的成分时，前面的修饰成分常常是一些言少的成分。

（54）才短短几十年呀！（白帆《女大学生综合征》）

（55）我才刚刚过了十二岁，少年的热血使我片刻也难得安静。（冯苓植《雪驹》）

其中，在 Y_1 中表数量的前面有时会出现限定词"只"，此时后面要加上"有"。

（56）一共才只有二百个人！（姚雪垠《李自成》第一卷）

（57）两个人加起来才只有 15 块钱。（姚雪垠《李自成》第一卷）

例句中的"短短""刚刚""只"都是修饰表示数量少、时间少的成分。

第二节 "才₁"句的语里内容

邢福义认为，"语里内容是指隐含在内的不可见的关系或内容"[1]，"才₁"句的语里内容主要可以从"才₁"的语法意义以及"才₁"句的认知层面两个方面加以认识。

一 "才₁"句的语义特征

"才₁"的语法意义与 X_1 和 Y_1 的成分紧密相关。X_1 和 Y_1 中的时点、时段、数量成分在不断使用过程中形成了"高 X_1 才₁""才₁低 Y_1"的格式，其中，我们把时点、时段、数量成分称为"敏感成分"。

（一）"高 X_1 才₁"

"高 X_1"指的是敏感成分在"才₁"前，出现时点，表达时间晚；

---

[1] 邢福义：《语法研究中"两个三角"的验证》，《华中师范大学学报》（人文社会科学版）2005 年第 5 期，第 38 页。

出现时段，表达时间长；出现数量，表达数量多、大。例如：

（58）家人都知道她每天凌晨三、四点才上床。（席绢《女作家的爱情冒险》）

（59）说了半天，才将老婆说通。（刘震云《官人》）

（60）干了六杯，才又开始说话。（刘震云《官场》）

在例（58）中，时点为"凌晨三、四点"，句子表示的是她每天上床睡觉晚；例（59）中，时段为"说了半天"，句子表示的是把老婆说通花的时间长；例（60）中，数量为"六杯"，句子表示的是他开始说话前喝酒喝得多。

（二）"才₁低 Y₁"

"低 Y₁"指的是敏感成分在"才₁"后，出现时点，表达时间早；出现时段，表达时间短；出现数量，表达数量少。

（61）我不知道才四点多钟。（赵树理《三里湾》）

（62）入学才半年，他就同哥们儿在学校里合搞了一个"四脚蛇"画展。（常少宠《生命的邀约》）

（63）他才三十多元钱的工资。（语料库在线）

在例（61）中，时点为"四点多钟"，句子表示的是我不知道时间还这么早；例（62）中，时段为"半年"，句子表示的是入学的时间短；例（63）中，数量为"三十多元钱"，句子表示的是他的工资少。

（三）注意事项

敏感成分为什么规定是时点、时段、数量三种？"才₁"句是否能表示年龄、程度？这些问题都值得我们深思，下面我们对此做初步的解释。

1."才₁"与敏感成分

"才₁"与时点、时段、数量三种成分的关系紧密，这与"才"

句的初始义表示时间有关。"才"句在使用过程中不断被主观化,出现了对时间早晚的评价,即关涉到时点。时间既包含静止的某个时间点,也包含某个运动的时间段,时间这种不可分割的整体,使得"才"句的意义从时点延伸到时段。时段的长短本质上是量的体现①,由时段引申到数量也是极其自然的和实用的。

我们不清楚"高 X_1 才$_1$""才$_1$ 低 Y_1"句式的具体形成阶段,也不知道时点、时段、数量三种成分参与句式形成的程度。但是在例子中,我们看到的是时点、时段不能在 X_1 和 Y_1 中同现,只能或者出现在 X_1 中,或者出现在 Y_1 中;而数量成分则比较灵活,既可以只出现在 X_1 中,也可以只出现在 Y_1 中,还能在 X_1 和 Y_1 中同现。例如:三个人才喝了四瓶酒。例句表示人多喝的酒少,这种理解符合"才$_1$"的语义句式。对于时点、时段、数量三种成分能否分别同现的分析,在一定程度上说明,时点和时段在构建"才$_1$"的固定句式上居于前阶段,能适应句式的要求,但不够灵活;而数量在构建"才$_1$"的固定句式上可前可后,对句式的适应程度非常高。

虽然我们还需要进一步证实时点、时段、数量三种成分之间的意义引申关系,但不可否认的是,这三者与"才$_1$"句的联系非常紧密,而且建构形成了"才$_1$"句的固定格式,因此我们在分析"才$_1$"句的语法意义时,把"时点、时段、数量"称为敏感成分是合适的。

2. 关于"才$_1$"句能表示年龄、程度的认识

关于认为"才$_1$"句能表示年龄的大小,程度高低的认识,在研究大量的实例后,我们认为,这是一种误解,值得深入分析。

1)关于表年龄的认识

对于"才$_1$"句能表示年龄大小的误解,这是因为年龄是一个特殊的成分,既联系数量,又联系时间。年龄能衡量大小;用来评价完成某件事时,年龄的大小可以表示时间的早晚。例如:

---

① 袁莉容、郭淑伟、王静:《现代汉语句子的时间语义范畴研究》,四川大学出版社2010 年版,第 10 页。

（64）我爹四十几岁才娶过女人。（马烽《吕梁英雄传》）

（65）才二十多岁，还只是个孩子。（李晓明、韩安庆《平原枪声》）

例（64）中，"四十几岁"放在"才₁"之前，表示的意思是"我爹"结婚时候年纪大，婚结得晚；例（65）中，"二十多岁"放在"才₁"之后，表示年龄小。

在所收集的大量例句中，我们发现，当年龄出现在"才₁"之前时，偏向于表示事件发生的时间晚；当年龄出现在"才₁"之后时，偏向于表示年龄小。我们认为，年龄在形式上属于数量结构，而在意义上可以根据上面的分析来理解，不能直接说"才₁"句表示年龄大小，是因为格式的固定而后产生了对年龄的评价。

2）关于表程度的认识

在"才₁"句中，X₁会出现表示程度的成分，但我们不能说"才₁"句表示程度的高低。因为表程度的成分，没有出现如表示时间和数量成分在"才₁"句前后的对称性，而只是出现在"才₁"的前面，它的存在是由固定结构决定的。"高X₁才₁"固定格式形成之后，前面即使有表程度的成分，常常也是表示程度深的成分出现。我们可以说，在"才₁"句中出现表程度的成分是形式对内容的制约和选择，而不是"才₁"句表达出来的意义，我们可以用删减法检验这种认识。例如：

（66）a. 母亲费了好大劲儿，才把油灯点燃。（莫言《丰乳肥臀》）

b. 母亲把油灯点燃费了好（很）大劲儿。

例（66）a中去掉"才₁"只影响句子的成句，但不影响句子要表达的语义，我们调整一下顺序变成（66）b，上述两句话的区别在语用上，而不是在语义上。用删除法我们检验出"才"并没有表达出程度高或者低的意义，而只是因为语用的需要，才在句中起了成句

259

的作用。

对于副词意义的认识，要特别注意区分副词本身的语法意义，以及副词在特定格式中的生成意义，马真提出"必须注意不要把某个虚词所在的格式所具有的语法意义误认为是该虚词表示的语法意义"[①]。因为副词本身意义的虚化，加深了对其意义的分析难度，所以在进行具体确定时，需要进行详细的检验。

二　"才$_1$"句的认知层面

认知层面是指人们对事物在思维层面的认识。思维层面具有多样性，有对客观事物或现象的概括认识的客观反映层面，有根据常识对某种概括认识进行主观判定的主观推测层面，还有说话人自我认定的意愿选择倾向的主体意愿层面等。语言在使用过程中，是说话人对客观事物认识的过程，也是体现各个思维层面和谐或者矛盾的过程。

"才$_1$"句涉及主观推测层面和客观反映层面的不一致性，在主观推测层面认为不可能成立的事件，在客观反映层面却成立了。为便于读者对"才$_1$"句认知层面的定性认识，我们借用信赖程度来做定量分析，"才$_1$"句的认知层面用信赖程度表示为：主观推测层面是 $0 < P\{X_1 - Y_1\} < 0.5$，客观反映层面是 $P\{X_1 - Y_1\} = 1$。例如：

（67）他要到下午六点多钟，才下办公室。（钱锺书《围城》）

（68）这个礼拜一刚来过，今天才礼拜二，便又来了。（周而复《上海的早晨》）

上面两例的时点分别出现在"才$_1$"前后，从主观推测层面和客观反映层面分析是一样的。例（67）中，一般人按照常理认为"六点多下办公室"成立的可能性要小，而在客观反映层面，实际上"他六点多下办公室"成立了，因为客观事实与人们的主观推测不

---

①　马真：《现代汉语虚词研究方法论》，商务印书馆 2004 年版，第 38 页。

符，所以用"才₁"句来表示这种主观推测与客观反映的不一致。例（68）中，一般人会认为礼拜一来过，礼拜二连续再来的可能性要小，而在客观反映层面，"他"确实是连续两天都来了，用"才礼拜二"来表示主观推测与客观事实不一致的心理反应。

（69）这祭祀，说是三十多年才能轮到一回，所以很郑重。（鲁迅《呐喊》）

（70）才三四天，就把人们饿坏了。（梁斌《红旗谱》）

上面两例的时段分别出现在"才₁"前后，从主观推测层面和客观反映层面分析是一样的。例（69）中，一般人认为，祭祀一般一年一次，或者几年一次，祭祀三十年一次成立的可能性小，而在客观反映层面，这个祭祀的确是三十年一次，这种主观推测层面与客观反映层面不一致的情况，是由"才"来体现的，因为祭祀三十年一次成立的可能性小却仍然实现了，因此显得特别郑重。例（70）中，在主观推测层面，一般人认为没有粮食吃，大家觉得应该能扛几天，即认为过三四天就饿坏了的可能性小，而在客观反映层面，人们在没有吃的情况下，三四天就饿坏了，主客观思维层面不一致。

（71）当天夜里，福生堂的大儿子司马亭就被土匪绑了票，花了数千大洋才赎回来。（莫言《丰乳肥臀》）

（72）虽然她才二十三岁，她的眉眼，行动，与脾气，却已都象四五十岁的人了。（老舍《四世同堂》）

上面两例是数量分别出现在"才₁"前后，从主观推测层面和客观反映层面分析是一样的。例（71）中，在主观推测层面，当时的大洋特别值钱，花几千大洋赎回一个人的可能性小；实际情况是司马亭被赎回确实花了数千大洋，在主观推测层面认为难以成立的情况事实上却成立了，这种认知上的不一致可以通过"才"的使用解读出来。例（72）中，根据她的容貌举止，一般人会认为她年纪应该不小,即 P｛她二十三岁｝<0.5;在客观反映层面,P｛她二十三岁｝=1,主客观的思维不一致。

值得说明的是,语义是语言表达出来的外在意义,而认知层面是从心理思维层面揭示语言如何组织的内在过程,两者并不相同,但互相有所制约。从上面三组例句可以看出,敏感成分出现在"才₁"的前面和后面的位置不同,在语义上会有不同的表现,但不影响我们对"才₁"句信赖程度的认识。但是语义仍然制约着认知层面的内容,如"才₁"句中关于主观推测层面"言外之项"的内容就是根据语义推测出来的。

第三节 "才₁"句的语用价值

邢福义提出"语用价值是重视在比较中考究研究对象的语用效应,找出它到底有何价值的问题"[1]。对于"才₁"句的语用价值,主要考察其表达的焦点情况以及在情感态度方面的运用。

一 "才₁"句的语句焦点

焦点是句子表达的重点,注意的重心,是语用考察的重点之一。国内现在对焦点的认识还未统一,这里主要采用徐烈炯、刘丹青的观点,根据焦点的突出和对比两大话语功能,将焦点分为三种:自然焦点,话题焦点和对比焦点,其中自然焦点具有突出的特征,话题焦点具有对比的特征,对比焦点具有突出和对比的特征[2]。

"才₁"句的焦点属于话题焦点。话题焦点是以句外的某个成分或者认知成分为背景,而不是以句内成分为背景,具有对比的特征。话题焦点常由话题焦点标记来表示,在"才₁"句中,"才₁"作为特殊预设的话题焦点标记,常引导"才₁"前面或者后面的敏感成分与句

---

① 邢福义:《语法研究中"两个三角"的验证》,《华中师范大学学报》(人文社会科学版)2005 年第 5 期,第 38 页。

② 徐烈炯、刘丹青:《焦点与背景、话题及汉语"连"字》,《中国语文》1998 年第 4 期,第 243—252 页。

外的成分或者认知成分进行对比。例如：

（73）他才 12 岁，小毛孩，什么都不懂。（郁秀《花季雨季》）

（74）这新县长上任才三天，敌人就打来了。（赵树理《李家庄的变迁》）

在人们的认知中，例（73）中"12 岁"是个可大可小的年纪，但在人情世故方面，12 岁不可能懂得太多，作者用"才₁"引导出"12 岁"，不是为了说明他的年纪是 12 岁，而是为了强调他 12 岁还小，不通情理是可以理解的，与人们的认知内容是相同的。例（74）中，新官上任自然希望在位长久而且太平无事，但实际情况是，敌人在这位新县长刚刚上任不久就打来了，这位县长肯定是焦头烂额不得安宁，作者用"才₁"引导出"三天"，不是为了说明这位县长上任的天数，而是为了强调他上任的时间短，就遇到了问题。

二 "才₁"句的情感运用

"才₁"句所表达的情感信息比较丰富。"才₁"句既可表示积极情感，又可表示消极情感，这与"才₁"句中敏感成分的相对位置有关。

（一）积极情感

当"才₁"后面出现表价格的数量时，往往表示比预计的便宜，带有满意之感；有时事情完成的时间早，或者用时短，这些都是人们希望达到的结果，带有惊讶意思。

（75）便宜呀，这件才五块钱。（王朔《无人喝彩》）

（76）他把这个难题完成，才花了一个小时。

例（75）中，说话人认为五块钱买这件质量还不错的衣服，真是物美价廉，感到非常满意；例（76）中，说话人觉得"他"能在一个小时内将难题完成，这是件很令人惊讶的事情，表达的是一种惊讶称赞之情。

（二）消极情感

当敏感成分出现在"才₁"的前面时，表达的是用时长，事情完成的时间晚，数量过大，而这些往往是人们不愿发生的，表达的是消极的情感，这种消极情感包括埋怨、感慨不易等。

1. 埋怨

埋怨的情感体现在两个方面：一方面是对他人的埋怨，另一方面是对自己的埋怨。

当表示对别人的埋怨时，往往带有一种责备语气，例如：

（77）怎么这么晚才回来呀？（冯德英《迎春花》）

（78）大姊的信隔十天才写，寄到这里已经五十多天了。（苏雪林《棘心》）

这两例是表达对他人的埋怨、责问，往往用在反问句中。在例（77）中，说话人觉得对方回来的时间比较晚，和反问代词"怎么"联合使用，表示对对方回来晚的质疑和埋怨；在例（78）中，说话人认为，大姊写信的时间间隔太长，收到消息太晚了，说话人心里有埋怨之意。

当表示对自己的埋怨时，表达后悔之感，例如：

（79）当她确已知道小生命离开人世之时，才忽然想起了女儿。（语料库在线）

（80）我才知道，我有了大罪。（梁斌《红旗谱》）

这两例表示对自己的埋怨，表达后悔之意。在例（79）中，当事人"她"一直忽视自己的女儿，看到这个小生命离世而没有人关心，突然感到自己对女儿也是不闻不问的，表达了"她"的一种后悔之情；在例（80）中，"我"之前一直认为自己是对的，但在经过别人的指点之后，发现自己之前的行为是错的，在说话的时候，表示的是自己知道太晚的一种后悔之意。

2. 感慨不易

主语希望达到某个目的，但完成事情花费的时间过长，过程很不容易，"才₁"句强调这种不易之情。

（81）其中的一位香港裁判更是别有一番感慨："我都考了三次，才考上。"（语料库在线）

（82）俺娘卖了牛，卖了猪，粜了两担麦子，才凑齐了三十块大洋。（莫言《丰乳肥臀》）

在例（81）中，通过考试是香港裁判愿意发生的事情，但考的过程非常艰辛，考了三次才通过，正因为考过不容易，所以才会对此事发出感慨。在例（82）中，表达的是凑齐三十块大洋的不容易，前面"卖了牛，卖了猪，粜了两担麦子"这些行为也极言凑钱的过程不容易。

本章对于"才₁"句主要从语表、语里和语值三个方面进行了详细的分析。在语表形式方面，介绍了"才₁"句式的前段和后段，并且在研究中，还将 X₁ 和 Y₁ 进行了对比，这些认识都为后面研究语里内容提供了很好的切入点。在语里内容方面，"才₁"句的语义特征是固定的语义句式，这是由于 X₁ 和 Y₁ 之间存在区别，导致"才₁"在与它们不断结合使用的过程中产生；在认知层面，"才₁"句的心理产生涉及主观推测层面和客观反映层面的不一致，可以结合信赖程度来做定性分析。在语用价值方面，"才₁"句属于话题焦点，人们使用"才₁"句时重点在于言外之意，可以用来表达惊喜等积极情感，也可以表达埋怨、感慨不易等消极情感。

265

第二章 "才$_2$"句

与"才$_1$"句相比,"才$_2$"句有相应的关系词与"才$_2$"搭配,表达事物或行为之间不同的逻辑关系。研究"才$_2$"句,主要从"才$_2$"句的语表、语里、语值三个方面来进行。

第一节 "才$_2$"句的语表形式

对"才$_2$"句的语表形式,主要考察"才$_2$"句的基本句式特征、主语与关系词的位置关系,以及前后项的互换情况。

一 "才$_2$"句的结构特征

关于"才$_2$"句的结构特征,首先描述句式中各项的特征,然后讨论 M 与"才$_2$"组成固定搭配的特征,最后考察关系词的重现。

(一)单项特征

"才$_2$"句的句式为:MX$_2$,才$_2$Y$_2$。其中 M 表示不同的关系词,X$_2$代表前项,Y$_2$代表后项,以下将分别介绍各项的基本情况。

1. M

M 是与"才$_2$"搭配的关系词。

常搭配的前关系词有:只有、因为(因)。

(83)只有先掌握了情况,才能判断下一步该怎么做。(张平《十面埋伏》)

(84)因为它激昂地歌颂,所以才能深刻地暴露。(《人民日

报》1982 年 8 月）

频率比较少的有：除非（非）、要、必须（须）、为了、多亏、由于。

（85）除非你连续给我写一百封情书，我才会考虑。（《长江日报》1998 年 10 月）

（86）要嫁个更光彩的人家，才对得起你父母！（张玲《小雨珠》）

（87）必须全力奋进，才能成为强者。（《人民日报》1984 年 5 月 9 日）

（88）只不过为了摸清我想些什么，才特意带了这么一位多嘴多舌小猴似的人物。（冯苓植《雪驹》）

（89）多亏了那些好心人，我才保住这条命。（《长江日报》1989 年 4 月 5 日）

（90）由于有了这种进步，才获得了去年一年真正伟大的成绩。（语料库在线）

2. X₂

X₂ 为前项，可以是谓词性结构，常为动宾结构。

（91）只有稳据中原，才能定鹿死谁手。（姚雪垠《李自成第二卷》）

（92）因为受到邀请，我们才得以涉足这神秘的土地。（《长江日报》1990 年 1 月 21 日）

也可以为小句。

（93）因为敌人已经走远无法追上了，她才赶快来看田大姑。（刘流《烈火金钢》）

（94）只有父母有问题，孩子才可能写这种反标。（冯骥才《一百个人的十年》）

有时也可以为代词。

（95）就因为此，我才要寻找一个安静。（张炜《柏慧》）

（96）只有这样，她才能把心拴住。（老舍《四世同堂》）

3. Y_2

Y_2 为后项，由谓词性结构充当，常是动词性结构，也可以是动宾结构。

（97）正因为她们是我的亲戚，我才要宣判她们的死刑。（莫言《丰乳肥臀》）

（98）只有了解了客户的业务，才能想到更多的会计方面的问题。（北大语料库）

也可以是动补结构。

（99）也就是因为第一次，我才怕得要死。（戴厚英《人啊，人》）

（100）他知道文章学问道德功业都只有靠汗血，才能换得来。（北大语料库）

（二）固定结构的特征

在"才$_2$"句中，不同的固定结构有不同的特点，下面我们介绍两种固定结构，并比较一下固定结构中一些相近搭配之间的异同。

1. 因为/为了/由于/多亏 X_2，才$_2$ Y_2

首先介绍"因为 X_2，才$_2$ Y_2"的表现形式，其他的搭配可以与"因为"的搭配进行比较认识。

1）因为 X_2，才₂ Y_2

"因为"前面往往会加上"正（是），只（是），就（是）"，例如：

（101）正因为一粒米一片菜叶都来之不易，我才觉得应该多付一些钱。（王朔《你不是一个俗人》）

（102）齐英他们是能够把那几个残兵败卒追上去消灭的，只因为毛驴太君从桥头镇派来了援兵，才把这个万恶的猪头鬼子救回去。（刘流《烈火金钢》）

后分句有时候会出现"所以"，常常与"才"连用；有时"所以"也可不出现。

（103）然而正是因为股市有风险，才更有魅力。（《长江日报》1995年1月）

（104）父亲说植物因为有灵性，所以才会生长。（《长江日报》1993年7月）

2）"因为"与其他词搭配的区别

"为了、由于、多亏、因为"与"才₂"的搭配，在表现形式上差不多，但是仍存在细微的区别，需要一一对比说明。

第一，"因为"与"为了"的比较。"为了"引导表目的的从句，换成"因为"时，需要添加"要"跟后面的成分连接。

（105）a. 你是不是为了向世界证明女人也能理性思考，所以才写这么强劲阳刚的文章？（龙应台《自白》）

b. 你是不是因为要向世界证明女人也能理性思考，所以才写这么强劲阳刚的文章？

"为了"在"才₂"句中有两种词性表现：一种是连词，后面加名词性成分；另一种是介词，后面加动宾结构。

  （106）为了老人，我才能够有力气返回北京。（安顿《绝对隐私》）

  （107）为了纪念这回事，我才给孩子起名叫小离儿。（李英儒《野火春风斗古城》）

  第二，“因为”与“由于”的比较。“由于”比较书面化；“因为”比较口语化。

  （108）正是由于他们的存在，才使得这个世界显得充满了希望。（礼平《晚霞消失的时候》）

  （109）就因为是你的朋友，我才替他吹了半天。（谌容《梦中的河》）

  第三，“因为”与“多亏”的比较。“多亏”表述由于别人的帮忙而避免了不如意的事，含有感谢或庆幸的意义；而“因为”则不带这样的感情。

  （110）a. 多亏朋友提前通风，奥尔迪斯才得以脱身。（《长江日报》1996 年 12 月 22 日）

    b. 因为朋友们提前通风，奥尔迪斯才得以脱身。

  通过（110）a 和（110）b 的比较，可以看出使用“多亏”和“因为”时，语气上存在差异。

  2. 只有/要/除非/必须 X_2，$才_2Y_2$

  首先介绍“只有 X_2，$才_2Y_2$”的表现形式，其他的搭配可以与“只有”的搭配进行比较认识。

  1）只有 X_2，$才_2Y_2$

  在“只有 X_2，$才_2Y_2$”中，主要考察其中的 X_2 与其他搭配的不同，以及"才₂"后面常出现的成分。

X₂除了上面提到的谓词性结构外，有时可以为名词性结构。

（111）只有这样的人，才配做青年人的至友和师长。（语料库在线）

（112）只有这句话，才打动了老驴头的心。（梁斌《红旗谱》）

也可以为介宾短语的加词性结构。

（113）只有在文明的社会里，人的生存权才会得到尊重。（《人民日报》2000 年 6 月 7 日）

（114）只有在长江边上，才能构成对大海的渴念。（余秋雨《文化苦旅》）

"才₂"后面往往会加上能愿动词，如"能、会、肯、可能、敢、算、可以"等。

（115）只有现代化，才能迈进国际化。（《长江日报》1993 年 5 月 20 日）

（116）只有好东西，才会被仿冒。（《长江日报》1993 年 11 月 22 日）

（117）只有在给他们找到适当的住处之后，他们才肯从动物园搬出。（《长江日报》1992 年 10 月 1 日）

（118）只有在社会主义的今天，才可能让想象成为现实。（《长江日报》1982 年 11 月 28 日）

（119）只有那些具有正确目标的、高度自信的人，才敢于同自己竞争。（《长江日报》1990 年 2 月 5 日）

（120）只有两个文明都搞得好，才算真正合格。（《人民日报》1999 年 1 月 20 日）

（121）只有正确认识了那场战争，才可以迎来和平。（《人民日报》2002 年 8 月 16 日）

2）"只有"与其他搭配的区别

"只有、要、除非、必须"这几个关系词与"才₂"的搭配，在表现形式上差不多，但仍存在细微的区别，需要一一进行对比说明。

第一，"只有"与"除非"的比较。"只有"是从正面提出某个唯一的条件；"除非"是从反面强调不能缺少某个唯一的条件。

（122）西藏人民只有维护祖国的统一，加强汉藏民族之间以及祖国各民族之间的大团结，才有真正幸福美满的未来。（《人民日报》1999 年 1 月 29 日）

（123）除非你现在把公章捧出来，双手递给赖和尚，赖和尚才肯原谅你。（刘震云《故乡天下黄花》）

第二，"只有"与"要"的比较。"只有"比较书面、正规，"要"比较口语化，我们在以日报为主的复句语料库中搜索时，"只有"出现在"才₂"句中 6303 次，"要"却未出现；在当代小说语料库中，"要"才出现在"才₂"句中。

（124）只有保持清醒的头脑，才不会上当受骗。（《长江日报》1994 年 4 月）

（125）我同皇太子还是婴儿的时候大概差不多，要吃饱了才能乖乖地睡觉。（老舍《正红旗下》）

第三，"只有"与"必须"的比较。"必须"表示"一定要"的意义，比"只有"的语气更加强烈。

（126）a. 他必须得到各方的协助和支持，才能尽快破获。（张平《十面埋伏》）

b. 他只有得到各方面的协助和支持，才能尽快破获。

通过（126）a 和（126）b 的比较，可以看出使用"只有"和"必须"时，语气上存在差异。

（三）关系词的重现

在"才₂"句中，与"才₂"搭配的关系词在句子中可以单个重复出现，也可以多个关系词一起出现，其表现的形式不同，需要分类讨论。

1. 单个关系词的重现

在"MX_2，$才_2Y_2$"句式中，M 和"才₂"都可以重复出现。

1）M 的重现

在句式中，前关联词可以重复出现，如 MX_{2-1}，MX_{2-2}，…，其中 X_{2-1} 和 X_{2-2} 常为并列关系。

（127）只有博采众长、独出机杼的文学，只有心灵结出的果实，才是永恒的。（《人民日报》1987 年 6 月 9 日）

（128）因为实在，也因为有了平常心，这日子也才有了嚼头。（《长江日报》1997 年 10 月 13 日）

2）"才₂"的重现

后项也可以复合，如 $才_2Y_{2-1}$，$才_2Y_{2-2}$，…，Y_{2-1} 和 Y_{2-2} 有两种关系：可以是并列式的，例如：

（129）产品只有卖得出去，才有效益可言，才能实现增收。（《长江日报》1987 年 3 月 30 日）

（130）下棋只有下到这个份上，才有警醒的兴奋，才会蒙千虑一失的痛苦。（《长江日报》1992 年 6 月 13 日）

也可以是递进式。

（131）只有这样，改革才有希望，才能获得成功。（《人民日报》1984 年 5 月 14 日）

（132）正因为世界上还有一些黑暗面，所以我们才更不能消极，才要求入党。（《人民日报》1985 年 7 月 29 日）

2. 多个关系词的重现

当"只有"与"因为/为了"同现时，"只有 X_2，才$_2Y_2$"属于强势搭配，往往优先在句中体现出来。

（133）因为只有病灶清楚，才好对症施治。（《长江日报》1990 年 3 月 16 日）

（134）只有为了防止刑事案件审判的过分迟延，才可以在刑事案件审判后，由同一审判组织继续审理附带民事诉讼。（《长江日报》1996 年 3 月 27 日）

例（133）中，"因为"和"只有"连用，但并不是这两个关系词都跟"才$_2$"搭配，而是"只有"和"才$_2$"搭配使用，然后做"因为"引出的原因；例（134）中，"只有"和"为了"连用，但"为了"并未与"才$_2$"搭配，而只是做"只有"引出的条件。

产生上述情况的原因是"因为/为了 X_2，才$_2Y_2$"的搭配不稳定，这种不稳定是由于"因为/为了"跟"所以"搭配时，后面习惯添加"才$_2$"，之后在使用过程中逐渐省略了"所以"，形成了"因为/为了 X_2，才$_2Y_2$"的固定格式，但是"因为/为了"和"才$_2$"在意义上不是直接搭配的。相比而言，"只有 X_2，才$_2Y_2$"的搭配很稳定，中间没有经过省略形式的固化。

二 主语与关系词的位置

在"才$_2$"句中，主语与关系词的位置有多种表现形式，前后分句主语的异同会影响它们之间的位置分布。

（一）前后主语相同

在"才₂"句中，当前后分句的主语相同时，有三种位置分布。

1. 主语在前分句的句首

在前后主语相同时，主语在前分句的句首，此时后分句不必出现主语。

（135）我们只有果断行动，才有生路可寻。（礼平《晚霞消失的时候》）

（136）李白正是因为没有通天的大路，所以才有了名篇《蜀道难》。（《长江日报》1996年11月13日）

2. 主语在后分句句首

在前后主语相同时，主语在后分句的句首，此时前分句不必出现主语。

（137）只有改革，企业才有活力。（《长江日报》1983年2月4日）

（138）正是因为好多年听不到这样的痛骂，我才变成今天这个样子。（戴厚英《人啊，人》）

3. 主语省略

在前后主语相同时，主语可同时省略，这种情况往往是由于上文已经点明了主语，这里不需指出来，读者也能知道。

（139）只有爱学生，才有教育学生的热情。（《长江日报》1993年8月13日）

（140）只有去郑州开会，才看过两次电影。（《长江日报》1983年4月14日）

值得注意的是，在"因为 X₂，才₂Y₂"中，主语与关系词的一种位置在其他搭配中没有，即当前后主语相同时，主语在前分句"因为"的后面，例如：

（141）因为我是他的儿子，才劝他自动退出历史舞台。（戴厚英《人啊，人》）

（142）因为你热衷邪门歪道，所以才弄得焦头烂额。（《长江日报》1983 年 1 月 15 日）

（二）前后主语不同

当前后主语不同时，前分句的主语一般在"只有"的后面，有时主语不用特意指明时也可省略。

（143）只有抽动了它的导火线，它才会天崩地坍的爆炸。（冯德英《苦菜花》）

（144）因为咱俩是老朋友，我才这么直言无忌。（姚雪垠《李自成》第一卷）

后分句的主语必须出现，而且出现在后分句句首，上述例句可用作证明。

三 前后分句互换情况

考察前后分句是否可以互换，有助于了解前后分句之间的关系。在"才₂"句中，用替换法来检验，发现前后分句不能互换。

（145）a. 群众只有迅速恢复生产，才能有吃有穿。（曲波《林海雪原》）

b. ＊群众只有有吃有穿，才能迅速恢复生产。

（146）a. 因为他们再三请他来，他才勉强答应。（周而复《上海的早晨》）

b. ＊因为他勉强答应，他们才再三请他来。

（147）a. 为了怕你再睡帐篷，才选了这个地方。（柳建伟《突出重围》）

b. *为了选了这个地方，才怕你再睡帐篷。

例（145）a 表示的是恢复生产能满足群众的吃和穿问题；例（145）b 前后互换之后，群众有吃有穿，对恢复生产起不到决定性的作用，这样的句子在逻辑上不成立；例（146）a 表示的是他答应来是因为他们的再三邀请而不得不来，例（146）b 前后互换之后，变成了他们再三邀请他的原因，是因为他勉强答应，这显然不能成立；例（147）a 表示的是选择这个位置是怕你睡帐篷，例（147）b 前后互换之后，全句变成怕你睡帐篷是为了选择这个地方，这种表述让人不知所以然，不能成立。

第二节 "才₂"句的语里内容

在分析"才₂"句的语里内容时，单独考察"才₂"的意义对我们深入认识以及教学指导是没有帮助的，所谓"形式决定意义"，因此我们需要结合"才₂"所在的固定结构来深入对"才₂"句语义的认识。下面首先考察与"才₂"搭配的固定结构的语义特征，然后进行"才₂"句的认知分析。

一 "才₂"句的语义特征

"才₂"句前后分句之间存在着顺向制约关系，即在逻辑上只能由前分句推出后分句，而不能由后分句推出前分句，此结论可以从语表中前后分句不能自如互换的情况里得出。

"才₂"常用来标识某种逻辑关系，要研究"才₂"句的语法意义，不能单独对"才₂"所表达的意义进行阐述，而是要将其放入所在的具体搭配中加以研究，因此我们在讨论"才₂"句的语义时，根据前后分句的不同关系，可以将"才₂"句分为"才₂"因果句、"才₂"条件句两类来讨论。

（一）"才$_2$"因果句

"才$_2$"因果句以"因为 X$_2$，才$_2$Y$_2$"为代表。"因为"引导表原因的分句，"才$_2$"引导表结果的分句。"才$_2$"条件句具有以下几种特性。

1. 转折性

转折性不是指前分句和后分句之间的关系，而是指"才$_2$"因果句跟上下文之间的关系，上下文产生的结果与"才$_2$"句中的结果相反，这是由于中间"因为（因）"句提出的原因所导致的，用进程图示可以表明：

本意下会产生某种行为——某种原因——产生与本意相反的行为
　（上下文）　　　　（"因为"句）（"才$_2$"引导的分句）

这个过程是"才$_2$"因果句生成的内部机制，缺少这个环节中的任意一个部分，都无法构成"才$_2$"因果句。这种转折性是在句群中体现出来的，常常可以在多重复句中发现。

（148）他也知道它那儿买卖大，药品全，只是因为怕买出麻烦来，所以才不愿意到那儿去买。（刘流《烈火金钢》）

（149）我们是为了纪念曹禺先生才重排此剧，如果面目全非了，就失去了意义。（《人民日报》2000 年 9 月 23 日）

例（148）中，因果句与上文有转折关系，他知道那个药店的药品全，想在那儿买，但又没有在那儿买，原因是外界的影响，在那儿买东西会带来麻烦，如果不介绍原因，人们会无法理解前后的不一致性；例（149）中，因果句与下文有转折关系，因果句说明这部话剧是因为纪念曹禺先生而排的，如果改得面目全非，那么纪念的意义就没有了，还不如不排。为了表明前后的转折关系，才用"才$_2$"因果句来表述。

即使在只出现因果分句的"才$_2$"句中，我们仍能根据语义，补充出上下文与之对应的转折句。

（150）也许正因为"玩"的是"非文学"，才"玩"出了文学本身不可企及的热闹。（《人民日报》1998 年 12 月）

例（150）中，我们可以根据这句话推测出前文指出单纯玩文学不会达到如此热闹的效果，而且认为他们玩的与我们通常所说的文学是不同的，因此产生了不一样的结果。

2. 已然性

"才$_2$"因果句中的结果具有已然性。这与一般的因果句不同，邢福义指出，因果句中的结果可能是已然的，也可能是未然的[①]，在"才$_2$"因果句中结果都是已然发生的。

（151）因为我是他的儿子，才劝他自动退出历史舞台。（戴厚英《人啊，人》）

（152）婚外恋并不是仅仅因为第三者才开始的，因为一个完整的婚姻别人是插不进去的。（《长江日报》1998 年 9 月 18 日）

3. 注意事项

关于"为了"与"才$_2$"搭配时的句子归类问题，值得讨论分析一下。

对于"为了"与"才$_2$"的搭配属于哪种类型，历来学者都没有对此做出系统的认识和分析。张谊生提出，"才$_2$"有时会出现在目的句中[②]；张磊（2011）认为，"为了"与"才$_2$"搭配时属于条件目的句，是目的句与条件句充要条件的杂糅，后面又提到"为了"与"所以"搭配时是属于原因性目的句[③]。在实例中我们常会遇到"为

---

① 邢福义：《汉语复句研究》，商务印书馆 2003 年版，第 59 页。
② 张谊生：《现代汉语副词研究》，商务印书馆 2014 年版，第 119 页。
③ 张磊：《"为了"目的句的句序研究》，学位论文，华中师范大学，2011 年。

了"与"所以""才$_2$"这样的搭配，那怎么将这种句子归类？

之所以会出现上述认识，是因为张谊生只是试图说明"才$_2$"的分布情况，却没有说清"才$_2$"的归类问题；张磊是站在目的句的角度来进行分析的，对所出现的"为了"与"才$_2$"搭配的情况做了简单归类分析，没有全面考虑交叉部分的归类问题。

那么以什么标准来给"为了"与"才$_2$"搭配的句子归类呢？

我们从两个方面来分析。首先，在形式上，当"为了"与"才$_2$"搭配时，"为了"引导行为的目的，做前分句；"才$_2$"引导动作行为和结果，做后分句，而且往往有"所以"与"才$_2$"连用，这些表现都与因果句相同。其次，在语义上，"为了"与"才$_2$"搭配的句子是用来强调动作的行为或结果，这与因果句的语义表达也相同。

综上分析，我们认为，"为了"与"才$_2$"搭配时的句子，是张磊所划分的原因性目的句出现在"才$_2$"句中，应该归为我们上述分类中的"才$_2$"因果句中，而无须再单独分一类"才$_2$"目的句。

"才$_2$"句有自己的成句语法环境，与一般所说的目的句可以相互转换，但变化前后的句子存在着区别。

> （153）a. 他为了掩盖自己，才故意给陈宝义栽赃。
> b. 他故意给陈宝义栽赃，是为了掩盖自己。

例（153）a 中的"为了"前分句，是用来解释发生"故意给陈宝义栽赃"这种行为的原因，例（153）b 中，将"才$_2$"句变成目的句，需要删掉"才$_2$"并调整语序，这时整个句子强调的是"掩盖自己"这个目的。两个句子在表意和强调上的重点是不同的，因此我们认为，将出现"为了"的"才$_2$"句归入因果句能够解释这种意义上的区别。

（二）"才$_2$"条件句

"才$_2$"条件句以"只有 X$_2$，才$_2$Y$_2$"为代表。在"只有 X$_2$，才$_2$Y$_2$"中，"X$_2$"是表条件的内容，"Y$_2$"是表结果的内容，句式表达的意义是在条件 X$_2$ 下，会产生结果 Y$_2$。"才$_2$"条件句具有以下几种特性。

1. 主观性

吕正春认为，把"才$_2$"条件句叫作"言语条件句"更加适合，这样可以与逻辑书上的条件关系相区别①。在自然语言中，人们说话都是为了主观交际的需要，带有主观表达性，而不是机械的复制逻辑关系，"只有 X$_2$，才$_2$Y$_2$"是用来表示主观评价条件关系的，即在主观认定下，表示在唯一条件"X$_2$"下能产生结果"Y$_2$"。

（154）只有战胜敌人，才能摆脱艰苦。（知侠《铁道游击队》）

（155）只有继续制造幻想，才能稳住局面。（罗广斌、杨益言《红岩》）

例（154）中，说话人主观认为，在"战胜敌人"这个条件下，就可以出现"摆脱艰难"这样的结果，但实际上这样的条件关系还受到其他因素的影响，如人口的分散，或者资源的匮乏，等等，但该句子并没有提到这些客观上可能存在的条件限制，而是主观认定"战胜敌人"是决定性的条件；例（155）表达的是说话人主观上认为在"继续制造幻想"的条件下，能产生"稳住局面"这样的结果，而在客观上还有其他的条件能产生"稳定局面"的结果，只是说话人主观上没有提到而已。

2. 假设性

"才$_2$"条件句还有另外一个语义特性，即假设性，认为"只有 X$_2$，才$_2$Y$_2$"表达的是一种假言。我们在语表中提到"才$_2$"后面常出现一些能愿动词，可以表明"才$_2$"条件句常常用来表示可能的结果。

---

① 吕正春、徐景茂：《"只有……才"句式表达何种假言判断》，《齐齐哈尔师范学院学报》1983 年第 4 期，第 107 页。

（156）只有我亲自前去，才能够相机处理，以正压邪。（姚雪垠《李自成》第二卷）

（157）只有将他们扫地出门，才能将他们的威风打下去。（刘震云《故乡天下黄花》）

例（156）中，说话人假设"我亲自前去"这个条件实现了，就可以出现"相机处理，以正压邪"这样的结果，但事实上会不会产生，以及还会不会有其他的条件来限制其产生都无法判断；例（157）中，提议人假设在"将他们扫地出门"这个条件实现了，就能达到"将他们的威风打压下去"的结果，真实的结果还未能判定。

同时我们也应该注意到，有一些例子不是表示假设性的结果，而是真实发生了的结果。我们认为，这些例句是"才₂"句和"才₃"句过渡阶段的存在，这些句子在形式上属于"才₂"句，而在意义上更接近"才₃"句，这点在第四章中会详细比较，例如：

（158）只有礼拜天机关食堂休息，他们才在家里烧饭吃。（周而复《上海的早晨》）

（159）只有共产党，才能救中国。

3. 排他性

"才₂"条件句的排他性，是指句中的"只有"引导的条件具有唯一性，对这点过去的学者都达成了共识，但需要补充的是，我们上面讨论过"才₂"条件句的主观性，因此这种排他性也是具有主观性的排他性，需要区别于逻辑书上的"充分必要条件"。

二 "才₂"句的认知层面

为了定性地对"才₂"句的认知层面进行了解，我们用信赖程度来表示"才₂"句的认知层面。因果句和条件句所涉及的思维层面不同，因此需要分开讨论。

（一）"才₂"因果句的认知层面

"才₂"因果句的结果是已定的，因此也可以叫"才₂"已然句。"才₂"因果句的认知层面分析涉及主观推测层面和客观反映层面。在语义上，我们提出"才₂"因果句具有转折性，这一属性虽然属于句群里的关系，但我们仍可以用信赖程度来表示，将上下文记作 N（有时在句中出现，有时也可不出现），用信赖程度表示是：在主观推测层面，一方面，$P\{Y_2/N\}<0.5$，即人们根据自己的常识判断，在只出现上下文的前提下，觉得结果成立的可能性小；另一方面，$0.5<P\{Y_2/X_2\}<1$，即在原因句成立的情况下，结果成立的可能性要大。在客观反映层面，信赖程度表示为：$P\{Y_2/N+X_2\}=1$，即在客观事实上，在上下文同时出现时，附加一个外在的原因，结果成立了。

（160）传说孙大姑年轻时能飞檐走壁，是江湖上有名的女响马，只因犯了大案，才下嫁给孙小炉匠。（莫言《丰乳肥臀》）

（161）这些人中，虽多数都有固定职业，但为了活得更自在，才又挤到这儿，捧起"泥饭碗"。（《长江日报》1992年9月15日）

例（160）中，孙大姑年轻时非常有名，因此人们根据嫁人要嫁门当户对的常识，认为孙大姑嫁给一个小炉匠的可能性很小，即 $P\{$下嫁给孙小炉匠/江湖上有名的女响马$\}<0.5$；在客观事实上，因为孙大姑犯过大案，身价下跌，所以嫁给了孙小炉匠，即在客观反映层面是 $P\{$下嫁给孙小炉匠/江湖上有名的女响马犯了案$\}=1$。同样地，在例（161）中，人们认为有固定职业的人相当于捧着铁饭碗，一般不会丢掉工作，挤到这个条件艰苦的地方来，即 $P\{$挤到这个条件艰苦的地方/有固定职业的人$\}<0.5$；事实却是，确实有人丢掉了自己的稳定工作，想要活得自在，到这个条件艰苦的地方做自由工作者，$P\{$挤到这个条件艰苦的地方/有固定职业但想活得更自在的人$\}=1$。

同时，在只出现因果分句的"才₂"句中，我们还能推出另一个关系，即在主观推测层面，$0.5<P\{Y_2/X_2\}<1$，即在原因成立的情

况下，结果成立的可能性大。这个关系是对上面转折关系成立所提供的一个补充。

（162）就是因为他能给大家办事，才选他当常务副主席。（《长江日报》1996年3月4日）

（163）为了叫鬼子完得更快，我才钻到他们内部来。（冯志《敌后武工队》）

例（162）中，在"他能给大家办事"成立的情况下，人们选他当常务副主席是很有可能成立的，即 $0.5 < P$ ｛当常务副主席/给大家办事｝< 1；在例（163）中，要达到让鬼子灭亡得更快这个目的，钻到鬼子内部进行活动是一个很好的手段，即 $0.5 < P$ ｛钻到鬼子内部/叫鬼子完得更快｝< 1。

（二）"才$_2$"条件句的认知层面

"才$_2$"条件句的结果往往未定，因此可以叫"才$_2$"未然条件句。"才$_2$"条件句不涉及客观反映的情况，只涉及主体意愿和主观推测层面。如果用信赖程度来表示，主体意愿是 $0.5 < P$ ｛Y_2/X_2｝< 1，即说话人根据自己的意愿认为在前面条件成立的情况下，后面结果成立的可能性大；主观推测层面是 P ｛Y_2/X_2｝$= 0.5$，即人们根据自己的常识无法判断事件的真假。

（164）只有坚持武装斗争，我们才能胜利。（雪克《战斗的青春》）

（165）只有除掉这个祸根，村里才得安宁。（《长江日报》1997年1月15日）

例（164）中，说话人"我"在说话时相信坚持武装斗争就会取得胜利，即在主体意愿上 $0.5 < P$ ｛取得胜利/坚持武装斗争｝< 1；人们根据自己的认识，还有其他的因素会影响胜利，提出坚持武装斗争的战略，有可能取得胜利，也有可能失败，即在主观推测层面是 P ｛取得胜

利/坚持武装斗争} = 0.5。同样地，在例（165）中，说话人在说话时相信除掉祸根，村里就能得到安宁，即在主体意愿上 0.5 < P {村里得到安宁/除掉祸根} < 1；当我们不根据上下文来考虑时，除掉祸根，村里可能得到安宁，也可能得不到安宁，影响村子安宁还有其他的原因，即在主观推测层面是 P {村里得安宁/除掉祸根} = 0.5。

第三节 "才$_2$"句的语用价值

关于"才$_2$"句的语用价值我们可以从"才$_2$"句的焦点问题以及在情感上"才$_2$"句的运用情况两方面来考察。

一 "才$_2$"句的语句焦点

"才$_2$"句的焦点属于自然焦点。自然焦点跟语序有关，在汉语中句子末尾通常是句子自然焦点所在，具有突出的特征。"才$_2$"句通常为复句，自然焦点一般就落在后分句上，前分句作为句中背景用来突出后分句。

在"才$_2$"因果句中，"因为"引导原因句，是为了突出"才$_2$"引导的与上下文具有转折性的结果；在"才$_2$"条件句中，"只有"引导的条件句，是为了突出"才$_2$"引导的在某种条件下产生的结果。例如：

（166）贝多芬的祖父毕竟当过宫廷合唱团和管弦乐团的乐长，只是因他父亲酗酒，家境才日益贫困。（《人民日报》1997年3月7日）

（167）只有向对手学习、改革内政，才能有光明的前途。（北大语料库）

例（166）中，本来贝多芬的祖父当过乐长，那家境应该不会很差，但是由于贝多芬的父亲酗酒，使得原本可以过富足生活的家庭越来越贫困，由"因为（因）"引导出转折的原因，"才$_2$"引导出与上文前提情况不一致的结果。例（167）中，句子的焦点在于结果分句是"能有光明的前途",这种结果是由条件分句"向对手学习、改革内政"得出的。

需要说明的是,"才₂"条件句存在一种特殊现象,就是一些句子在去掉关系词之后成为单句,这种现象从语句焦点角度可以得到解释。当说话人使用条件关系词时,给本可用单句表达的句子成分之间添加了条件关系,说话人重在强调前后部分之间的条件关系,而不是无意义地胡乱添加,这可以通过对有无关系词句子的比较观察出来。

(168) a. 只有英国人才有这么狠的心。(欧阳山《苦斗》)

b. 英国人有这么狠的心。

(169) a. 只有当文化可以传递时,才可以保存,并使之世代相传。

b. 当文化可以传递时,(文化)可以保存,并使之世代相传。

在例(168)a中,语句焦点在于强调是英国人,才会表现出这么狠的心,在去掉焦点标记词之后的(168)b句,我们无法理解这种条件限制,而变成了单纯的陈述语气。例(169)可以同样理解。

二 "才₂"句的情感运用

"才₂"句主要用在解释原因的因果句和表示限定的条件句中,在逻辑上有所不同,主要用于主观上的表达,可以表示情非得已的情感,也可以用来表示坚定的语气。

(一)情非得已

"才₂"因果句表示的是在意愿上不想做某事,但因为外界原因,不得不做出违背自己意愿的选择,常常用"才₂"因果句来表达一种情非得已。

(170)因为他们再三请他来,他才勉强答应。(周而复《上海的早晨》)

(171)因为拍摄电影《红旗谱》,他扮演朱老巩和朱老忠,

所以才留下这少见的胡须。(《长江日报》1982 年 2 月 10 日)

例（170）中，他本是不愿意来的，但是经不住他们再三的请求，才不得不违背自己的心愿，勉强答应了，这样的决定是情非得已而为之的。例（171）中，他本来是不会留这么少见的胡须的，但由于工作的需要，在电影里所扮演的人物的要求，才不得不留下了这个胡须。

（二）坚定语气

在"才₂"条件句中，主观上排除其他可能的条件，确定是唯一条件能产生某种行为结果，常用来表示坚定的语气。另外"除非""必须"这些含有坚定语气的词可以跟"才₂"搭配，也表明"才₂"条件句可以用来表示坚定的语气。

（172）只有除掉这个祸根，村里才得安宁。(《长江日报》1997 年 1 月 15 日)

（173）只有你紧紧地依靠群众，群众才能掩护你。（李晓明、韩安庆《平原枪声》）

例（172）中，说话人认为，村里获得安宁的唯一条件就是除掉这个祸根，实际上或者还有其他的方法能达到安宁，但是说话人用"才₂"条件句就是为了强调"除掉祸根"的重要性，坚定自己的语气，并以此来说服其他人相信这种认识是正确的。同样地，在例（173）中，说话人认为紧紧依靠群众，是能达到让群众掩护自己的唯一条件，这种认识带有主观性，是为了强调自己的观点，积极宣传紧紧依靠群众这个方针，语气中透露出坚定的态度。

"才₂"句经常出现在复句中，因此在"才₂"句的语表形式上，主要考察了句式的结构特点、主语与关系词的位置关系以及前后分句互换的情况。在语里方面，将"才₂"句分为因果句和条件句两类来讨论，因为这两类在语义特征和认知层面上都有所不同。在语值方面，"才₂"句属于自然焦点，常用来标识句中的逻辑关系，可以用"才₂"句表达坚定的中性语气以及情非得已的无奈之感。

第三章 "才₃"句

"才₃"句带有强烈的口语色彩，很少出现在书面语中。对于"才₃"句的分析，主要可以从"才₃"句的语表形式、语里内容、语用价值三个方面来进行。

第一节 "才₃"句的语表形式

对于"才₃"句的语表形式，我们主要介绍"才₃"句主干句式中各个成分的构成和特点，以及与"才₃"组成的一些固定搭配。

一 "才₃"句的结构特征

"才₃"句有时出现在单句中，有时也出现在复句中，还可能出现在对话中。但不管在哪种句法环境中，"才₃"句的主干句式都为：S 才₃Y₃。因此我们在考察"才₃"句的结构特征时，主要考察 S 与 Y₃ 各自的特征。

（一）S

"才₃"句中的主语 S 根据性质的不同，可以分为真实主语、替代主语和虚拟主语。

1. 真实主语

真实主语指主语是语句中的真正主语，有时可由词来充当，也可以由短语来充当。

（174）雄孔雀才美丽，雌孔雀，比老母鸡还丑。（莫言《丰

乳肥臀》)

  (175) 不打赢他才有鬼！（杜鹏程《保卫延安》）

在由单个词充当真实主语时，常常是人称代词。

  (176) 我才不穿这种衣服！（凯莉《情奴》）

  (177) 你才别想活呢！（凯莉《情奴》）

  (178) 他才不给我说哩！（周而复《上海的早晨》）

2. 替代主语

替代主语是指由指示代词来充当主语的类型，常常是"这、那"，其中"这"在单句中出现的频率高一些，"那"在对话中出现的频率高一些。

  (179) 要说校园歌曲，这才是最早的。（莫言《丰乳肥臀》）

  (180) 我不冷，看你浑身冰雪，那才真冷呢。（李英儒《野火春风斗古城》）

3. 虚拟主语

虚拟主语是指形式上做语句的主语，但意义上不是语句的真正主语。可以是词，也可以是短语。

1) 由单个词充当虚拟主语

单个词充当虚拟主语时，常常是一些带有贬义的名词性成分，如王八蛋、神经病等。

  (181) 早知道毒品危害这么大，王八蛋才去碰它。（语料库在线）

  (182) 傻子才整自己！（戴厚英《人啊，人》）

还有一些中性词做主语，但在现实生活中不存在，是空指成分，如老天爷、鬼等。

（183）老天爷才知道，不定谁欺负谁哩！（雪克《战斗的青春》）

（184）赵中和依然一脸的不悦，"鬼才知道。"（张平《十面埋伏》）

（185）木头人才没心事。（谌容《梦中的河》）

2）短语充当虚拟主语

充当虚拟主语的短语主要是"的"字短语，常常含有贬义的空指。

（186）你他妈的才是胡说八道！（张平《十面埋伏》）

（187）狗日的才装疯卖傻，你他妈的才是装疯卖傻！（张平《十面埋伏》）

虚拟主语常出现在肯定句中，虚拟主语与真实主语之间可以转换，将虚拟主语换成说话人，然后对后面的句子进行否定。

（188）a. 早知道毒品危害这么大，王八蛋才去碰它。（语料库在线）

b. 早知道毒品危害这么大，我才不去碰它。

例句表达的意思是，如果之前就知道毒品的危害这么大，说话人"我"是一定不会碰它的，（188）a 句中的"王八蛋去碰它"与（188）b 句中的"我不去碰它"是变化项，但两者表达的意义是一样的，但是在语气上有所变化，这点值得注意。

（二）Y_3

Y_3 常为谓词性结构，可以由形容词性成分充当，也可以由动词性成分充当。

1. 形容词性成分充当 Y$_3$

"才$_3$"句中充当 Y$_3$ 的形容词不能重叠，后面不能接限定词。"才$_3$"后面直接连接形容词时，句末一般需要语气词帮助形容词来煞尾。

（189）小老虎的脾气才坏呢。（周而复《上海的早晨》）

（190）那藕才鲜亮呢，我都没收！（谌容《梦中的河》）

2. 动词性成分充当 Y$_3$

在"才$_3$"句中充当 Y$_3$ 的动词性成分往往是自主动词及相关结构。

（191）汉奸特务才干这种勾当！（冯德英《苦菜花》）

（192）闲话，才听得多哩！（吴强《红日》）

动词性成分有时是由"是"引导的判断句，前面往往用指示代词"这"为主语。

（193）我好心劝你，倒粘到我身上来了，这才是个笑话。（周而复《上海的早晨》）

（194）这才是高手！（李佩甫《羊的门》）

有时也可以是"算+动词性成分"。

（195）要再摸两手稀屎，才算倒了八辈子楣！（杜鹏程《保卫延安》）

（196）该怎么着才算端正态度呀？（杨绛《洗澡》）

二 "才$_3$"句的固定搭配

"才$_3$"常和一些成分共现，并构成固定搭配。这些成分可以是语气词，也可以是形容词。

（一）"才₃"与语气词的固定搭配

"才₃"往往会与语气词"呢"连用，形成固定搭配"才₃……呢"。在方言中，后面的语气词还可以变成"哩/呐/咧"。

（197）腊八节才施粥呢。（莫言《丰乳肥臀》）

（198）未庄的一伙鸟男女才好笑哩！（鲁迅《呐喊》）

（199）这才是正装货呐。（周立波《暴风骤雨》）

（200）我才不怕她咧！（绿平《修罗的天使情人》）

"才₃"和"呢"之间的成分非常丰富，可以是形容词性的，也可以是动词性的。

（201）我读过的书才多呢！（吴强《红日》）

（202）人家胡杏才真是苦瓜种在黄连地上呢！（欧阳山《苦斗》）

（二）"才₃"与形容词的固定搭配

"才₃"后面有时会碰上一些形容词，如"好、怪"等，形成固定搭配"才₃+好/怪"，一般放在句尾，"才₃"句式中的Y₃在"才₃"之前。

（203）大家都要说点什么，可都想不起说什么才好。（老舍《正红旗下》）

（204）甭说我拿不动锄头，就是拿得动，我要不把大拇脚趾头锄掉了，才怪！（老舍《正红旗下》）

其中"才怪"常出现在否定句中，组成"不……才怪"的固定搭配。例如：

（205）瑞宣真动了气。"有你这样的大夫，不亡国才怪！"（老舍《四世同堂》）

（206）这种鬼天气，不迷路才怪哩！（张贤亮《绿化树》）

"才好"也往往会变形成"才行/是"，这里的"才是"是口语中的一种表达，其中的"是"要与上面提到的系动词"是"区别开来。

（207）撒谎骗人该像韩学愈那样才行，要有勇气坚持到底。（钱锺书《围城》）

（208）走资派该是赖和尚才是。（刘震云《故乡天下黄花》）

第二节　"才₃"句的语里内容

"才₃"句的语里内容可以从"才₃"句的语义特征和"才₃"句的认知层面两个方面来分析。

一　"才₃"句的语义特征

"才₃"句的主干句式很简单，但是意义往往无法自足。"才₃"句对上下文的依赖程度很大，而且使用"才₃"句的原因是说话人为了表达自己不同的看法，由此我们可以总结出"才₃"句具有对话性和否定性两种语义特征。

（一）对话性

"才₃"句的语义无法自足，往往出现在对话中。尹世超将对话分为引发句和应答句①，"才₃"句出现在应答句中，"才₃"句的应答句式有五种，下面一一加以介绍。

1. 你才₃Y₃（呢）

第二人称"你"加上"才₃Y₃（呢）"是"才₃"句的一种应答方

---

① 尹世超：《应答句式说略》，《汉语学习》2008 年第 2 期，第 15—22 页。

式，其中 Y_3 往往是发话人在引发句中提出的一些消极的情况。

（209）李鸿义插嘴逗起来，"小白鸽吃不了苦啦！奶头山那样险，谁不害怕呀！"

白茹真的气哼哼地朝李鸿义示开了威，"丫头片子哪点落后，你说！你说！你才怕吃苦呢！"（曲波《林海雪原》）

（210）"走吧！"他也寸步不让，"我们这儿可不稀罕你！没有觉悟的人，没有觉悟的马，留下来也是累赘！"

"你才累赘呢！"说毕，我就要去拉马。（冯苓植《雪驹》）

例（209）中，李鸿义（发话人）认为，白茹（答话人）是个女的吃不了苦，露出瞧不起白茹的语气，白茹对他的言论非常生气，因此在答话中直接用"你才怕吃苦"来回敬李鸿义；同样地，在例（210）中，塔拉巴特尔（发话人）认为，"我"（答话人）和马都是累赘，"我"对塔拉巴特尔的话非常生气，用"你才是累赘"来回复他。

2. 虚拟主语才$_3$Y$_3$（呢）

我们在语表形式中提到"才$_3$"句存在虚拟主语，用虚拟主语加上"才$_3$Y$_3$（呢）"也是"才$_3$"句的一种应答方式，其中 Y_3 往往是发话人在引发句中对答话人质疑的成分。

（211）（何荆夫）"奚流整你是过分了。但你对自己又太客气。所以你今天才这个样子。你没有想到过自己应该对人民、对历史负责吗？以前过去了，今后呢？"

（我心想）"我是应该好好整整自己，可是奚流呢？游若水呢？他们没有错误，就是因为他们没检讨。傻子才整自己！"（戴厚英《人啊，人》）

（212）"哥，"司马库双手支着床，昂起头，目光炯炯地说，"你混蛋，你太混蛋了，这维持会长是日本人的狗，是游击队的驴。老鼠钻到风箱里，两头受气的差事，别人不干，偏你干！"

"放屁！你简直是放屁！"司马亭满腹冤屈地说，"王八羔子才稀罕这差事……"（莫言《丰乳肥臀》）

例（211）中，何荆夫（发话人）认为"我"（答话人）对自己要求不严格，没有进行自我改造，

"我"认为自己又不是傻子，也只有傻子才会自己整自己；同样，在例（212）中，司马库（发话人）认为司马亭（答话人）干这种缺德的事，是混蛋的行为，司马亭认为自己又不是王八羔子，只有王八羔子才稀罕这差事，自己不是心甘情愿做这事的。

3. 我才₃不（没）Y₃（呢）

第一人称"我"加上"才₃不（没）Y₃（呢）"，是"才₃"句的另外一种应答句式，Y₃往往是答话人对发话人所指出的情况进行的否定。

（213）上官金童不服气地说："我跟她学了一年半不到，你对我要求太高了！"

（乔其莎）："我才懒得要求你呢！"（莫言《丰乳肥臀》）

（214）陈佐千说："你要什么我不给你？只是千万别告诉她们。"

颂莲一下子就翻身坐起来，大声吼道："她们？她们算什么东西？我才不在乎她们呢。"（苏童《妻妾成群》）

例（213）中，上官金童（发话人）认为乔其莎（答话人）对自己的要求高，乔其莎表明自己的态度是懒得要求上官金童，对上官金童说的情况进行了否定；在例（214）中，陈佐千（发话人）要颂莲（答话人）不要把自己给她买东西的事告诉其他的女人，颂莲认为这没有什么好担心的，那些女人她都没放在眼里，不必要在乎她们。

4. 远指（第三人称/那/其他）才₃Y₃（呢）

还有一种是远指式的应答方式，典型的是第三人称以及"那"加上"才₃Y₃（呢）"。

（215）七姐呜呜咽咽地说："娘，我不愿跟她去，她身上的味道不好闻……"

母亲说："傻孩子，人家那才是好味呢。"（莫言《丰乳肥臀》）

（216）（姚宓）"这也算翻译？他就不校对了？"

（罗厚）"校对！他才不耐烦呢！"（杨绛《洗澡》）

例（215）中，七姐（发话人）不愿被那个人带走，认为她身上的味道不好闻，母亲（答话人）否定了七姐的说法，说那个人身上的味道才好闻；例（216）中，姚宓（发话人）看到翻译的稿件后，认为应该让老先生帮忙校对才算成稿，罗厚（答话人）认为他父亲可不会有耐心进行校对。

5. 不 Y_3 才$_3$ 怪（呢）

除上述的情况外，"才$_3$怪"句也是"才$_3$"句中常出现的一种应答方式。

（217）杜娟看着青苗吃起来，就倚坐在炕边上，对他说："我先给你送饭吃，过了几天，你就到我们家里去吃。我们家里没旁人，就是我爸我妈和我三口人。"青苗使劲把嘴里的干饭咽了下去，心里那股子不痛快劲儿又顶上来了，愁眉苦脸地说："你爸爸连我这个徒弟都不收，到你家跟他一个桌上吃饭，他不把我赶出来才怪呐。"（浩然《夏青苗求师》）

（218）我顺着他（奚流）的意思说："虽然知识分子的状况已经发生了变化，我们对知识分子的政策也应随之改变。但是孙悦也实在太右了！"

（奚流）："这个人小资情调一向很浓。学生时代就受西方文艺思想影响较深，又放松了世界观的改造，现在遇到了适当的气候，不跳出来大步向右走才怪呢！"（戴厚英《人啊，人》）

例（217）中，杜鹃邀青苗到自己家去吃饭，青苗表示自己的担心，认为杜鹃的爸爸对自己不满意，如果真去她家了，估计会被她的爸爸赶出门；例（218）中，"我"为了避免跟奚流争吵，顺着他的话讲到了孙悦，奚流立刻表现出对孙悦的不满，认为她一直以来就有右倾的趋势，只是现在时机成熟后表现出来罢了。

吕海燕认为，"才₃"句中必须存在发话人和答话人双方，或至少存在说话人假想的听话人（也可以是说话人自己）[①]，上面我们列举的"才₃"句都存在于对话中，其实在文学作品中存在作者和读者之间的对话，有时也有自己跟自己对话的情况，因此有时"才₃"句看似没有出现在对话中，却仍能体现出这种对话性。

（219）在古旧高密东北乡男人的心目中，这才是真正的美女。（莫言《丰乳肥臀》）

（220）自己这段新闻才是登极加冕的恶俗，臭气熏得读者要按住鼻子。（钱锺书《围城》）

例（219）中，说话人是作者，听话人是读者，作者认为大家平时所说的美女并不美，行文讲到这里时，作者觉得有必要用"才₃"句跟读者对话，进行普及说明；例（220）中，作品中的主人翁方鸿渐对自己说话，当得知报纸上关于自己的报道是假大空的抬举时，方鸿渐终于明白过来别人对他的假意奉承从何而来，表示对这件事情非常不满意。

（二）否定性

"才₃"句常常用来否定他人的言论观点，表达自己与之相反的看法，因此具有否定性，这种否定性不是根据句中是否出现否定词来判断，而是根据发话人和答话人所说的言论之间的顺逆关系来判断的，也可以说是答话人对发话人的反驳。上面提到"才₃"句的五类应答句式，它们表示的否定程度不同，按照从强到弱的排列顺序是：

[①] 吕海燕：《"才"的反驳语气用法研究》，《辽宁师范大学学报》2009 年第 5 期，第 121—122 页。

你才$_3$Y$_3$（呢）＞虚拟主语才$_3$Y$_3$（呢）＞我才$_3$不（没）Y$_3$（呢）＞远指（第三人称/那/其他）才$_3$Y$_3$（呢）＞不 Y$_3$才$_3$怪（呢）。

你"才$_3$Y$_3$（呢）"这个句式的否定程度最深。吕叔湘指出，用"你"直称对方不礼貌[1]，是直接指斥；唐雪凝认为，用"你才$_3$Y$_3$（呢）"这种直接指斥的应答句，具有"以其人之道，还治其人之身"的作用[2]，答话人"我"对发话人"你"的言论一点也不认同，直接全盘否定，反驳语气非常坚决。

"虚拟主语才$_3$Y$_3$（呢）"应答句式的否定程度其次。在引发句中，一般是发话人对答话人发出质疑，答话人使用虚拟主语，表面上貌似否定的主语不在对话语境中，实际上是答话人为了表示自己的不同意见，借用虚拟主语的特征，肯定虚拟主语会做某事，但相对的"我"绝不可能是虚拟主语，否则就是在"自骂"，因此"我"绝对不可能做某事，这是用了反语的表现手法，来表示自己对发话人的反驳和否定。

"我才$_3$不（没）Y$_3$（呢）"应答句式的否定程度再次。用第一人称的应答句式是直接否定，表示答话人不同意发话人的言论，有时更像是为了答话而为之的，因为在别人当面指责自己或者指出自己的不足时，出于自我保护的心理暗示，答话人会对别人的言论进行否定，以达到对发话人的反驳效果。

"远指（第三人称/那/其他）才$_3$Y$_3$（呢）"应答句式的否定程度较弱。这种应答句式出现的语境往往是发话人和答话人在讨论两者之外的事件或人，答话人不同意发话人的看法，形式上是对发话人的否定，实际上也只是答话人对远指事件的主观认识，但没有上面三种应答方式的否定程度强烈。

"不 Y$_3$才$_3$怪（呢）"应答句式的否定程度最弱。在语表中提到

---

① 吕叔湘：《近代汉语指代词》，学林出版社 1985 年版，第 78 页。

② 唐雪凝：《应答句式"S 才 X 呢"论析》，《云南师范大学学报》2011 年第 2 期，第 42 页。

"不"与"才₃怪"常搭配使用，这是使用双重否定来表达否定语气，李孟霞称"不 Y₃ 才₃怪"句是主观否定推测句①，意义上跟远指式应答句式一样，这种否定含有主观性和推测性，比远指式应答方式的否定要委婉些，有时甚至是对发话人的说法进行解释和延伸，因此否定程度最弱。

二　"才₃"句的认知层面

"才₃"句不关涉事情的结果如何，而是说话人对某个事件进行回答或辩驳，因此不涉及客观反映层面的分析。而只关涉主体意愿和客体意愿层面，一般"才₃"句出现在对话中，我们把答话人当作主体，把答话人的意愿称为"主体意愿"，把发话人的意愿称为"客体意愿"。"才₃"句在认知层面表示主体意愿和客体意愿之间的不一致，用信赖程度表示为：主体意愿是 $P\{S-Y_3\}>0.5$，即答话人在意愿上认为 Y_3 成立的可能性大；客体意愿是 $P\{S-Y_3\}<0.5$，即发话人在意愿上认为 Y_3 成立的可能小。

（221）鸿渐跟苏小姐两人相对，竭力想把话来冲淡，疏通这亲密得使人窒息的空气："你表妹说话很厉害，人也好像非常聪明。""这孩子人虽小，本领大得很，她抓一把男朋友在手里玩弄着呢！"——鸿渐脸上遮不住的失望看得苏小姐心里酸溜溜的——"你别以为她天真，她才是满肚子鬼主意呢！"（钱锺书《围城》）

（222）她（大赤包）不免动了气："你这小子简直不知好歹，要吃，又怕烫，你算哪道玩意儿呢？这不是好容易找着条道路，立了点功，你怎反倒害了怕呢？姓钱的是你的老子，你怕叫人家把他一个嘴巴打死？"

晓荷勉强的打着精神说："大丈夫敢作敢当，我才不怕！"

---

① 李孟霞：《现代汉语主观否定推断"才怪"句的研究》，学位论文，华中师范大学，2014 年。

（老舍《四世同堂》）

例（221）中，苏小姐（答话人）嫉妒方鸿渐对唐小姐的爱慕，为了让方鸿渐认清唐小姐的真实面目，说她表面可能看上去天真烂漫，实际上满肚子的鬼主意，不要被她迷惑了，苏小姐主体意愿上认为 P｛唐小姐满肚子的鬼主意｝>0.5；而在方鸿渐（发话人）的认识中，觉得唐小姐聪明可爱，方鸿渐客体意愿上认为 P｛唐小姐满肚子的鬼主意｝<0.5。例（222）中，晓荷（答话人）面对大赤包的质疑，表示自己是大丈夫，不可能怕钱先生，晓荷主体意愿上认为 P｛晓荷不怕钱先生｝>0.5；大赤包（发话人）看到晓荷的表现，觉得他就是胆小，害怕钱先生的打击报复，大赤包客体意愿上认为 P｛晓荷不怕钱先生｝<0.5。

第三节 "才$_3$"句的语用价值

"才$_3$"句的语用价值可以从两个方面来考察：一是"才$_3$"句的语句焦点；二是"才$_3$"句的情感运用。

一 "才$_3$"句的语句焦点

"才$_3$"句的焦点属于对比焦点。对比焦点是既在句内为突出的对象，同时又与上下文的背景对象进行对比，"才$_3$"句具有对话性和否定性的语义特征，在语句中常常用来表达反驳之意，在对话中语句焦点既突出又有对比的特征。例如：

（223）（方鸿渐）"她并没讲什么，她只讲你善于交际，认识不少人。"

（唐小姐）"我才是个不见世面的乡下女孩子呢。"（钱锺书《围城》）

（224）昊昊生气地拧着梅芯的鼻子，说："我不臭，你才臭呢！"（白帆《寂寞的太太们》）

例（223）中，发话和答话都是关于唐小姐的话题，语句中的对比焦点是"见过世面"和"没有见过世面"，唐小姐作为答话人表示对苏小姐关于自己的认识不赞同。例（224）是对话中的答话部分，语句中的对比焦点是"你（梅芯）"和"我（昊昊）"，发话人梅芯认为昊昊臭，是激起答话人昊昊用"你才臭"来辩驳的上文背景知识。

二 "才₃"句的情感运用

在交际过程中，"才₃"句常用来突出强调焦点，在情感运用上常用来表示消极的情感，可以表示生气愤怒，也可以表示不满指责，有时也表示委屈无奈。

（一）生气愤怒

在对话中，"才₃"句使用的是"你才₃Y₃（呢）"这类应答句式，用直指人称代词"你"时，往往是因为答话人对发话人的言论非常的不满意，这种直接驳回的方式，表达了自己生气、愤怒的感情。

（225）老孙头笑眯左眼说："……有出息的人，谁乐意呆在家里，守着老婆子，成天听她絮絮叨叨的。"这话给他老伴听到了，回敬他一句："你才絮絮叨叨呢，你要去，人家也不能要你。"（周立波《暴风骤雨》）

（226）——"我想，我想……"余永泽喃喃着，"……喊喊空口号谁不会。你知道我也参加过学生爱国运动，可这是过去的事了。现在——现在我想还是埋头读点书好。我们成家了，还是走稳当点的路吧……"

——"你真糊涂！"道静气愤地打断他的话，喊道，"你才是喊空口号呢！原来你就是这么个胆小鬼呀！"（杨沫《青春之歌》）

例（225）中老孙头觉得自己在家就是没出息，天天只能听到老婆子的絮叨，他老伴听着这番言论感到生气，他自己没出息就算了，还嫌老婆唠叨，于是用"你才絮絮叨叨呢"来回敬老孙头，表示自己的生气愤怒；例（226）中，余永泽觉着学生爱国运动是喊空口号，不能解决实际问题，他不想再参加了，只想过安稳的日子，道静对他的言论感到特别生气，认为他根本就是怕事的胆小鬼，而不是真正的爱国，用"你才是喊空口号呢"来回答余永泽，表达了自己强烈的愤怒情绪。

（二）不满指责

在"才₃"句中，用"不Y₃才₃怪（呢）"时，常常表示对发话人言论进行指责，表示自己的不满。

（227）老婆马上愤怒，说小林不能这样对孩子不负责任；跟修车的女儿在一起，长大不修车才怪。（刘震云《一地鸡毛》）

（228）顾伯伯跌跌撞撞地往厕所那边走，一边走一边说，肉，肉，现在的猪肉也是伪劣产品，全是细菌，吃了不拉肚子才怪。（苏童《肉联厂的春天》）

例（227）中，老婆觉得小林对孩子上学的事不上心，如果不找个好学校，根本没有前途可言，用"不修车才怪"来说自己假设孩子可能的未来，含有对老公的指责，同时带有夸张的口气；例（228）中，顾伯伯吃肉吃坏了肚子，在匆忙找厕所时，骂现在的肉都是伪劣产品，都是细菌，用"不拉肚子才怪"表示自己内心的不满，指责那些卖坏猪肉的。

（三）委屈无奈

当"才₃"句的主语是不定指的虚拟主语时，往往表达一种委屈无奈的心情。

（229）大翠小翠回来以后，不仅没有对老太婆进行安慰，反而怪她去多管闲事，乱惹是非。他们是两派之争，你夹在里面还不是老鼠钻风箱，两头受气。胖阿嫂大呼冤枉："鬼才想夹在里面哩，你们不知道汪永富那个贼吗，那是个强盗，是个拿大刀长

矛的!"（陆文夫《人之窝》）

（230）徐达非幽怨地说，"像我现在这腰身、这横肉，演个土匪杀手不行么？你们千万别再满世界说徐达非长得好看了。徐达非就是让这漂亮脸蛋给害了——王八蛋才长得好看呢!"（王朔《你不是一个俗人》）

例（229）中，胖阿嫂在面对大翠小翠的指责时，认为自己是无辜的，只是因为汪永富太强势，自己迫于无奈才夹在他们之间，胖阿嫂用"鬼才想夹在里面哩"来表示自己不是自愿的委屈、无奈；例（230）中，徐达非因为自己的外表而被定性只能演英俊小生，不能转型挑战别的荧幕形象，觉得自己的演艺才华因为外表而受到了限制，用"王八蛋才长得好看呢"来表示自己除了外表还有别的可以为人称道，但是却无人问津的委屈无奈。

"才₃"所在的句子一般比较简短，但是涉及的内容却非常丰富。在从语表层面考察结构特点时，"才₃"句的主语个性比较鲜明，是语表里的重点内容，同时也考察了"才₃"句中的一些固定搭配。在语里内容方面，"才₃"句具有对话性和否定性两种语义特征，在认知层面，"才₃"句涉及主体意愿与客体意愿之间的不一致。在语用价值方面，"才₃"句属于对比焦点，可以用来表达生气愤怒、不满指责以及委屈无奈之情。

第四章　三类"才"字句的比较

之所以将"才"字句分为三类，是因为它们之间的区别明显，且各有自己的使用分布，这在前三章的内容中可以体现出来。但同时我们也要认识到，三类"才"字句之间并不是独立分裂存在的，而是相互联系的。本章主要对三类"才"字句进行比较，尝试探讨它们之间的区别和联系。

第一节　三类"才"句的语表比较

三类"才"字句在语表形式上有不同的特点，与前面分章介绍时所涉及的分析方面略有不同，但在进行三类"才"字句的语表形式比较时，可以从观察语表形式的基本内容——形式结构这个角度来着手。三类"才"字句在形式结构上存在着明显的区别，但同时也有千丝万缕的联系。

一　形式结构上的区别

三类"才"字句在形式结构上存在着区别。首先三类"才"字句的句式构成不同，组成句式中的各项之间也存在区别；其次在固定搭配上，三类"才"字句有不同的表现。

（一）句式及各项的区别

学者们之前提出过"才"字句的句式，如邵敬敏认为其句式为：$S + X_1 + 才 + X_2$[①]（其中的 X_1 相当于本编句式中的 X，其中的 X_2 相当

---

① 邵敬敏：《从"才"看语义与句法的相互制约关系》，《汉语学习》1997 年第 3 期，第 3 页。

于本编句式里的 Y）。其后，钟华又对此句式进行了修改，认为"才"字句的句式为：（X_1）+ S +（X_1）+ 才 + X_2[①]。这些句式能解释一部分事实，但不能涵盖所有的"才"字句，笔者认为，只有对"才"进行分类，然后总结出的句式才有实际教学指导意义。根据我们的分析，三类"才"字句的句式并不相同：

"$才_1$"句式为：（X_1）+ S +（X_1）+ $才_1$ + Y_1。

"$才_2$"句式为：M + X_2，$才_2$ + Y_2（其中 M 为与"$才_2$"搭配的关联词）。

"$才_3$"句式为：S $才_3$ Y_3。

三类"才"字句中各项的情况以及一些基本特征如下表所示。

	S （主语）	M （关联词）	X	Y
"$才_1$"句	真实主语	—	名词性结构（时间词、数量词、代词）；谓词性结构（述补结构）；加词性结构（介宾结构）；小句	名词性结构（时间词、数量词、实词）；谓词性结构；小句
"$才_2$"句	真实主语	"只有"类 "因为"类	代词；谓词性结构（动宾结构）；小句	谓词性结构
"$才_3$"句	真实主语 代替主语 虚拟主语	—	—	谓词性结构（形容词性、动词性）

从上表中，我们可以初步得出一些比较明显的区别：

"$才_1$"句中的 X_1 和 Y_1 成分比较复杂。

"$才_2$"句中关联词 M 是其他两类中没有的。

"$才_3$"句中的主语 S 比较复杂。

下面我们将对句式中各项的异同点进行详细的比较。

1. S

三类"才"字句都有主语，"$才_1$"句和"$才_2$"句中的主语为真

[①] 钟华：《"才"重读与非重读时语义、语用功能差异》，《安徽农业大学学报》（社会科学版）2009 年第 2 期，第 46 页。

实主语，可以出现，也可以不出现；"才$_3$"句中的主语必须出现，有三种形式。

其次，三类"才"字句中的主语出现的位置不同。"才$_1$"句的主语 S 只在前段，和 X$_1$ 的相对位置可前可后，与"才$_1$"的联系不紧密；"才$_2$"句的主语 S 可在前分句，也可在后分句，位置比较灵活；"才$_3$"句的主语 S 只在前段，而且与"才$_3$"紧密相连。

2. X

在三类"才"字句中，"才$_3$"句中无 X，"才$_1$"句和"才$_2$"句中的 X 不同。

首先"才$_1$"句中 X$_1$ 可出现也可不出现，"才$_2$"句中 X$_2$ 必须出现。

其次，充当的成分不同。当都为名词性结构时，X$_1$ 可以是时间词、数量词和表时间的代词，X$_2$ 只可能是指代上文事件的指示代词；当都为谓词性结构时，X$_1$ 常为述补结构，X$_2$ 为动宾结构；当都为小句时，X$_1$ 常可以加上"当……的时候"变成介宾结构做句子的时间状语，X$_2$ 是前后主语不一致时的前分句；X$_1$ 可以为介宾结构，X$_2$ 不可以。

3. Y

三类"才"字句中的 Y 有相同点也有不同点。

相同点是三类"才"字句中的 Y 可能都是动词性成分，不同点是 Y$_1$ 中可以由名词性成分或小句构成，其他两类不可以；Y$_3$ 可以由形容词性成分构成，其他两类不可以。

（二）固定搭配的区别

除句式中的不同之外，三类"才"字句中与"才"构成的固定搭配也不相同。

"才$_1$"句中，无固定搭配。

"才$_2$"句中，有固定搭配，主要是关系词 M 与"才$_2$"组成的固定搭配。

"才$_3$"句中，有固定搭配，主要是"才$_3$"和语气词"呢"构成的"才$_3$……呢"，以及"才$_3$"和"好/怪"构成的"才$_3$好/怪"等固定搭配。

（三）其他

在形式结构上，还有一些问题值得注意。

1. 三类"才"字句中的代词区别

在三类"才"字句中都可能出现指示代词，但所指代的内容不同。"才$_1$"句中的指示代词是"这（时）"，指代时间，是"现在、此刻"之意，常出现在 X_1 中；"才$_2$"句中的指示代词是"这样"，指代"才$_2$"句前面所说的事件，常出现在 X_2 中；"才$_3$"句中的指示代词常为"这、那"，指代的是主语成分，常代替主语 S。

2. 在"才$_1$"句中，当 X_1 不出现时，与"才$_3$"句怎么区别

"才$_2$"可以靠关联词与其他两类区别开来，"才$_1$"和"才$_3$"可以靠有无 X 来区分，但当"才$_1$"中的 X_1 没有时，可以用删除法来区别、鉴别，删掉"才"字，如果语义发生变化就是"才$_1$"句，如果语义没有发生变化就是"才$_3$"句。

（231）母亲说："她才多大呀！"（莫言《丰乳肥臀》）

（232）你们才是人民的敌人！（知侠《铁道游击队》）

例（231）中，母亲认为她年纪小，删掉"才"变成"她多大呀"，成了单纯询问对方年纪的疑问句，删除"才"前后语义发生了变化，因此可以判断例（231）为"才$_1$"句。例（232）中，删掉"才"对前后语句进行比较，只是说话的语气变了，表达的语义没有发生变化，都是表示说话人认为"你们"是人民的敌人，因此可以判断例（232）为"才$_3$"句。

二 形式结构上的联系

三类"才"字句在形式结构上存在区别，但同时也有联系。讨论三类"才"字句的联系，主要探讨了三类之间形式的顺承问题，可以说是研究了处于过渡阶段的一些形式。

（一）"才$_1$"句与"才$_2$"句

在"才$_2$"条件句中，X_2 可以为介宾结构，表示逻辑上的条件。

这种形式与"才$_1$"句类似，X_1为介宾结构表示时间，是时间上的顺接。我们认为，这是一种过渡形式，可以证明"才$_1$"句与"才$_2$"句之间存在联系。

（233）出嫁以后，才由她的丈夫象赠送博士学位似的送给她一个名字。（老舍《四世同堂》）

（234）只有到那个时候，他们才会感到大难临头，才会感到死的恐怖！（张平《十面埋伏》）

例（233）是"才$_1$"句，例（234）是"才$_2$"句。在形式上，X的表达是一样的，但进入不同语言环境中，表示了不同的意义，例（233）中"出嫁以后"放在"才$_1$"前面，表示的是韵梅拥有自己名字的时间晚，例（234）中"到那个时候"放在"只有"后面、"才$_2$"前面，表示的是后面结果产生的条件。两个例句中相同的形式构造表示不同的意义，这在一定程度上表明"才$_1$"句与"才$_2$"句之间存在联系。

（二）"才$_2$"句与"才$_3$"句

在"才$_2$"条件句中，X_2可以为体词性成分，当去掉"只有"时，"才$_2$"句就转换成"才$_3$"句，我们认为这是一种过渡形式，可以证明"才$_2$"句与"才$_3$"句之间存在联系。

（235）a. 只有傻子才那样干。（知侠《铁道游击队》）

b. 傻子才那样干。

（236）a. 只有你才爱为这抱不平。（戴厚英《人啊，人》）

b. 你才爱为这抱不平。

在形式上，例（235）a、（236）a属于"才$_2$"条件句，但意义上更加接近例（235）b、（236）b的"才$_3$"句，去掉"只有"之后，原来句子强调条件的作用消失，相反表语气的作用增加，因此可以说这类"才$_2$"句在意义上接近"才$_3$"句，但又不属于"才$_3$"句，因此我们认为这类"才$_2$"条件句属于"才$_2$"到"才$_3$"演变过程中的过渡阶段。

第二节　三类"才"句的语里比较

三类"才"字句语里内容之间的比较，可以从语法意义和认知层面两方面进行，分别对比三者之间的区别和联系。

一　语义特征比较

副词"才"的意义比较空灵，单独讨论"才"的语法意义往往会误认为副词所在的句式意义是其本义，这样不利于加深认识，因此在文中讨论语义时，往往结合"才"所在的语句进行类别讨论，试图找出每种类型之间的不同语义特征。

三类"才"字句的语义特征总结如下表。

	语义特征	
	"才"	"才"字句
"才$_1$"句	评价词	"高 X$_1$才$_1$"
		"才$_1$低 Y$_1$"
"才$_2$"句	标记词	"才$_2$"因果句：已然性、转折性
		"才$_2$"条件句：未然性、假设性
"才$_3$"句	语气词	对话性、否定性

根据上表，下面分析三类"才"字句之间语义的区别和联系。

（一）语义上的区别

三类"才"字句在语义上各有特点。

在"才$_1$"句中，"才$_1$"表示对时间、数量的主观评价，"才$_1$"的语法意义因敏感成分的位置不同而逐渐形成了固定的语义句式"高 X$_1$才$_1$"和"才$_1$低 Y$_1$"，即敏感成分出现在"X$_1$"中时，表示时点晚、时段长、数量大的意义，敏感成分出现在"Y$_1$"中时，表示时点早、时段短、数量小的意义。

在"才$_2$"句中，"才$_2$"是逻辑标记词，"才$_2$"与"因为"类构成因果—转折关系，表明因果句中的结果，这类因果句具有已然性和转折性的特征；"才$_2$"与"只有"构成条件关系，表明条件句中的结果，这类条件句具有未然性和假设性的特征。

在"才$_3$"句中，"才$_3$"含有辩驳语气，"才$_3$"句具有对话性和否定性的特征。

（二）语义上的联系

三类"才"字句的语义虽各不相同，但从"才$_1$"到"才$_3$"的语义演变，我们认为表现的是"才"语法化的过程。

"才$_1$"与时间、数量结合使用，表达出时点早晚、时段长短、数量大小等意义，并形成固定的意义结构，此时还残存着一些词汇上的意义；"才$_2$"用来表明逻辑关系中的结果，词义已经虚化成标记词；"才$_3$"已经完全虚化为表示反驳语气的副词。从意义为固定格式的"才$_1$"，到变成标记词的"才$_2$"，再到表语气的"才$_3$"，徐凤兰从历时的角度认为这是"才"从副词到主观化的一个语法化的过程[①]。

二 认知层面比较

认知层面是从语句产生的心理角度来进行分析的，三类"才"字句的认知层面分析总结如下表。

		认知分析			
		主观推测	客观反映	主体意愿	客体意愿
"才$_1$"句		$0 < P\{X_1 - Y_1\} < 0.5$	$P\{X_1 - Y_1\} = 1$	—	—
"才$_2$"句	因果句	$0 < P\{Y_2/N\} < 0.5$ $0.5 < P\{Y_2/X_2\} < 1$	$P\{Y_2/N + X_2\} = 1$	—	—
	条件句	$P\{Y_2/X_2\} = 0.5$	—	$P\{Y_2/X_2\} > 0.5$	—
"才$_3$"句		—	—	$P\{S - Y_3\} > 0.5$	$P\{S - Y_3\} < 0.5$

---

① 徐凤兰：《"就"和"才"的语法化》，学位论文，东北师范大学，2009 年。

通过上表对三类"才"字句认知层面的分析梳理，发现三类"才"字句之间有区别也有联系。

（一）认知层面的区别

在认知层面上，三类"才"字句所涉及的思维层面不同，信赖程度也不相同。

1. 思维层面

三类"才"字句涉及的思维层面不同：

"才$_1$"句在认知层面涉及主观推测层面和客观反映层面，考虑的是人们常规认识和客观现实之间的关系。

"才$_2$"句分两类讨论，因果句是已然句，涉及主观推测层面和客观反映层面，考虑的是人们常规认识和客观现实之间的关系；条件句是未然句，涉及主观推测层面和主观意愿层面，考虑的是人们常规认识和说话人意愿之间的关系。

"才$_3$"句在认知层面涉及主体意愿和客体意愿，考虑的是发话人的意愿和答话人的意愿选择关系。

2. 信赖程度

三类"才"字句的信赖程度分析不同：

"才$_1$"句在认知层面涉及主观推测和客观反映之间的不一致性，表达的是在主观推测层面认为成立可能性小的事件，结果在客观反映层面成立了。

"才$_2$"句的信赖程度分两类讨论。"才$_2$"因果句涉及主观推测和客观反映之间的不一致性，表达的是在主观推测层面，前文 N 存在时成立可能性小的关系事件，因为附加情况 X_2 的出现，在客观反映层面成立了；"才$_2$"条件句涉及主观推测层面和主观意愿层面之间的不一致性，表达的是在主观推测层面无法判断真假的事件，主体意愿却认为成立的可能性要大。

"才$_3$"句在认知层面涉及主体意愿和客体意愿之间的不一致性，表达的是说话人在主体意愿上觉得成立的可能性大的事件，发话人在客体意愿上觉得成立的可能性小。

(二) 认知层面的联系

通过对三类"才"字句认知层面的分析，我们可以找出三类认知层面之间的联系。

首先，不管使用哪类"才"字句，都是为了表达两种思维层面之间的不一致性。有时是主观推测和客观反映之间的不一致性，如"才$_1$"和"才$_2$"因果句；有时是主观推测和主观意愿之间的不一致性，如"才$_2$"条件句；有时是主体意愿和客体意愿之间的不一致性，如"才$_3$"句。

其次，观察认知层面分析结果，可以得出三类"才"字句之间的意义不能出现跨越式演变，是在前一类形成的前提下，后一类才能产生。"才$_1$"句在长期使用过程中所形成的思维心理，在向"才$_2$"句演变时有所分化，因为事件分为已然事件和未然事件，"才$_2$"因果已然句承袭"才$_1$"的思维模式，并添加了事理逻辑上的影响因素，"才$_2$"条件未然句变成主观推测和主体意愿之间的不一致，继而演变到"才$_3$"句时，涉及主体意愿和客体意愿之间的不一致。上述分析在一定程度上，从三类"才"句产生的心理角度佐证了三类"才"语义的演变过程。

第三节 三类"才"句的语值比较

语用价值是在实际语言中对语用情况的考察，对于三类"才"句语值的比较，着重做归总并比较各自的特点，从语句焦点和情感运用两个方面来分析。

一 语句焦点的比较

三类"才"句的语句焦点归纳如下表。

	焦点类型		
"才$_1$"句	话题焦点 ［－突出］［＋对比］	—	—

	焦点类型		
"才$_2$"句	—	自然焦点 [＋突出][－对比]	—
"才$_3$"句	—	—	对比焦点 [＋突出][＋对比]

从上表中可以看出，三类"才"句的焦点类型各有特点，"才$_1$"句的焦点类型属于话题焦点，具有对比的特征；"才$_2$"句的焦点类型属于自然焦点，具有突出的特征；"才$_3$"句的焦点类型属于对比焦点，具有突出和对比的双重特征。

二 情感运用的比较

三类"才"句在具体的语言运用上能表达丰富的情感，归结如下表。

	情感运用		
	积极	中性	消极
"才$_1$"句	满意惊喜	—	埋怨 感慨不易
"才$_2$"句	—	坚定语气	情非得已
"才$_3$"句	—	—	生气愤怒 不满指责 委屈无奈

从上表中，我们可以看到三类"才"句有着各自表达情感的领域，这是由各自不同的语言形式产生的。

"才$_1$"句因为敏感成分位置的不同，造成了两种不同的情感表达。当敏感成分在前面时，表示的是时间晚、用时长、数量（价格）大（高），这些结果往往是人们不愿接受的，因此常用来表达埋怨、感慨做事不易等消极情感；当敏感成分在后面时，表示的是时间早、用时短、数量（价格）小（低），这些结果往往是人们愿意接受的，

313

因此常用来表达满意、惊喜等积极的情感。

"才$_2$"句两个类别所表达的情感也不相同，"才$_2$"条件句常用来表达坚定语气的效果，情感略微中性；"才$_2$"因果句借助句式的转折性，表达得出某种结果的情非得已之感。

"才$_3$"句不同的应答方式能表示不同的情感需求。"你才$_3$Y$_3$（呢）"的应答模式表达的是生气愤怒的情感；"不 Y$_3$才$_3$怪（呢）"的应答模式表达的是不满指责的情感；"虚拟主语才$_3$Y$_3$（呢）"的应答模式常常用来表达委屈无奈的心情。

三类"才"句之间区别明显，但仍有联系。在语表方面，三类"才"句的结构和各项构成不同，固定搭配也不相同，但在形式上仍残存着过渡的形式，可以证明三类句式之间存在着内在的联系。在语里方面，三类"才"句在语义特征和认知层面各不相同，但是三者在语义和思维层面的联系体现出了"才"的语法化进程。在语值方面，三类"才"句的语用焦点类型不同，在情感运用方面也不相同。

结　　语

　　学者对于副词的研究仅局限在对副词意义的探索上，笔者认为，副词虽然意义空灵，但个性仍待全面挖掘和考察，而不是附庸在需要解决实际问题时才与其他副词进行比较来认识，需要进入所在的语句进行全面讨论才有实用价值。本编的研究方法是描写，对比和质疑穿插进行，对之前存疑的地方及时进行有效的分析。本编分为四个部分，前三个部分分别对三类"才"字句进行语表、语里、语值的分析，重在用实例进行辅佐分析，第四部分是将三类才字句进行比较，重在理论上的总结和归纳。

　　在语表方面，本编主要描写三类"才"字句在形式上所存在的特点，但每类又各有区别，因此在语表方面描写的侧重点有所不同。"才$_1$"句在语表形式上，主要关注"才$_1$"的前段和后段各自可充当的成分，以及一些个性特征，并且对前段中的 X$_1$ 和后段 Y$_1$ 进行了详细的比较。"才$_2$"句常出现在复句中，不能只考虑各项的特征，还有其他方面需要考虑，在分析结构时，描写了各项的特点、固定的搭配，还有关系词的重现问题，其后考察了主语和关联词的位置关系，以及前分句和后分句的互换情况。"才$_3$"句的主干格式比较简单，但主语的复杂度是其他两类所没有的，因此在语表方面，主要考察了主语的分类情况，以及一些固定搭配。

　　在语里方面，本编主要从语义特征和认知层面进行阐释。在语义特征部分，可以说只有"才$_1$"还残存着从词汇实际意义演变成副词空灵义的痕迹，因此在对"才$_1$"句的语法意义进行描述时能借助固定格式来介绍意义，"才$_1$"在与时间和数量等敏感成分组合使用过程中，逐渐形成了固定的语义组合，为"高 X_1 才$_1$"和"才$_1$ 低 Y_1"。而"才$_2$"句和"才$_3$"句在语法部分只能靠介绍"才"在具体的句子中所表现出来的特征进行区分。根据前后分句的不同意义，可以将"才$_2$"句分为"才$_2$"因果句和"才$_2$"条件句两类；在语义特征上，"才$_2$"因果句具有转折性和已然性，"才$_2$"条件句具有主观性、假设性和排他性；"才$_3$"句具有对话性和否定性。在认知层面，三类"才"字句都是因为思维的不同层面存在矛盾而产生的，我们在研究过程中借助信赖程度进行了定量分析，"才$_1$"句涉及主观推测层面和客观反映层面的不一致，在主观推测层面是 $0 < P \{X_1 - Y_1\} < 0.5$，客观反映层面是 $P \{X_1 - Y_1\} = 1$。"才$_2$"因果句涉及主观推测层面和客观反映层面的不一致，在主观推测层面，用信赖程度表示为 $0 < P \{Y_2/N\} < 0.5$，同时 $0.5 < P \{Y_2/X_2\} < 1$，在客观反映层面是 $P \{Y_2/N + X_2\} = 1$；"才$_2$"条件句涉及主体意愿层面和主观推测层面的不一致，主体意愿是 $0.5 < P \{Y_2/X_2\} < 1$，主观推测层面是 $P \{Y_2/X_2\} = 0.5$。"才$_3$"句涉及主体意愿层面与客体意愿层面的不一致，主体意愿是 $P \{S - Y_3\} > 0.5$，客体意愿是 $P \{S - Y_3\} < 0.5$。

在语值方面，本编主要从焦点问题和情感运用两个方面进行了研究。三类"才"句在焦点问题上各有鲜明的特征，借用现有学者的研究成果，本编对三类"才"句进行了焦点类型的归纳，"才$_1$"句的焦点类型属于话题焦点，"才$_2$"句属于自然焦点，"才$_3$"句属于对比焦点。在情感运用方面，因为情感世界是丰富多彩、包罗万象的，本编无法做到面面俱到，仅就各类"才"句在实例中常用来表达的情感进行了有限的总结，"才$_1$"句既可以用于表达高兴、惊喜等积极情感，也可以表达埋怨、感慨不易等消极情感；"才$_2$"句用来表达坚定的中性语气以及情非得已的无奈之感；"才$_3$"句用来表达生气愤怒、不满指责以及委屈无奈之情。

因为研究理论、写作时间以及研究水平的限制，本编内容还存在许多不足。如在"才$_1$"句的研究探析中，指出其中敏感成分的存在，并对其出现的原因和作用做出了初步的解释和探索，但因为撰写的时间有限，未能结合现有关于量范畴方面的理论得出更加深入的结论。

在语表方面，重在描述而没有得出总结性的结论，如对各类"才"句中前后出现成分的特性加以提炼总结。在研究三类"才"句焦点时，考察三类句式的重音问题是很有价值的，但因为条件有限，无法采用更加科学的实验语音学手段，只能依靠语感和已有的理论进行分析。在描写三类"才"句的情感运用时，深感语句表达情感的丰富性，未能穷尽性地罗列出每种类别的情感运用，只是写出了常见的以及具有代表性的几种情感句式。在对三类"才"句进行比较时，根据现代汉语实例中关于"才"意义残存的痕迹，以及三类"才"句之间的关联性，得出了关于"才"的意义语法化的演变过程，但因为现有的关于"才"的意义演变过程的文献很少，而且还没有形成统一的结论，加之笔者的精力和时间有限，未能参考相关文献进行检索，从而佐证文中的结论。这些遗憾将会成为以后努力完成的方向，不断地完善研究的结论。

参考文献

一 专著

［美］G. 波利亚：《数学与似真推理》，杨讯文译，福建人民出版社 1985 年版。

丁力：《汉语语法问题研究》，三秦出版社 2012 年版。

丁力：《语法》，三秦出版社 2005 年版。

丁树声：《现代汉语语法讲话》，商务印书馆 2000 年版。

李向农：《现代汉语时点时段研究》，华中师范大学出版社 1998 年版。

陆俭明、沈阳：《汉语和汉语研究十五讲》，北京大学出版社 2004 年版。

陆俭明：《现代汉语语法研究教程》，北京大学出版社 2005 年版。

吕叔湘：《近代汉语指代词》，学林出版社 1985 年版。

吕叔湘：《现代汉语八百词》，商务印书馆 1999 年版。

吕叔湘：《中国文法要略》，商务印书馆 1942 年版。

马真：《现代汉语虚词研究方法论》，商务印书馆 2004 年版。

沈家煊：《认知与汉语语法研究》，商务印书馆 2006 年版。

邢福义：《汉语复句研究》，商务印书馆 2001 年版。

邢福义：《汉语语法三百问》，商务印书馆 2009 年版。

袁莉容等：《现代汉语句子的时间语义范畴研究》，四川大学出版社 2010 年版。

张谊生：《现代汉语副词研究》，北京大学出版社 2014 年版。

二 学术期刊

白梅丽:《现代汉语中"就"与"才"的语义分析》,《中国语文》1987年第5期。

常亮:《从序列角度看"就""才"句》,《安徽文学》2008年第1期。

陈立民:《也说"就"和"才"》,《当代语言学》2005年第7(1)期。

陈荣杰:《副词"就"和"才"之比较》,《和田师范专科学校学报》2005年第25(3)期。

成文:《"只有……才"的使用情况调查分析及教学建议》,《首都师范大学学报》2013年增刊。

陈小荷:《主观量问题初探——兼谈副词"就"、"才"、"都"》,《世界汉语教学》1994年第4期。

杜道流:《一种口语中的否定表达式"Q才VP"》,《语言文字运用》2006年第2期。

郭潮:《对"只有A,才B"的再认识》,《汉语学习》1986年第3期。

何瑾:《"就"和"才"进程—评价构式的认知修辞分析》,《当代修辞学》2014年第3期。

胡建刚:《主观量度和"才""都""了$_2$"的句法匹配模式分析》,《世界汉语教学》2007年第1期。

黄立军:《现代汉语中"就"和"才"的语义再分析——兼与沈家煊商榷》,《贵州教育学院学报》2007年第23(1)期。

蒋静忠:《焦点敏感算子"才"和"就"后指的语义差异》,《语言研究》2010年第30(4)期。

金立鑫:《"就"和"才"主观量对比研究》,《语言科学》2014年第13(2)期。

金立鑫:《关于"就"和"才"若干问题的解释》,《语言教学与研究》2015年第6期。

319

刘丹青：《焦点与背景、话题及汉语"连"字句》，《中国语文》1998 年第 4 期。

刘立诚：《表限量的"才"与"只"及"才""只"语序的一种解释》，《枣庄学院学报》2008 年第 25（1）期。

刘文平：《"只有……才"在单句中的结构特点和语义功能》，《现代汉语》2015 年第 1 期。

吕海燕：《"才"的反驳语气用法研究》，《辽宁师范大学学报》2009 年第 32（5）期。

吕正春：《"只有……才"句式表达何种假言判断》，《齐齐哈尔师范学院学报》1983 年第 4 期。

齐沪扬、李文浩：《突显度、主观化与短时义副词"才"》，《语言教育与研究》2009 年第 5 期。

邵敬敏：《从"才"看语义与句法的相互制约关系》，《汉语学习》1997 年第 99（3）期。

沈敏：《多功能副词"才"表短时义的相关问题考察》，《语言科学》2008 年第 7（4）期。

史金生：《时间副词"就""再""才"的语义、语法分析》，《逻辑与语言学习》1993 年第 3 期。

史锡尧：《副词"才"的语法组合功能、语义语用考察》，《烟台大学学报》1990 年第 2 期。

史锡尧：《副词"才"与"都、就"语义的对立和配合》，《世界汉语教学》1991 年第 1 期。

唐雪凝：《应答句式"S 才 X 呢"论析》，《云南师范大学学报》2011 年第 9（2）期。

王还：《"就"与"才"》，《语文学习》1956 年第 12 期。

王楠：《"才"字句的句法语义分析》，《中文信息学报》2000 年第 17（1）期。

王群：《试论"才"和"就"语义变化的双向性和不平衡性》，《语言科学》2005 年第 4（6）期。

王群：《现代汉语副词"才"和"就"时间表达的比较研究》，

《语言教学研究》2006 年第 3 期。

王群力：《略说汉语主观量——以副词"才""就"为例》，《辽宁大学学报》2005 年第 2 期。

卫澜：《试谈"才""就""V 到"的语用条件及教学》，《首都师范大学学报》2000 年第 3 期。

项成东：《等级含义的语用研究综述》，《当代语言学》2006 年第 8（4）期。

杨亦鸣、徐以中：《"就"与"才"的歧义及相关语音问题研究》，《语言研究》2010 年第 30（1）期。

杨晓霞：《现代汉语副词"才"研究综述》，《德州学院学报》2013 年第 29（3）期。

易正中：《副词"才"的基本义与义项划分》，《江西师范大学学报》（哲学社会科学版）2009 年第 6 期。

易正中：《副词"才"的认知分析》，《南开语言学刊》2013 年第 2 期。

尹世超：《应答句式说略》，《汉语学习》2008 年第 2 期。

岳中奇：《"才"、"就"句中"了"的对立分布与体意义的表述》，《语文研究》2000 年第 3 期。

张明莹：《副词"才"的语义发展脉络》，《云梦学刊》2007 年第 28（6）期。

张新华：《"你这个 NP"的表达功能研究》，《世界汉语教育》2005 年第 4 期。

张旭：《估价副词"就"和"才"的语用过程分析》，《天津师范大学学报》（社会科学版）1999 年第 2 期。

张谊生：《"才"与"纔"》，《辞书研究》1992 年第 3 期。

张谊生：《现代汉语副词"才"的共时比较》，《上海师范大学学报》1999 年第 28 期。

张谊生：《现代汉语副词"才"的句式与搭配》，《汉语学习》1996 年第 3 期。

赵淑华：《句型研究与对外汉语教学——兼析"才"字句》，《语言文字运用》1992 年第 2 期。

钟华:《"才"重读与非重读时语义、语用功能差异》,《安徽农业大学学报》(社会科学版)2009 年第 18(2)期。

周守晋:《"主观量"的语义信息特征与"就""才"的语义》,《北京大学学报》2004 年第 3 期。

祝东平:《副词"才"主观量表达的语义基础》,《吉林大学社会科学学报》2007 年第 2 期。

三 学位论文

曹妍:《汉语副词"就"与"才"及其对外汉语教学研究》,新疆大学,2012 年。

高志如:《现代汉语否定表达式"X 才 Y"研究》,渤海大学,2012 年。

贾冬梅:《"才 X 就 Y"句式探究》,暨南大学,2005 年。

李孟霞:《现代汉语主观否定推断"才怪"句的研究》,华中师范大学,2014 年。

刘林:《现代汉语焦点标记词研究》,复旦大学,2013 年。

祁艳红:《现代汉语有标条件复句研究》,东北师范大学,2013 年。

徐凤兰:《"就"和"才"的语法化》,东北师范大学,2009 年。

沈敏:《现代汉语短时类副词考察》,上海师范大学,2008 年。

石慧:《副词"才"的组合关系及语用特征》,重庆师范大学,2009 年。

杨磊:《语气副词"可$_2$"与"才$_3$"的对比研究》,吉林大学,2014 年。

张艳:《现代汉语"才$_3$"的多角度考察》,吉林大学,2009 年。

张东华:《"就"和"才"的认知比较研究》,上海师范大学,2004 年。

后　记

2017 年，陕西理工大学文学院决定挑选一批硕士研究生学位论文加以出版，一有为学校 60 年校庆献礼之意；二是借以鞭策毕业者不断进取，迈向研究的更深领域；同时督促在校生，在先前毕业生的基础上不断将研究推向深入，力争达到更高的层次。在此背景下，由我的导师丁力教授所指导的研究生学位论文的出版首先被提上日程。可能是考虑到我们丁老师所带的 14 名研究生毕业论文选题相对接近，专题性较强。蒙丁老师不弃，交由我联系同门，编排体例，调整格式，校对文稿。受同门委托，由我为本书撰写后记。我受宠若惊，既恐负学院栽培，又怕辱师门名声。思来想去，决定借此与大家实实在在地分享一下我们论文写作的过程，以此来提醒我们不忘初心，继续前行。

陕西理工大学文学院自 2012 年开始招收汉语言文字学硕士研究生。我的导师丁力教授共指导 14 名现代汉语方向研究生，至今都已毕业。我们 14 人的毕业论文选题较为接近，大都涉及汉语复句格式与认知层面的关系这一核心问题。丁老师以 2006 年在《汉语学报》上发表《复句三分系统的心理依据》为标志，一直致力于用认知层面的角度来解释汉语复句格式。我们毕业论文的选题也都源于此。当然，为了全面探究汉语复句格式，丁老师指导我们运用"小三角"理论综合考察复句格式的语表形式、语里内容、语用价值，以此来完善我们的认知。因此我们看到所有 14 个人的论文在各自的体系上全部应用"小三角"理论来统领整篇论文。丁老师从来没有要求我们毕业论文选题必须要选复句研究，但是我们大都不约而同地选择了这一论题，我想这不但是我们对用"小三角"理论体系和认知层面来角度解决复句问题发自内心的认同，同样也体现着我们对师门的传承。

我至今清晰地记得，丁老师在我们入校的第一节课上教导我们，语言研究一定要树立"语言观、物质观、辩证观""一定要用语言的、物质的、辩证的观点来看待所有的语言问题""要拓宽观察语言的视角，也要接受别人的语言观"。这种思想一直贯穿我们研究的始终，对我们的语言学习产生了很大的影响。我想正是这种思想才指引着我们在面对某一语言问题时要细致地思考、辩证的看待，争取做到"充分观察、充分描写、充分解释"。在此思想下我们开始了语言的学习和论文的写作，同时也开始了对我们来说收获最大、影响最深的讨论。由于学校规定每个研究生在校期间要至少发表一篇学术论文，丁老师让我们每人选一个复句格式或者自己平时积累的认为有价值的问题去思考，去查阅当前这一问题的研究现状，然后自己思考解决这一问题的思路、解决的切入点和大体框架。在这个过程中必须要搜集大量例句来支撑。丁老师要求大家一篇小的论文必须要至少两百多条随机选取的例句作为基础语料库，这样研究起来才相对全面和具有说服力。丁老师常对我们回顾当年邢福义先生上课时搜集预料的方法：邢老师从各种期刊、文献甚至小说中截取例句，汇总之后裁成一个一个小纸条，一张纸条上面写上一个例句，最后把相似的例句剔出，剩下的都是独特的有价值的例句，以此来搜集例句支撑论文。现在虽然条件好了，但是我们认为这种老一辈学者做踏踏实实做学问的精神和态度值得我们学习和传承，所以我们每个人的第一篇论文搜集到的语料全部都采用邢老师的方法：200多条例句，200多张纸条。我至今依然保存着写第一篇文章时的纸条，200多张小纸条大约3—4厘米厚。我以此来时常提醒自己恪守并传承老一辈学者踏实、严谨的学术精神。我想其他人也是一样。

在搜集完语料并对问题进行思考之后，每一个人在讲台上向大家介绍自己的问题和解决思路，并提供相关支撑例句。包括丁老师在内所有人在下面听，对其问题和思路提出意见，可以提出质疑，也可以提供佐证例句。大家一起思考、讨论提出的问题，对其研究的价值和可行性进行分析。如果大家认为这个问题没有研究的价值就再换一个问题，如果认为有研究价值下一节课在黑板上列出解决这一问题的大纲，大家再进行讨论完善。确定下大纲之后开始展开写作。论文成型之后每个人再到讲台上进行汇报，逐步修改完善，直至最后定稿。这个反复讨论与辩驳的过程，我认为是不同思想交流和碰撞的过程，同时讨论也加深了我们对问题的思考，拓宽了我们的思路，促使我们的观点和例句更加严谨，努力做到经得起读者的推敲。此外，所有人都参与到其中一人的问题中，对其他人来说也是一个难得的学习和思考过程，不但可以使我们了解到更多的知识，同时也能拓宽我们思考问题的角度，打破固有思维的禁锢，更重要的是锻炼了我们的反复推敲的思维，使我们受益匪浅。我们毕业论文的写作也是沿用同样的思路和模式，每个人的毕业论文至少大家一起讨论了 3 稿，丁老师又单独给大家修改了 3 稿，才最终定稿。这种反复讨论与修改的过程我想我们一定会保持并传承下去。

我们 14 篇硕士学位论文大都选取了某一汉语复句格式作为研究对象。其中，有 4 篇考察广义因果类复句格式，分别是 2012 级研究生马婧伟撰写的《"因为 A，所以 B"与"既然 A，那么 B"句式比较研究》，2013 级任冰蕊撰写的《"与其 A 不如 B"和"与其说 A 不如说 B"句式比较研究》，2014 级杨梦撰写的《"才"字句研究》以及我本人的《"如果 A，就 B"句式考察》。这四篇研究广义因果类复句格式的论文组成了本册书。经过与丁老师商讨确定了《"小三角"视域下汉语因果类复句研究》为本书的书名。其中，杨梦撰写的《"才"字句研究》考察了"才$_1$"句、"才$_2$"句和"才$_3$"句三类"才"字句，尽管"才$_1$"句和"才$_3$"句还是考察的单句，但是"才$_2$"句是属于因果类复句范畴，并且三类"才"字句都是在"小三角"理论的统领下展开论述的，我们将其编入《"小三角"视域下汉语因果类复句研究》书中。我们诚挚邀请马庆株先生为本书作序，由丁力教授为本书撰写代前言。

毕业论文是我们硕士研究生学习的一部分，有些方面还略显稚嫩，有些问题的研究还有待继续深入。此次出版既是对我们的激励，也是对我们的鞭策。我们想借出版的机会提醒自己，牢记师嘱，守住传承，继续钻研，踏踏实实坐好冷板凳，以期日后能够对得起学校的培育和老师的教诲。

从最初着手编纂到最终付梓刊行，感谢一路上各位老师的指导，各位同门的支持。特别感谢导师丁力老师，感谢丁老师对我们的指导和培养，感谢丁老师为我们毕业论文的写作和本书刊行付出的心血和倾注的宝贵精力；感谢各位编者在繁忙工作之余对本书出版的关心和支持；感谢陕西理工大学"中国语言文学"省级重点学科经费的资助；感谢陕西理工大学"中国语言文学"省级优势学科负责人付兴林教授以及文学院李宜蓬院长对本书编纂的支持以及体例编排上的建议；诚挚感谢马庆株先生百忙之中为本书作序；同时特别感谢中国社会科学出版社和各位编辑在本书出版过程中所付出的辛勤劳动。

即使经过仔细的文献核对和文稿校对，也不免书中有瑕疵疏漏和错舛之处，请各位专家读者批评指正。

宋增文

2017 年 10 月于汉中

主编简介

丁力（1958— ），陕西安康人。文学博士，教授，陕西理工大学汉语言文字学学科负责人，硕士研究生导师，主要从事现代汉语语法及语言理论研究。1982 年毕业于汉中师范学院，获得学士学位。1994 年毕业于华中师范大学，获得博士学位。曾在汉中师范学院、湖北大学、陕西理工学院任教。在《中国语文》《汉语学报》《语言研究》《南开语言学刊》《澳门语言学刊》《华中师范大学学报》《湖北大学学报》等学术期刊上发表学术论文三十余篇；主持教育部人文社会科学研究项目两项，陕西省社会科学基金一项，陕西省教育厅人文社会科学研究计划项目两项；出版学术专著六部。

宋增文（1989— ），山东临沂人。陕西理工大学汉语言文字学专业 2013 级研究生，师从丁力教授，研究方向为现代汉语语法。现为华中师范大学汉语言文字学专业在读博士研究生。